일본인의 조선관

일본인의 조선관 : 일본인 59인의 시선, 그 빛과 그림자 /
금병동 지음 ; 최혜주 옮김. 서울 : 논형, 2008

원표제: 日本人の朝鮮觀
원저자명: 琴秉洞
색인 수록
ISBN 978-89-90618-74-0 04910 : ₩16000
ISBN 89-90618-50-9(세트)

일본(국명)[日本]
역사 인식[歷史認識]
민족 심리[民族心理]

913-KDC
952-DDC21   CIP2008003573

일본인의 조선관

일본인 59인의 시선, 그 빛과 그림자

금병동 지음 ｜ 최혜주 옮김

NIHONJIN NO CHOSEN—KAN
by Koom Byung-dong
Copyright ⓒ 2006 Koom Byung-dong
All rights reserved.
Originally published in Japan by Akashi Shoten Co. Ltd., Tokyo.
Korean translation rights arranged with
AKASHI SHOTEN CO., LTD., Japan
through THE SAKAI AGENCY and IMPRIMA KOREA AGENCY.

일본인의 조선관
일본인 59인의 시선, 그 빛과 그림자

지은이 금병동
옮긴이 최혜주

초판 1쇄 발행 2008년 12월 18일
초판 2쇄 발행 2019년 11월 30일

펴낸곳 논형
펴낸이 소재두
편집 최주연, 김현경
디자인 김예나
홍보 박은정

등록번호 제2003-000019호
등록일자 2003년 3월 5일

주소 서울시 영등포구 양산로 19길 15 원일빌딩 204호
전화 02-887-3561 팩스 02-887-6690

ISBN 978-89-90618-74-0 04910
값 16,000원

논형출판사와 한림토이북은 한림토이스의 자회사로 출판과
문화콘텐츠 개발을 통해 항유 문화의 지평을 넓히고자 합니다.

차례

3부 무단통치와 일본의 우월의식

4부 더욱 교묘해진 지배

일러두기
한국맞춤법통일안에 근거하여 일본어를 표기했다.
원저에는 각주가 없으나 내용의 충실을 기하기 위해 역자주를 달았다.
의역보다는 직역을 하여 '조선' '지나' 등의 표현을 그대로 두었다.

1. 신공황후 전설

신공황후를 정신적 지주로 삼아 해외팽창의 꿈을

근대에 들어와 일본인의 조선에 대한 멸시관과 침략사상은 ① 신공神功황후 전설, ② 도요토미 히데요시豊臣秀吉의 조선침략의 역사적 사실, ③ 메이지 초기의 정한론, ④ 조선 식민지화 과정과 그 완성에 기인하고 있다고 생각한다.

조선멸시의 상징

8세기 일본에서 편찬된 가장 오랜 서책으로 『고사기古事記』와 『일본서기日本書紀』가 있는데, 여기에 신공황후의 업적으로 '신라정벌'과 '삼한지배'가 기록되어 있다. 이로 인해 일본인은 조선에 대한 문제를 일으킬 때마다 이를 거론하며 조선멸시와 침략사상을 부채질해 왔다. 신공황후 전설이야말로 일본인의 조선 멸시사상의 출발점이고, 조선 침략사상의 상징적 존재라고 말할 수 있다.

전전戰前의 일본 지배층은 이 신공황후의 침략업적을 교과서에 담아 가르치고 있다. 이것은 의무교육하의 일본에서, 일정한 연령에 달한 모든 일본인에게 일본의 조선지배의 정당성이 철저하게 침투되었다는 것을 의미한다.

그렇다면 신공황후의 침략업적은 『고사기』와 『일본서기』에 어떻게 기록되어 있을까?

　　신공황후는 주아이(仲哀) 천황의 부인이라고 한다. 천황은 구마소(熊襲)가 거역
　　했기 때문에 황후를 데리고 이것을 정벌하러 규슈에 갔다. 당시 조선에는 신라
　　·백제·고구려의 삼국이 있어 삼한이라고 했는데, 신의 계시가 '신라를 정벌'하라
　　는 것이었다. 천황은 이것을 믿지 않았기 때문에 신의 노여움을 사서 생명을 잃었
　　다. 그래서 신공은 신라를 정벌하면 구마소도 자연히 평정될 것이라고 생각하여,
　　다케노우치 노스쿠네(武內宿禰)와 도모하여, 신라를 정벌하기로 했다.
　　신공은 군대를 이끌고 쓰시마를 거쳐, 다시 신라로 건너갔다. 그 때 바다에 있는
　　크고 작은 물고기도 크게 기뻐하며 모여서 군선을 등에 지고 나르고, 순풍도
　　일어나 파도는 신라국의 절반까지 이르렀다. 신라왕은 크게 두려워하여 백기
　　를 들고 항복하고, 많은 금, 은, 비단 등을 보냈다. 신공은 신라를 우치쓰미야케
　　(內宮家, 삼한지역에 둔 직할지)로 삼아 지배했다.

　이런 황당무계한 이야기를 교과서에 수록했다. 『고사기』, 『일본서기』의
편찬 목적은 집권적 통일국가를 수립하여 천황의 권위를 절대화하고, 조선
(신라) 세력을 물리치는 것을 목표로 삼은 것이므로 이는 일본의 지배층이
민중에게 천황을 중심으로 한 국체관과 조선·대륙침략의 사상을 불어넣기
위한 것이었다.

교과서에도 침투한 '신라 친정親征'

　그러면 일본인은 역사적으로 신공황후를 어떻게 평가하고 있을까. 고대에
는『기記·기紀』, 많은 풍토기風土記 등에 신공의 업적이 보이고, 일본인은 옛날
부터 신공을 '삼한지배'와 연결하여 이해하고 있었다. 중세에는 지엔慈円,
1155~1225의『우관초愚管抄』에 신공의 업적이 보이는데, 정성 들여 적고 있는
것은 기타바타케 지카후사北畠親房의『신황정통기神皇正統記』다. 원구元寇의 때

원 침입, 1274~1281에는 강한 적개심과 함께 대륙을 되돌아보는 기운이 일어나, 신공의 업적이 널리 알려져, 신사, 불사의 연기緣起 인연설에도 많이 나타났다. 근세의 도쿠가와기에 들어가면 국학의 발흥, 유학 및 신도사상의 발전 등에 의해 신공에 대한 연구는 더욱 더 깊어졌다.

특히 미토水戶 번의 유학자로『대일본사』편찬의 총재가 된 아사카 단파쿠安積澹泊, 1656~1738는『대일본사』와의 관련에서『신공황후론』을 저술하여, 사람들에게 신공에 대한 관심도를 높였다. 그중에도 국학의 발흥에 의해 고도古道, 고대의 학문 의 탐구, 고전 연구가 성행하게 되고, 이것은 나중에 메이지유신의 사상적, 정신적 지주의 기초가 된다.

근·현대에 들어가면 조선침략·대륙침략과의 관련에서, 신공의 업적이 크게 논해져 교과서에도 들어가게 된다.

전전의 일본의 역사가는 신공이 '신라를 정벌'했다는 사실성을 증명하는 데 힘을 쏟았다.

1880년대 후반에는 아무리해도 연대가 맞지 않기 때문에 기년논쟁이 일어나,『일본서기』의 신공에 관한 기술을 120년 뒤로 돌리기까지 하여 계산이 맞도록 했다.

그러나 일본에서도 메이지기에 신공 전설의 허구성에 관해서 지적한 학자도 있다. 나중에는 쓰다 소키치津田左右吉의『일본고전의 연구』등도 있어, 신공의 실재성조차 의심받고 있다. 이러한 비판은 학교 교육상에 반영되지 않았을 뿐만 아니라, 전쟁이 치열하게 되면서 도리어 엄격한 압박을 받았다. 그러나 신공의 '삼한정벌'은 허구라고 해도,『기·기』에 기록된 조·일관계 전설은 상고의 조선과 일본에서 깊은 관계를 나타내는 것이다.

『기·기』에 의하면 신공은 신라의 왕자 아메노 히보코天日槍의 자손으로 본명을 오기나가 다라시히메氣長足姬라고 한다. 즉 조선계의 인물이다. 확실한 것은 조선 문화의 선진성으로 농경문화 등 조선의 문화나 기술의 전래에 의해 일본이 커다란 도움을 받고 있었다는 것은 일본의 반동적인 학자들조차 인정하고 있다. 그러나 일본의 진보적 학자 가운데에는 신공이 '신라를 친히 정벌한 것'은 부정하지만, '임나일본부' 등에 의한 일본의 조선 남부경영을 사실이라고 하는 사람이 있는 것은 유감이다.

당시의 일본은 '수수께끼의 4세기'라고 일컬어지고 있고, 통일국가의 존재 조차 부정되어 있는 상태인데, 대규모적인 해외파병이 가능했을 리가 없다.

"신공황후는 일본사 상의 인기인이었고 섬나라 일본의 해외에 대한 꿈이, 언제라도 이 황후에게 의탁하고 있었던 느낌이 있다"고 하는 나카무라 히데다카中村榮孝, 조선사연구가 씨의 지적이다. 이것은 고대·중세·근세뿐 아니라, 근·현대의 메이지, 다이쇼, 쇼와기 전반을 통한 일본인의 신공황후관이라고 말해도 좋다.

일본인 마음속에 있는 조선에 대한 까닭 없는 멸시관은 실로 깊은 역사적인 뿌리를 가진 것이다.

2. 도요토미 히데요시

살인, 방화, 약탈을 자행하다

'신국神國' 의식과 과도한 영토욕

전전, 일본은 해외 정복의 야욕을 불태운 도요토미 히데요시豊臣秀吉, 1537~98 를 고금을 초월하는 대영웅으로 받들고 조선침략임진·정유왜란', 일본 측에서는 '분로쿠 (文祿)·게이초(慶長)의 역을 '공전의 장거壯擧'라고 칭찬했다. 히데요시는 농민의 아들로 출세하여 관백關白1) 태정대신으로 신하로서는 최고의 지위에 오른 그 화려한 출세 이야기로 인해 전후에도 영화나 TV드라마 등에서 역시 인기인이다. 그러나 역시 전후의 연구에서는 히데요시의 조선침략에 대한 칭찬은 자취를 감추었고, 아동서에서도 히데요시의 침략행위에 대해 그다지 언급하지 않는다.

조선 민족은 전후 7년간, 두 번에 걸친 히데요시 일본군의 침략에 의해 일찍이 볼 수 없었던 재난을 당했다. 이것은 식민지화의 전후에 이루어진 조선민중의 대학살과 중국 침략전쟁에서의 유명한 일본군의 '삼광三光작전'다 죽이고, 다 불태우고, 다 빼앗는다의 원형으로, 히데요시 군대가 싸우면서 남긴 모든 기록은 히데요시 군대의 포학상을 지금까지 생생하게 전달한다. 공교롭게도 이들 기록은 전승·전공의 증거로 삼기 위해 기록된 것으로, 교토의 '귀무덤'은

1) 천황을 보좌하고 만기에 관여하는 영외(令外)의 관직.

그들의 만행에 의해 만들어진 부산물의 하나다.

그들은 죽이고, 불태우고, 빼앗았을 뿐 아니라, 무수한 조선인 남녀를 일본에 노예로 연행하여 중노동으로 혹사시키고, 수만 명이나 포르투갈의 노예 상인에게 팔아넘겼다. 여기서도 왜구 시기와 아울러 강제연행의 원형을 본다. 이러한 히데요시의 존재는 일본사 상에서도 특출나다. 그에 대한 많은 연구가 있지만 그 침략의 동기와 원인에 대해서는 아직 이렇다 할 정설이 없다.

단지 명明과 감합무역의 부활을 위해서다, 외아들 쓰루마쓰鶴松가 죽은 슬픔을 달래기 위해서다, 여러 다이묘와 무사들의 영토적 불만을 해소하기 위해, 명예욕·정복욕을 충족시키기 위해, 등등의 설만 존재한다. 최근의 연구에서는 히데요시의 국내 통일의 방법과 그 연장선상에서 원인을 찾는 경향과 상업자본의 해외 진출욕과의 얽힘에서 동기를 찾으려는 경향이 강하다. 그러나 이들의 지적은 각각 일면의 옳음은 인정된다고 해도, 히데요시 자신의 조선침략 구상의 사상적 출발점을 근본적으로 해소시키기에는 충분하지 않다.

무사, 승려에게까지 침투한 '신국사상'

필자는 히데요시의 영토욕과 고대부터의 신국사상신국사상에 대한 언급은 기타지마 만지北島万次 씨에게 있다과의 연관성을 따져봐야 한다고 생각한다. 히데요시의 침략 대상은 대부분 아시아권을 포함하고 있다. 이른바 '팔굉일우八紘一宇',[2] '대동아공영권'의 선구이며, 그 일환으로서 고산국高山國, 타이완왕과 인도의

2) 제2차 세계대전 전 일본의 국시가 되었던 표어로 '천하를 일가와 같이 한다'는 의미로 사용되었다.

부왕副王에게 국서를 보냈다. 국서에서 일본은 신국이고, 이것을 통일한 자신은 태양이 점지해 주신 아들이라고 기술하고 있다. 일본의 신국사상은 건국 전설이나 천황의 존재와도 연결되고, 또 무사들에게 이 신국사상의 강한 움직임이 나타나는데, 특히 대외적 문제와 얽힐 때 이 강함은 커지게 된다. 원나라가 습격해 왔을 때의 '적국항복敵國降伏' 기원과, 가미카제神風 현상에 관련된 문제가 이것을 증명한다.

히데요시가 신국사상과 자신의 대외침략사상을 언제 연결시켰는지는 추측일 뿐이지만, 『풍감豊鑑』에 의하면 "히데요시 공 생각하신 것은 … 우리나라에서 다른 나라를 공격한 일은 신공황후가 삼한을 책망하신 후는 아직 듣지 못했다. … 삼한에 군대를 보내고, 마지막 대까지도 우리나라의 영토로 만들고 싶다"라고 되어 있다. 이 히데요시의 생각이라는 부분은 충분히 고려해야 한다. 더욱이 히데요시가 침략 본거지 히젠備前, 나고야名護屋에 나가는 도중, "이즈하라嚴島의 신사에 참배하여 전승을 기원하고, 조슈長州의 고쿠후國府 지방행정 관청소재지를 거쳐 주아이천황·신공황후의 신사에 참배"『시마즈 요시히로기(島津義弘記)』했다는 등의 일은 잊어서는 안 된다.

가토 기요마사加藤淸正, 1562~1611는 1591년덴쇼19 9월의 시점에서 "옛날에는 삼한으로부터 일본에 공물을 바쳤어도, 근대는 그 소식도 없다. 천청天晴 위광을 조선국에 빛나게"『기요마사공 행장(淸正公行狀)』했다고 히데요시에게 말했다.

이러한 주군의 마음을 헤아렸을까. 나고야 출항 때 마쓰라 시게노부松浦鎭信, 1549~1614는 가구라神樂3)를 연주했는데, 시게노부는 히데요시의 질문에 답하여 "신공황후 삼한을 퇴치했다. 그 상서祥瑞를 그리워하여, 하치반八幡대보살을 우러러 받든다"『정한론』고 하여 히데요시를 기쁘게 했다. 또 침략전쟁의

---

3) 신에게 제사지낼 때 연주하는 무악(舞樂).

싸움터에서는 요시노 진고자에몬吉野甚伍左衛門이 그 「각서」에서 "일본은 신국"이라고 하여 "신공황후, 여제의 몸으로서 삼한을 따르게 했다" 운운 이라고 썼다.

오타太田 히다노카미飛騨守[4]의 종군승 교우넨慶念은 항상 부처의 자비를 입에 담으면서도 "일본이 신국이라면 불쌍히 여겨 비를 뿌려주시어 사람을 윤택하게 해야 한다"『조선일일기(朝鮮日日記)』고 읊고 있는데, 불가에 있는 인물에게도 신국사상은 침투하고 있었다.

에도기에 들어 히데요시의 업적을 기록할 때도 이런 경향은 변함이 없다. "대개 조선은 우리나라의 속국 번병임은 옛 신공황후가 삼한을 정복한 이래 이것은 대대로 옛 기록에 명백하다. … 우리나라 무위武威를 이역에 빛내니 신공황후 이후, 히데요시의 치세에 있다"『무가사기(武家事記)』는 것이 그것이다. 시마즈島津 가문도 『정한론』의 「서문」에서 "옛 신공황후가 신라를 정벌한 이래, 고려·백제와 함께 모두 우리 조정에 신하로 복종했다. 그러므로 국사, 첫머리에 삼한의 입공 入貢, 조공을 받침을 실어서 세세 끊어지지 않았다"고 쓰고 있다. 이처럼 히데요시의 조선반도 침략을 '신국'의식과 신공황후에 연결시키는 경향은 에도기 이후의 메이지, 다이쇼, 쇼와의 전전戰前까지 일관된 흐름이 되어 있다고 말해도 과언이 아니다.

히데요시의 대외침략사상은 그가 사카이堺 상인과 접촉하여, 그들이 대조선, 대명 무역에서 막대한 부를 얻고 있는 것에 자극을 받고, 또한 구체적인 대조선, 대명 정보를 얻어 강고하게 된 것은 아닐까 생각해 본다. 또한 포르투갈의 선교사 루이스·프로이스 Luís Fróis , 1532年 - 1597에 의하면 히데요시의 희망은 권세, 명성, 쇼료所領[5] 기타 모든 점에서 오다 노부나가織田信長, 1534~82

---

4) 분고노쿠니(豊後國) 우수기(臼杵)성주 오타 가즈요시(太田
一吉)를 말함.

를 능가할 정도였다고 한다. 그는 전제군주로서 노부나가가 하지 못했던 외정外政, 외국으로 출정함을 완수하여 노부나가보다 크게 보이려고 했다고 생각되고, 신공전설보다는 대규모인 대외정복을 완수하려는 의식도 작용했다고 생각한다.

이렇게 생각하기 때문에 "나의 바람은 다른 것이 없고, 다만 훌륭한 이름을 삼국에 드러내려는 것뿐"이라고 조선 왕조의 선조에게 써 보낸 국서 중의 한 구절이, 그의 대외침략사상의 발로로서의 거짓 없는 심정으로 받아들일 수 있다. 히데요시가 죽을 때 남겨둔 시가의 노래에 "이슬로 와서 이슬로 사라지는 나의 몸인가 난바[오사카]의 일도 꿈속의 꿈"이라고 하는 구절이 있다. 본인은 단지 꿈으로 체념한 의도로 태평이지만, 침략의 대상이 되어 그 침략의 꿈에 의해 참혹한 피해를 당한 민족에게는 지금도 잊기 어려운 상처로 남아 있다.

---

5) 영주나 지주가 사유하여 지배권(知行)이 행사된 토지.

3. 아라이 하쿠세키

조선통신사의 예우를 개악改惡
병력을 배경으로 '개혁'

에도막부의 시조 도쿠가와 이에야스德川家康의 대조선 선린외교의 방침을 거역하고, 나중에 일본인의 침략적인 조선관 형성에 절대적인 영향을 끼친 인물에 아라이 하쿠세키新井白石, 1657~1725가 있다. 이름은 긴미君美, 에도 중기의 사람으로 도쿠가와 시대를 통해서 최고의 정치가이자 학자다.

하쿠세키의 조부는 세키가하라關ヶ原[1] 낭인이고, 아버지도 오랫동안 낭인 생활을 했는데, 인연이 있어 가즈사上總 구루리久留里의 영주, 쓰치야土屋 씨에게 출사하여 에도즈메다이묘의 에도 공관에 근무하던 일가 되었다. 유명한 에도의 메이레키明曆 대화재[2]로 에도 공관은 불타고 서둘러 가옥이 만들어졌다. 그 직후 하쿠세키는 이 가옥에서 출생하여, 영주 쓰치야 도시나오土屋利直, 1607~75에게는 '불의 아이'로 불리며 귀여움을 받았다.

어릴 때부터 면학에 힘써 하루에 4천자 쓰는 것을 일과로 삼던 시기도 있었다. 밤에 잠이 오면 한 겨울에도 옷을 벗고 물속에서 헤엄을 쳐, 자기에게

1) 1600년 도요토미 정권의 전도를 우려한 이시다 미쓰나리(石田三成) 등 서군이 도쿠가와 이에야스의 동군과 싸워 패배한 전쟁. 도쿠가와의 패권이 확립되었다.
2) 1657(메이레키3)년 에도에 일어난 큰 화재. 에도성도 불에 타고 전 도시의 55%가 불타고 사망자가 10만 명을 넘었다.

부과된 할당을 해냈다고 한다.

그의 정진은 결실을 맺어 13세에 아버지가 출사한 쓰치야 가에서 벼슬했는데, 21세 때 주군 도시나오가 죽자 번의 내분에 휘말려, 부자 모두 주가主家에서 쫓겨났다. 그는 젊어서 낭인이 되고, 혐오할 정도의 가난한 생활을 맛보았다. '비지'를 주식으로 삼아 연명했다는 이야기도 남아 있는데, 이런 빈궁한 가운데에서도 그는 더욱 공부에 매진한다. 그런 때 에도의 대부호 가와무라 즈이겐河村瑞賢, 1617~99의 사위 자리의 혼담이 들어왔지만 거절했다. 또 관서의 호상 스미노구라角倉了仁, 1554~1614로부터 양자가 되어 달라는 청도 거절한다. 그의 자존심의 정도를 알 수 있다.

1682년덴와2 25세 때 옛 주군인 쓰치야 가는 가문을 닫게 되어 당시의 다이로大老3) 훗다 마사도시堀田正俊, 1634~84에게 출사했다. 그는 경국 경세経国経世의 뜻을 다이로 훗다를 통해 행하려고 마음속으로 결심하고 있었는데, 2년 후 훗다는 어전에서 와카도시요리4)若年寄 이나바 마사야스稻葉正休, 1640~84에게 척살 당한다.

몇 년 후, 하쿠세키는 재차 주가를 떠나게 된다. 그런 그가 훗다 가문에 있던 시기, 당시 에도에서 최고의 학자로 이름이 높았던 기노시타 준안木下順庵, 1621~99에게 배우고 있었다. 준안이 하쿠세키의 재능을 높이 사서, 백만 석의 마에다前田 가의 시강侍講, 군주나 동궁에게 강의함에 추천했다. 그러나 하쿠세키는 이를 동문 오카지마岡島石梁에게 양보한다. "가가加賀는 오카지마의 고향, 게다가 오카지마는 노모를 봉양하고 있다"는 것이 하쿠세키의 변이었다. 솔직히, 이것은 보통 사람에게 가능한 일이 아니다.

---

3) 막부의 최고직. 비상시에 로주(老中)의 상위에 둔다. 사카이(酒井)·도이(土井)·이이(井伊)·훗다(堀田)의 10만석 이상의 후다이다이묘(譜代大名)에서 선임한다.
4) 로주의 보좌직. 3~5명으로 후다이다이묘에서 선임한다. 하다모토(旗本)·고게닌(御家人)의 감찰을 주요 임무로 한다.

스승 준안은 점점 하쿠세키의 재학才學과 인물의 우수함을 알고, 이번에는 고후甲府 번주 도쿠가와 쓰나도요德川綱豊의 시강에 추천한다. 쓰나도요의 아버지는 3대 쇼군 이에미쓰家光의 3남으로 문벌이 높다. 하쿠세키는 학문을 좋아하는 쓰나도요에게 사서오경부터 『자치통감』을 강의하고, 『번한보藩翰譜』라는 300여 번藩의 역사를 써서 쓰나도요와 돌려 볼 준비했다.

5대 쇼군 쓰나요시綱吉에게는 후계가 없어 쓰나도요가 후계자가 되고, 이름도 이에노부家宣로 고쳐 에도성에 들어갔다. 하쿠세키도 이로 인해 막부정치에 관여하게 되고, 쇼군 이에노부의 두터운 신임 아래 막부정치의 개혁에 힘썼다.

이에노부가 죽은 후 그의 아들 이에쓰구家繼가 7대 쇼군이 되었다. 하쿠세키는 측용인側用人[5] 마나베 아키후사間部詮房,1666~1720와 함께 막부정치의 중추가 되어 천하의 일을 처리했다. 그러나 1716년교호元 요시무네吉宗가 쇼군이 되자 정치상의 지위를 잃고, 죽기까지 10년간을 불운하게 지내게 된다. 이 10년간이야말로 학자로서의 그의 진면목이 발휘되는 때이기도 하다. 이제까지의 『독사여론』, 『고사통』, 『서양기문』, 『실람이언悉覽異言』 등등에 『때때로 모닥불을 태우는 기록折たく 柴の記』, 『동아東雅』 등이 더하여 실로 그의 저술은 당시 타인을 압도할만한 발군의 학문적 성과를 이룬다.

칙사 이상의 대우였던 통신사에 대한 예우를 개혁

연구자들은 하쿠세키가 정치가로서 관여한 막정개혁 가운데 주요한 것은 ① 간인노미야케閑院宮家[6]의 창립, ② 악화惡貨를 양화良貨로 개주한 것, ③ 나가

5) 소바요닌. 쇼군의 가까이에서, 쇼군의 명령을 로주에게 전하고, 로주의 상신을 쇼군에게 전하는 역직.

6) 1710년 막부로부터 궁가 창설의 비용을 헌상하여, 히가시야마(東山)천황의 제8 황자 나오히도신노(直仁親王)를 세워 간인노

사키 무역을 제한하여 금은동의 대량 유출을 막은 것, ④ 조선통신사에 대한 예우개혁 등을 든다. 이 가운데 조선과 관련하는 것은 통신사 일행에 대한 예우개악의 건이다.

본래 에도기, 조선통신사의 내일来日은 도요토미 히데요시의 조선침략을 반성한 도쿠가와 이에야스가 조선 왕조와의 국교회복을 바라는 강한 요청아래에 실현된 것이었다. 통신사에 대한 예우는 정중했다. 격식은 칙사 이상이라고 일컬어져, 그 예식은 3대 쇼군 이에미쓰 때에 정착하고, 이후 통신사에 대한 예우는 이 예를 따랐다.

그러나 하쿠세키는 의례를 간소화한다는 명목 하에 실은 도쿠가와 막부(일본)의 위신을 높일 방향으로 개혁을 꾀하여, 많은 점에서 선례와 다른 예식을 통신사 측에 요구했다. 당연히 양자 사이에는 긴장감이 생겨났다.

하쿠세키의 예우개혁안은 주도면밀한 준비 아래 가다듬어지고 있었다. 그는 조선 측의 중요한 서적을 거의 독파하고, 그 해석 위에 서서 예우개악에 임한 것이다. 그가 참고한 조선 서적은 『해동제국기』, 『징비록』, 『경국대전』, 『고사촬요』, 『팔도관직』, 『양조국서』, 『필원잡기』 등이다. 이외의 자료도 많이 있다. 또 쓰시마에 출사하고 있던 동문수학한 아메노모리 호슈雨森芳洲에게 조선의 사정에 대한 여러 가지 의견을 구했다. 그러한 만반의 준비를 갖춘 후에 통신사 일행을 맞이한 것이다.

막부의 중추에 있던 쇼군을 보좌한 아라이 하쿠세키의 조선통신사에 대한 예우개혁이란 무엇인가? ① 통신사가 통과하는 곳의 향연을 감소시켜 식사 내용을 낮추었다. ② 통신사가 객관에 들어갈 때 가마에서 내리게 했다. ③ 통신사의 에도 도착 때, 로주老中[7)가 객관을 방문하게 되어 있는 것을 고케高家,

미야케를 창립했다.
7) 막부의 정무를 총괄하는 최고직. 4~5명. 처음에는 도시요리

막부의 의식, 전례를 전담로 대신했다. ④ 막부의 사자가 객관을 방문할 때, 삼사정사·부사·종사관의 송영送迎은 없었던 것을 계단 아래에서 송영시켰다. ⑤ 쇼군과 만날 때의 자리는 고산케御三家[8] 수준이었던 것을 고케高家, 세습으로 의식·전례를 맡았던 집안와 같은 자리로 내렸다. ⑥ 향응 때 고산케가 배식하고 있던 것을 격하시켜 응접역의 다이묘로 바꾸었다. ⑦ 국서봉중은 상상관上上官의 역이었던 것을 정사가 봉중하게 했다. ⑧ 막부에 제출하는 국서는 일본국 대군大君[9]으로 되어있던 것을 일본국왕이라고 고쳤다 등등이다.

그러나 이에미쓰 이래의 방식을 고쳐 통신사 측에 따르게 했기 때문에 정사 조태억趙泰億을 비롯한 통신사 측에 큰 반발을 초래했다. 그중에서도 크게 문제가 된 것은 '범휘犯諱사건'이다. 쇼군의 답서에 조선 왕조 7대조의 휘를 범한 것이 써서는 안되는 시호가 사용되었다 문제가 되었다. 신사 측은 강경하게 고칠 것을 요구하여, 한 때는 험악한 분위기가 감돌았다. 휘라는 것은 죽은 자에 대한 시호로, 특히 국왕의 휘를 범하는 것은 엄하게 금했다. 통신사 조태억 등은 이것을 고치지 않으면 살아서 나라에 돌아갈 수 없다는 정도의 결의를 보였다.

하쿠세키도 물러서지 않았다. 조선 측의 국서에 '이에미쓰家光'의 '光'자가 있다고 하여 고칠 것을 요구하여, 이른바 쌍방이 굽혀서 고통을 나누는 형태가 되었다. 이외에도 이에미쓰 때에 결정한 '대군'을 '국왕'으로 한 건에 대해

(年寄)라고 했다. 2만 5000석 이상의 후다이(譜代) 성주에서 선임했다.

8) 도쿠가와씨 일문의 다이묘 중의 최고위. 이에야스의 아들 요시나오(義直)가 오와리(尾張), 요리노부(賴宣)가 기슈(紀州), 요리후사(賴房)가 미도(水戶)에 배치되었다. 쇼군 후사를 낼 수 있는 가문.

9) 대외적인 쇼군의 칭호. 간에이(寬永) 연간 조선국서에 처음 사용되었다. 하쿠세키는 이것이 조선의 왕자 가운데 적자를 가리키는 용어라고 하여, 일본국왕으로 고쳤는데, 교호(享保)이후 다시 옛날로 돌아갔다. 막말에는 미가도(천황)에 대비하여 구미외교관이 많이 사용했다.

서는 조선 측에서도 물론 문제 삼았지만, 보다 큰 문제로 발전한 것은 일본 국내에서였다. 천황과 얽혀서 하쿠세키는 여론의 맹공을 받게 된다. 특히 동문수학한 아메노모리 호슈의 이치에 닿은 반론은 아팠을 것이다.

조선의 문화적 우위에의 반감

그렇다 치고라도 조선 문제에서 무엇이 그를 그렇게까지 강경한 태도를 취하게 한 것일까?

그의 자서전 『때때로 모닥불을 태우는 기록折たく柴の記』에 의하면 하쿠세키는 통신사의 예우 개혁에 임하기 전에, 다음과 같은 4차례의 조선 체험을 했다. ① 하쿠세키가 어릴 때 어머니에게서 외할아버지가 고려의 성 공격에 참가하셨다는 것을 반복해서 들었다. ② 6세에는 "조선의 7세 아동이 태합太閤10) 앞에서 만들었다는 시"를 학습했다. ③ 21세에는 '쓰시마국의 유생, 아비루阿比留(니시야마 쥰타이西山順泰)'를 알고, 그에게 조선에 관한 지식을 많이 배웠다. ④ 25세 가을에 니시야마의 소개로 덴와天和기의 통신사1682, 제7차 일행 중의 제술관 성완成琬 등 '삼학사'와 만나, 자작시 100수를 보이고 그 비평을 청했다. 나중에 성완은 하쿠세키의 시에 서문을 보냈다.

몇 년 후, 그가 정치적으로 몇 단 높은 곳에서 통신사를 접하는 입장에 서게 되자, 일찍이 자신이 '조선 아동'의 시를 학습하거나, 통신사 일행을 문화적 선진자로 우러르는 태도로 접한 것에 대한 콤플렉스가 있었던 것일지도 모른다.

어찌되었든 그는 신사를 접대하는 일에 임할 당시, 여러 가지를 조사했다. 조선에는 조선왕조 이전에도 일본에 대한 적개심이 있었지만, '분로쿠·게이

---

10) 도요토미 히데요시의 존칭.

초의 역文禄·慶長の役, 임진왜란'에서 그 감정이 한층 강해져, 군사력에서는 일본에 미치지 않기 때문에 "어떻게 해서든 문사文事, 학문·예술를 가지고 그 부끄러움을 설욕해야 한다고 여러모로 생각하고"『조선빙사후의(朝鮮聘使後議)』 있었다고 하여, 조선의 문화적 우위에 반감을 나타내고 있다.

또 하쿠세키는 통신사일행을 '간첩3사신三使臣, 통신사의 정사·부사·종사관'으로 인식하고, 더욱 복수심을 가지고 대하고 있다고 보아, 그 복수 의도를 누르려는 의식이 작용하고 있었다. 이러한 불신감에서 출발하여, 게다가 막부(일본)의 권위를 높이려는 것에 뜻을 다했기 때문에 그러한 강경 태도를 취한 것이라고 생각한다. 하쿠세키는 "저 조선은 교활하고 거짓이 많으며, 이익이 있는 곳에 신의를 돌아보지 않는다"『국서복호기사(國書復號紀事)』고 쓰고 있다. 이것은 후대의 일본인의 조선인관을 예측하고 있어서, 그 후 일본인의 조선인관 형성에 절대적인 영향을 미쳤다고 보인다.

덧붙여서 말하면, 조태억 등은 이 건으로 조선 정부의 처벌을 받았다. 일본 측도 8대 요시무네 때에 하쿠세키의 개혁안은 옛 것이 되어, 이에미쓰 이래의 옛날 제도로 돌아갔다.

생각해보면 하쿠세키의 개혁안 강행은 히데요시 군의 침략행위로 상징되는 일본의 병력우위를 배경으로 이루어진 것이다. 조선 측은 하쿠세키의 조치에 큰 불만을 갖고, 조태억 등을 처벌하기는 했지만 일본 측에 어떠한 이의도 제기하지 못했던 것은 일본의 무력을 두려워했기 때문이었다고 생각할 수밖에 없다. 즉 하쿠세키는 쥐도 새도 모르게 빈틈없이 이전의 히데요시 군의 폭위라는 나쁜 유산을 차용해서 교섭을 유리하게 이끌었다고 말할 수 있다. 그런 의미에서 하쿠세키는 이에야스의 의도를 어겼을 뿐 아니라, 그 침략사상을 문사적·외교적으로 구현한 인물이었다고 할 수 있다.

4. 아메노모리 호슈

조선과 '성신의 교제'로 외교
『교린제성』에서 조선 외교를 총괄

에도기 조선통신사가 12차례 일본을 방문하는 동안, 아메노모리 호슈雨森
芳洲, 1668~1755만큼 조선통신사와 많이 교류하고 접촉한 시간이 길었던 인물은
없다. 또 세상에 나온 적지 않은 호슈에 관한 평전이나 사전류에서는 그를
시종일관 에도기 제일의 조선 이해자좋은 의미에서로 평가하고 있다.

그러나 나는 이러한 아메노모리 호슈의 평가 방법에 약간 의문을 가지고
있다. 확실히 호슈는 쓰시마 번의 학문에 깊은 신하로 조선과의 외교를 담당
하고, 조선과는 "서로 속이지 않고, 다투지 않고, 진실로 대하는 것"을 "성신이
라고 하겠습니다"『교린제성(交隣提醒)』라고, '성신의 교제'를 말한 인물로 특필할
만한 존재다.

그러나 현역 외교관으로서 쇼토쿠正德 때와 교호享保 때 통신사와 접하고 있던
시기의 호슈를 자세하게 살펴보면, 조선에 대한 멸시관과 연대관을 한 몸에
구현한 상당히 모순된 측면을 가진 드문 존재라고 생각하지 않을 수 없다.

당대에서 으뜸가는 조선통

아메노모리 호슈는 1668년간분8, 지금의 시가滋賀 현 이카伊香 군 다카쓰키초

高月町비와琵琶호반에서 태어났다. 아버지 기요노淸納는 의사였다. 그의 선조는 무사로 아사이淺井 씨에게 출사하고 있었는데, 오다 노부나가가 아사이를 공격했을 때, 히데요시에 의해 몰락했다. 호슈의 히데요시관은 따라서 실로 엄격한 면이 있다. 호슈는 아버지에게서 사서오경을 배웠다. 성장한 후 교토에 가서 의학을 공부했지만, 의사의 길을 접고 방향을 전환하여 유학자를 지망하게 된다. 교토는 천황의 거처, 훗날 아라이 하쿠세키와 국왕 문제로 논쟁하게 되는 싹이 여기서 자란다. 유학으로 입신하려고 결심한 호슈는 1685년에 에도로 나가, 당시 견줄 자가 없는 대유大儒 기노시타 준안木下順庵, 1621~99 문하에 들어간다.

준안의 스승 마쓰나가 샤쿠고松永尺五, 1592~1657는 후지와라 세이카藤原惺窩, 1561~1619의 제자다. 세이카가 히데요시 군이 조선을 재침략 했을 때 포로로 잡혀온 강항姜沆에게 주자학을 전수받은 이야기는 굉장히 유명하지만, 요컨대 준안은 조선 주자학의 정수를 깊이 연구한 인물이다. 기노시타 문하에는 당시의 뛰어난 인재들이 많이 있었다. 아라이 하쿠세키, 무로 규소室鳩巢, 1658~1734, 기온 난카이祗園南海, 1676~1751, 사카기바라 고슈榊原篁洲, 1656~1706, 난부 난잔南部南山, 마쓰우라 가쇼松浦霞沼, 미야케 간란三宅觀瀾 등이다. 호슈는 이들 수재들과 교제하고, 자신의 학업을 대성해 갔다. 그리고 1689년겐로쿠2에 스승 준안의 추천으로 22세의 나이에 쓰시마 번에 사관仕官한다. 호슈와 조선과의 이른바 운명적인 만남이다.

쓰시마와 조선의 관계를 상세하게 설명할 여유는 없지만, 쓰시마가 그 지리적 위치에서 조선과 일본의 관계상 얼마나 중요한 지위를 차지하는지는 설명을 필요로 하지 않는다.

도쿠가와 이에야스가 세키가하라 전투 이후, 1603년게이초8 2월 정이대장군 우대신征夷大將軍 右大臣이 되어 에도막부를 열고나서는 전 정권 도요토미의 부채, 즉 조선에 대한 두 번에 걸친 침략의 청산을 꾀하려고 생각한 것은 당연하다. 무엇보다도 그것은 막부의 국내 통치체제의 확립을 위해서도 이웃나라, 조선과의 국교를 정상화할 필요성이 다가오고 있었다. 이렇게 이에야스의 대조선 평화 외교정책이 움직이기 시작한다. 그러나 조선과의 국교정상화를 누구보다도 강하게 바라는 이는 조선과의 관계 회복에 문자 그대로 사활을 걸고 있었던 쓰시마였다.

쓰시마는 11차례나 사자를 보내, 조선 측이 요구하는 조선인 포로를 귀국시키기도 했다. 조선은 그 호소가 진지함에 일본의 진의 타진과 탐정을 위해, 유정惟政, 사명대사과 손문욱孫文彧을 쓰시마에 보낸다. 이에야스는 이것을 듣고 기뻐하고, 사절을 본토에 불러 후시미성伏見城에서 접견한다. 유정은 선승禪僧이고 사명당으로 유명한 인물이다. 그는 후시미성에서 이에야스의 국교정상화 의사를 듣고, 그 의사가 강한 것을 알고, 강화의 건을 대략 정리하여 3400명의 조선인 포로를 데리고 돌아갔으므로 교린의 일은 크게 진전되었다. 1607년선조 40·게이초 12 3월에는 정식으로 제1차 통신사초기 3회는 회답 겸 쇄환사가 보내지게 된다.

이렇게 도쿠가와 쇼군의 습직 때마다 통신사를 보내는 것이 정례화하여, 그 예식도 3대 이에미쓰의 제3차1624년 때에는 대략 정착하고 있다. 아메노모리 호슈는 에도막부의 유일한 국교 상대인 조선에 대한 외교 창구로서 교섭 및 여러 잡무를 지휘하는 쓰시마 번에 학문이 깊은 신하로 출사하게 된다. 녹봉은 200석, 작은 번 쓰시마로서는 대단히 높은 봉급을 준 것이다. 주목할 만한 것은 호슈는 이때부터 본격적으로 나가사키에서 당어唐, 중국어를, 그리고 나중에 조선어 학습을 시작하여 양국의 언어를 완전하게 습득했다. 이것은 당대 으뜸가는 국제통이 된 것을 의미한다.

1693년겐로쿠6 호슈는 임지 쓰시마에 자리 잡는다. 그가 조선 쪽 보좌역이 된 것은 그로부터 6년 뒤다.

다음의 6대 이에노부家宣의 쇼군 습직 때인 1711년쇼토쿠 원년의 통신사 내일에서 쓰시마, 에도 간의 왕복 수행하게 되기까지의 13년간은 호슈가 바야흐로 조선을 아는 일에만 모든 정력을 기울인 시기였다.

그는 쓰시마와 조선간의 어려운 무역실무에 관한 문제 처리에 종사하는한편, 『왜어유해倭語類解』, 『교린수지交隣須知』 등의 조일어 사전과 조선어 교과서 작성에 임하고 있었다. 이것만으로도 일본의 문화진전에 크게 기여했다고 말할 수 있다.

제술관 신유한의 눈에 비친 호슈, 그 강압적인 자세

쇼토쿠 년의 조선통신사1711년 문제는 아라이 하쿠세키가 주역이었다. 하쿠세키는 스승 준안의 추천으로 고후甲府 번주 도쿠가와 쓰나도요의 시강이된다. 5대 쇼군 쓰나요시는 쓰나도요를 후계자로 하고, 쓰나도요는 이름을이에노부로 고쳐 에도성에 들어가 6대 쇼군을 습위한다. 이로부터 하쿠세키는 이에노부의 절대 신임아래에서 막정의 개혁에 힘쓰는데, 그 최초의 '개혁'이 조선통신사 일행에 대한 예우개악改惡 건이다. 이 건에 대해서는 아라이하쿠세키의 항목에서 상세히 설명했다. 요는 하쿠세키는 3대 이에미쓰 때정착한 예식을 간소화하여, 일본도쿠가와 막부의 위신을 높이는 방향으로, 대부분의 점에서 선례와 다른 예식을 신사 측에게 받아들이도록 했기 때문에,정사 조태억을 비롯한 통신사 측에 큰 반발을 사게 된다.

이 일행에 수반한 아메노모리 호슈는 이러한 경위와 전 과정을 스스로의눈으로 경험하게 될 뿐 아니라, 그 와중에 뜻하지 않게 휩쓸리게 된다. 어떠한나라의 외교교섭도 국익과 맞닿아 있지만, 하쿠세키의 예식 개악 방식은 정말

강제적이었다. 그러나 하쿠세키는 사전에 조선 측의 중요 서책과 관제官制에 관한 책을 충분하게 조사한 뒤의 제안이었기 때문에, 대부분의 점에서 조선 측은 불만을 표하면서도 이치만 내세우는 하쿠세키에게 당해내지 못했다.

호슈는 자신이야말로 일본의 조선통이라고 자부하고 있었겠지만, 이 때의 하쿠세키에게는 놀라지 않을 수 없었다고 생각한다.

호슈는 조선 방좌역方佐役,조선통신사 전담보좌에 취임했을 때부터 쓰시마 번의 이해를 지키고 막부의 의사를 조선통신사 측에 침투시키는 역할을 철저하게 수행하는 것을 지상과제로 삼았을 것이다. 그러므로 통신사 측과는 예전부터 전해 내려오는 관례에 따라 무사하게 임무를 다하고 싶었다. 그러나 하쿠세키는 구례를 점차 없애 조선 측에 받아들이게 했다. 호슈는 마음속에 불만을 가지면서도 그것을 공적으로 문제 삼지는 않았다. 다만 하나 호슈가 하쿠세키의 개혁안 중에서 천황과 관련된 국왕칭호 문제만큼은 반대하는 입장이었다. 이것은 대 조선 문제라기보다는 일본국내 문제의 요소가 강하다.

원래 호슈는 하쿠세키의 학식과 시문에 머리를 들지 못하는 기억이었지만, 쇼토쿠 때의 하쿠세키에게 공경하면서도 두려워하는 마음을 가지고 있었던 것은 아닐까 생각한다.

그것이 확실히 나타나는 것은 8년 후 8대 요시무네가 쇼군직을 물려받는 교호 때의 통신사 내일 때였다. 이때의 정사正使는 홍치중洪致中인데, 무엇보다도 제술관 신유한申維翰은 기행기『해유록』의 일본어 역평범사,동양문고도 있고, 가장 유명하다. 물론 호슈는 이때도 사신 행차 일행의 안내를 위해 에도로의 왕래에 수행하고 있었다. 그리고 이 책에 당시의 호슈가 정밀하게 묘사되어 있다.

먼저 쓰시마의 이즈하라에서 신유한이 관례가 되어 있던 쓰시마 번주에게 절하는 예절을 거부한 것을 둘러싸고 갈등이 있었다. 신유한의 주장은 쓰시마 번주는 조선국왕에게 신하의 예를 취하고 있기 때문에, 자신과 동격이므로 절을 할 수 없다는 것이다.

이 때 호슈의 상태를 "분노가 심하여 양의 소리와 비슷한 분명하지 않은 소리를 내며, 중얼중얼 쓸데없는 말을 지껄이고 그치지 않았다"고 기록했다. "그리하여, 싸움 준비를 하고, 재앙을 만드는 말을 했다"고, 실감나는 시비조로 글을 쓰고 있다. 이것은 일면, 쇼토쿠 때의 아라이 하쿠세키를 흉내낸 것이라고 할 수 있다. 하쿠세키는 쇼군의 통신사 향응 때, 고산케가 모시고 식사하는 것을 접대역의 다이묘로 바꾼 것을 통신사측이 반발했을 때, "검을 짚고 질타하여, 전각의 기둥이 흔들렸다"기온 난카이(祇園南海)의 시고 되어 있는 것처럼, 칼을 뺄 것 같게 하여 상대를 굴복시킨 것이다. 호슈의 신유한에 대한 태도는 아무리 보아도 하쿠세키의 축소판이다.

다음은 돌아오는 길, 교토의 호코지方廣寺, 大佛寺에서 일어난 갈등이다. 통신사일행이 교토에 도착했을 때, 일행을 호코지에서 주연에 초대하기로 했다고 한다. 호코지는 도요토미 히데요시가 세운 절이고, 조선침략 때에 조선인 10만 명 이상의 귀와 코를 베어 묻은 귀무덤이 있다. 막부는 통신사가 내일할 때마다 귀무덤을 보여 일본의 병위兵威, 군대의 위력를 사신에게 새겨두려고 했다. 조선 측은 대불사는 히데요시의 원당願堂, 소원을 빌기 위해 세운 절, 히데요시는 곧 "우리나라의 백년 원수"라고 하여 가기를 거부한다. 일본 측은 『일본연대기』라는 이상한 책을 내놓고, 대불사는 3대 이에미쓰 때에 세워졌다고 강변한다.

이때의 호슈가 무섭다. "아무 때나 분노하고, 바로 수역首譯, 역관 대표과 사투를 벌여, … 그 모습, 거의 검을 칼집에서 꺼내려"고 했다. 이 때 신유한은 호슈의 일을 '마음이 비뚤어진 사람'이라고 비판하여, "당신은 독서인(유학자)이 아닌가"고 반론한다.

이 때 호슈에게 "속이지 말고, 다투지 말고"의 각오는 없었다. 있는 것은 다만 번의 이익, 막부의 권위를 지키는 이른바 국익 일변도의 자세뿐이다.

그런 의미에서 쓰시마의 이별 장면은 상징적이다.

"나는 지금 늙었다. 감히 두 번 다시 세상사에 관여하는 일도 없고, 아침에 저녁에 섬 안의 귀신이 될 날이 다가온다. 더구나 무엇을 바라겠는가." 호슈는 눈물을 흘리면서 신유한에게 이렇게 말한다.

이것에 대해 신유한은 다음과 같이 쓰고 있다.

> 나는 그 상황을 보니 험한 승냥이가 되어 평온하지 못하고, 밖으로는 문사에 의탁하고, 안으로는 검을 대비해 두었다. 만일 그로 하여금 국사에 임하게 하고, 권력을 가지게 하면 바로 반드시 이웃 나라에 일을 일으킬 것이다. 그러나 그 국법의 제한하는 것이 되어, 이름은 한 작은 섬의 기실(記室, 사무를 보는 관직)에 지나지 않는다. 언제까지나 그 지역에 있으면서 늙어 죽는 것을 부끄러워하고 있다. 이별의 자리에서의 눈물은 즉, 스스로를 슬퍼하는 것이다.

호슈는 통신사 일행에게 주관적으로는 호의적으로 대하고 있었다고 생각하고 있었을지도 모르나, 조선 측은 그 반대로 받아들이고 있었던 것을 알 수 있다. 그것은 호슈에게 예상치 못한 일이었음에 틀림없다.

9년 후, 아메노모리 호슈는 『교린제성』이라는 일본의 대조선 외교에 관한 획기적인 저술을 발표한다.

그 첫머리에 "조선 교섭의 의는 첫째, 인정·사정을 아는 것이 중요"라고 쓰고 있다. 이 책은 오랜 시간에 걸쳐 대조선 외교의 제일선에서 일해 온 호슈의 자숙을 담은 총괄이기도 한데, 일본의 대조선 외교의 기본을 말한 것이다. 그러므로 마지막 장의 "상호 속이지 말고, 다투지 말고" "성신의 교제"를 명심하자는 것은 오늘날, 지금까지도 마음에 유효한 말로 남아 있다.

5. 나카이 지쿠잔

조선통신사에 대한 반감
하쿠세키에게 동조하여 쓰시마에서 응접할 것을 진언

이름을 떨친 오사카의 유학자

아라이 하쿠세키의 조선통신사에 대한 억압적 자세와 불신감을 그대로 계승한 인물로 나카이 지쿠잔中井竹山, 1730~1804이 있다. 나카이는이름은 積善 에도 중기의 학자다. 오사카에서 살았는데, 아버지는 슈안鷲庵, 동생은 리겐履軒으로 함께 이름을 떨친 유학자다. 하쿠세키나 지쿠잔이 산 시대는 겐로쿠元祿, 호에이宝永, 쇼토쿠正徳, 교호享保, 호레키宝曆, 메이와明和, 간세이寬政 등을 포함하는 시대로 에도 전기를 통해서도 문예, 학문이 번성한 시기다. 정통 유학주로 주자학 분야에서 대유학자들의 배출은 물론 마쓰오 바쇼松尾芭蕉, 1644~94, 이하라 사이가쿠井原西鶴, 1642~93, 지카마쓰 몬자에몬近松門左衛門, 1653~1724 등 혁신적 문예의 기수들이 계속해서 대두하여, 일본의 문운文運 융성에 일대 획기를 이룬 시기다. 동시에 가모노 마부치賀茂眞淵, 1697~1769와 모토오리 노리나가本居宣長, 1730~1801 등의 국학자, 스기다 겐파쿠杉田玄白, 1733~1817, 마에노리 요타쿠前野良澤, 1723~1803와 같은 양학자, 또 박물학자 히라가 겐나이平賀源內, 1728~79와 천황이 친히 정치하는 고대로 돌아갈 것을 꾀하여 사형이나 유배형이 된 야마가타 다이니山縣大貳, 1725~67, 다케노우치 시키부竹內式部, 1712~67와 같은 시대를 앞서

간 사람들도 나타난 시대다. 에도기, 문사관계에서는 가장 고조된 파도를 가진 일세기라고 말할 수 있다.

나카이 지쿠잔은 하쿠세키가 죽은 지 5년 뒤인 1730년교호15에 태어나는데, 아버지의 뒤를 이어 조닌町人의 도시인 오사카에 자기의 학문거점을 두었다. 아버지 슈안은 오사카에서 학문을 좋아하는 호상 몇 사람과 도모하여, 아마가사키尼崎 지역에 회덕당懷德堂1)이라는 학문소의 개설을 막부에 허가받고, 조닌의 도시 오사카에 어울리게 조닌町人2)에게 적용한 학풍으로 젊은이들을 가르치고 있었다. 정치면에서 말하면 8대 요시무네가 국내의 산업을 일으킨다고 하여 정치상 커다란 공적을 올린데 반해, 다음의 다누마 오키쓰구田沼意次, 1720~88 시대3)는 상업중심 정치에서 무슨 일에나 뇌물이 성행하여, 정치도덕은 땅에 떨어져 각지에서 민중이 봉기했다.

다음의 마쓰다이라 사타노부松平定信(白河樂翁), 1758~1829의 로주老中시대는 이른바 간세이寬政의 정치를 행한 시대이지만, 분명해진 것은 오사카 조닌의 세력이 이른바 천하의 정치를 좌우할 정도의 힘을 보이기 시작한 것이다. 당시의 오사카는 전국 물산의 70%가 모인다고 하여 '천하의 부엌'이라고 일컬어졌을 뿐 아니라, 전국의 상업 및 금융의 일대 중심지였다. 마쓰다이라 사타노부는 "셋슈攝州 오사카 지역은 물건이 모이는 가장 붐비는 지역"이라고 눈을 크게 뜨고 있었던 것이다.

1) 가이도쿠도. 오사카 조닌이 출자하여 만든 학숙. 1724년 미야케 세키안(三宅石庵)을 학주(學主)로 하고, 26년에 준관학(準官學)이 되었다. 나카이 슈안(中井甃庵)·지쿠잔(竹山)이 이어서 학주를 맡아 번영했다. 주자학·양명학 등을 조닌에게 가르쳤다.
2) 도시에 사는 상공업자. 전 인구의 7%전후.
3) 다누마 오키쓰구가 막정의 실권을 잡았던 시대. 종래의 긴축정책을 버리고, 상업자본의 이용을 적극적으로 도모하여, 무역진흥·에조지(蝦夷地)개발·전매지 확대 등을 계획했는데 수뢰정치가 횡행했다.

통신사에 대한 일방적인 반감

나카이 지쿠잔은 이러한 오사카에 살면서, 처세법이라도 있었을까? 매우 명백하게 두 가지의 모순된 측면을 동시에 보인다. 하나는 동유東儒, 에도의 학자, 즉 오규 소라이荻生徂徠, 1666~1728나 아라이 하쿠세키 등이, 천황가에게만 허가된 문자를 막부에서 사용한 것을 분개하는 국체가國體家로서다. 다른 하나의 측면은 로주 마쓰다이라 사타노부와 같은 권력자에게 접근한 것이다. 학자이므로 자기의 생각을 정치에 반영시키고 싶다고 생각하는 것은 당연하기도 하지만, 동시대인 라이 슌스이賴春水, 1746~1816, 산요(山陽)의 아버지에게는 '화를 잘 내는 것처럼' 보였다.

지쿠잔이 조선을 언급하고 있는 것은 『초모위언草茅危言』으로, 이 책은 마쓰다이라 사다노부의 간청에 응하여 쓴 것이다. 이것은 오랜 세월 심혈을 기울여 집필한 법제 및 사회, 경제제도에 관한 대 저술이다. '조선의 일'이라는 한 항목이 있고, 그의 조선론이 전개된다.

"조선은 무력을 가지고 우리에게 미치는 일은 없기 때문에, 문사를 가지고 와서 업신여기려는 일, 진실로 신지쿠슈新筑州, 아라이 하쿠세키의 5사략五事略에 논한 것과 같"다 고 말한다. 통신사 일행이 도중에 "순시의 깃발·청도의 깃발·영의 깃발 등을 세우는 것, 매우 무례하다"라고 하여, 순시란 영내를 순시하는 것으로, 우리나라일본를 속국 취급하고 있다. 청도란 길을 청소하라는 것이고, 영의 깃발은 우리 일본에 호령하니까 잘 들어라 라고 말하는 것으로 "공연히 우리를 모욕하는 것, 증오가 심한 것이다. … 이러한 불손을 놓치는 것은 더없는 국치다"고 반감을 드러낸 것이다.

지쿠잔은 통신사 일행과 일본인의 접촉에 대해 반감을 넣어 이렇게 쓰고 있다. "숙소에 들어가 시를 증답하는 데, 정부가 금지하지 않으면 겉만 화려하고 실속 없는 무리, 앞을 다투어 나오게 되고, 숙소 안이 혼잡하여 시장과 같다. 신랄한 문장, 서투른 시를 가지고 한객韓客에게 함부로 접촉하고 그 심한 것은 미숙한 무리, 백일도 전부터 칠언율시 한 수 같은 시를 지어 와서 그것을 품고, 무릎걸음으로 머리를 조아리고 나와, 한편의 화답 운을 얻어 일생동안의 영광으로 남에게 자랑하니 웃을 만하다." 그 위에 음률이 다르고 음운이 다른 시는 "묵을 발라 던져 돌려주는 것을 많은 사람이 앉아 있는 곳에서 무릎걸음으로 나와 주워서, 품에 넣고 물러나는 등, 보기 괴로운 일이 한이 없다. 또 한인韓人은 아는 시를 쓰는 데 문진 대신에 다리를 내놓고, 발뒤꿈치로 종이를 누르는 등, 지극히 낭패스러운 모습으로 쓴 것을 고맙게 받는 자도 있다. 어느 것이나 나라의 큰 수치, 참으로 괴로운 일이다"라고 개탄하고 있다. 그러나 깃발에 관한 이외는 일방적이다. 무력에서 열세이기 때문에 문사로 업신여기고, 라고 하는 것은 하쿠세키와 같은 편견이다. 게다가 통신사 일행의 행동거지가 나쁜 것을 말하는데, 그들은 잘 시간, 식사시간도 나누어, 피로와 고달픔에서 응대하고 있는 것이다.

그는 사다노부에게 통신사 응접을 이제까지보다 격을 낮추어서 쓰시마에서 해야 한다하쿠세키의 의견고 진언하는데, 이것은 다음의 마지막 통신사로 실현되었다. 현재 통신사 문제를 우호 하나로 논하는 경향이 있는데, 이것은 사실에 비추어서도 동전의 한 면만을 보고 있는 것이다. 아메노모리 호슈라고 해도 선린우호론은 나중의 일이다.

실로 지쿠잔의 의견은 통신사 문제의 총괄적 의미를 가지고 있다.

6. 사토 노부히로

『일본서기 · 고사기』에 근거한 세계정복론
조선에 대한 침략 구상을 구체화

사토 노부히로佐藤信淵는 에도 후기부터 막말에 걸친 학자이고, 일본 근세 사상의 거물로 조선, 아시아 침략문제에서 막말 이후의 일본인에게 커다란 사상적 영향을 끼친 인물이다. 생년월일에 대해서는 두 가지 설이 있는데, 일반적으로는 1769년메이와6 6월이라고 한다. 1850년 82세로 죽었다.

히라다 아쓰다네平田篤胤와의 교제가 계기

데와노쿠니出羽國, 아키다(秋田) 현 출생으로 대대로 의학을 가학家學, 집안 대대로 전하는 학문으로 계승하고 있었는데, 그의 4대 앞부터는 농정학農政學도 익히게 되었다. 초상화에서 나타나듯이 날 때부터 예리하고 사나웠으며, 풍모는 괴이하고 어릴 때부터 제멋대로 행동하고 규칙을 따르지 않았기 때문에 마을 사람들이 미친 아이라고 불렀다.

13세 아버지에게 이끌려 히가시 에조東蝦夷, 홋카이도를 두루 돌아다니고, 가라후토사할린의 오도마리大泊까지 배로 갔다고 한다. 이 일은 러시아의 움직임과도 관련되는데, 그는 아버지로 인해 대외 문제에 대해서는 일찍부터 눈을 뜨게 되었다고 한다.

16세가 되던 해 아버지는 아시오足尾광산의 숙소에서 죽었는데, 그는 아버지의 유언 "박학다능한 스승"이 되기 위해 에도로 나가, 우다가와 겐즈이宇田川玄随, 1755~97의 문하에 들어가 '조수초목'학과 "네덜란드 여러 서적의 역설譯說과 강의를 받았"다. 그밖에 "천문, 지리, 역산, 측량 등의 여러 기술"을 배웠다.

나아가 그는 전국 순회를 시작한다. 멀리 나가사키에도 갔다고 하는데, "발자취가 미친 곳이 대략 60여 개국"이라고 한다. 이 사이에 "경제 개물開物의 학업 외에" 대포술 등에 통달했다. 몇 개의 번에서는 번주 앞에서 번정 개혁에 대해 설명한 적도 있었다.

24세 때 에도에서 의원을 열고, 30세 때 가즈사上總, 지바 현의 마메자쿠大豆谷에 살면서 경종耕種, 논밭을 갈고 씨를 뿌리다 등 농업의 실제를 연구하거나, 구주쿠리하마九十九里浜의 어촌 경영법을 가르치기도 했다.

"고향 사람 히라다 아쓰다네1776~1843 등이 부르짖는 황국 고도古道, 옛 도의(道義)에 종사하고, 깊이 천신지지天神地祇, 천신 · 지신의 생전의 말씀을 연구의 유설을 강구하여, 이로써 가학을 성취할 수 있었다"고 말하여, 스스로 히라다학에 접하여 자기의 학문체계를 이루었음을 말하고 있다.

노부히로의 학문을 전문분야의 여러 사람과 비교한다면, 농정학상에서는 니노미야 손도쿠二宮尊德, 1787~1856와 필적하여 수많은 역작을 남기고, 국학사상에서는 히라다 아쓰다네와 어깨를 나란히 했다. 병학사상에서도 다카시마 슈한高島秋帆, 1798~1866과 나가키 슌잔永木春山 등의 선구를 이루고, 사회경제사상에서도 안도 쇼에키安藤昌益, 1707~62, 미우라 바이엔三浦梅園, 1723~89, 오하라 유가쿠大原幽學, 1797~1858에 필적하거나, 혹은 훨씬 '명론탁설'을 토하고 있다.

그의 학문적 특징은 당시의 모든 '선진적' 학설을 흡수하여, 그것을 종합해서 자기 방식으로 발전시킨 것에 있다. 동시에 일종의 국가사회주의를 부르짖는 독자성도 있다. 특히 주목할 만한 것은 조선을 비롯한 중국, 인도, 남방

지역, 캄차카를 침략의 시야에 넣은 대륙정책론·남진론일 것이다.

도요토미 히데요시의 열렬한 숭배자

노부히로 사상의 핵을 이루고 있는 것은 『기·기』 등의 고전에 기초를 둔, 고대부터의 전통적인 국가관, 우주관, 인생관을 바탕한 신도적 민족철학이다. 그는 이 근본사상에 기초하여 천황중심주의의 세계정책을 세운다. 그는 영·러의 침략주의적 세계정책에 대항하는 것으로 우내혼동책宇內混同策, 즉 황도세계정책을 대치시킨다. 이 정책은 '황도皇道, 천황이 나라를 다스리는 도리'를 세계에 선포하고, 천황을 중심으로 한 '팔굉일우八紘一宇'의 사상을 실현하기 위한 것이었다.

열렬한 도요토미 히데요시의 숭배자인 노부히로에게 상응한 구상을 가진 이 정책은, 그의 저서 『우내혼동비책宇內混同秘策』에 명백하게 들어난다. 그 첫머리에 "스메라미쿠니일본는 대지에 최초로 생긴 나라로서 세계만국의 근본이다. 그러므로 그 근본을 잘 경영하려면 곧 전 세계 모두를 군현으로 삼아야 하고, 만국의 군장, 모두 신복으로 삼아야 한다"고 말했다. 가공할만 한 침략사상이라고 말하지 않을 수 없다. 이렇게 노부히로는 세계정복의 구체적인 대책을 말하고 "대략 다른 나라를 침략해 그 점령한 나라를 다스리는 법은 약하고 취하기 쉬운 곳부터 시작하는 것을 술책으로 한"다고 하여, 손쉬운 조선이나 청국을 침략해야 한다고 했다. 노부히로가 말하는 '우내혼동'이란 이른바 세계통일이라는 것으로, 이를 위해서 일본 전국의 새로운 성부제省府制를 생각하고 있었다. 그 위에 "이 신국神國 일본의 권위를 가지고 작은 벌레가 움직이는 오랑캐를 정복하면, 세계를 하나로 하고 만국을 통일하는 것, 어떠한 어려운 일도 없다"고 당당하게 주장하였다. "지금 세계만국중에서 황국일본으로부터 공격하여 취하기 쉬운 토지는 지나국중국의 만주보다 쉬운 곳은 없다. … 만주를 얻을 뿐 아니라, 지나 전국의 쇠미衰微도 역시 여기부터 시작하는 것으로 해서, 이미 달단韃靼1)을 얻은 뒤에 조선도 지나도 차례로 도모해야 한다"고 그 구체적인 대책을 전개했다.

노부히로의 대륙정책론·남진론은 그 구체화의 하나인 '우내혼동'론과 더불어, 막말의 사상가들에게 계승되었다. 히라노 구니오미平野國臣, 1828~64의 정만초책征蠻礎策, 야마다 호고쿠山田方谷, 1805~77의 외정론外征論, 요시다 쇼인吉田松陰, 1830~59의 조선·만주공략론, 가쓰 가이슈勝海舟, 1823~99, 기도 다카요시木戶孝允, 1833~77의 정한론이 되어 구체성을 띠게 된다. 그리고 유신 후는 메이지, 다이쇼, 쇼와의 3대에 걸쳐, 정치가, 군인, 대륙낭인2), 일부 언론인 등에 의해 실천된 것이, 이 노부히로의 사상이고 정책이라고 말해도 과언이 아니다.

노부히로는 조선침략의 구체적인 대책을 다음과 같이 말한다. "제5에는 마쓰에松江부, 제6에는 하기萩부, 이 두 부는 수많은 군선에 화기·차통車筒,차에 설치한 대포 등을 싣고 조선국의 동해에 이르러 함경·강원·경상 3도의 여러 주를 경략經略, 침략하여 점령한 지방을 다스림해야 한다. 제7에 하카다博多부의 병사는 수많은 군선을 내서 조선국의 남해에 이르러, 충청도의 여러 주를 습격해야 한다."

메이지정부의 대륙정책을 선취

노부히로의 구상은 북에서 남으로 길게 뻗은 조선을 공략할 때에는 동해와

1) 몽골계 부족. 8세기경부터 몽골리아에 나타나고, 나중에 몽골 제국에 병합되었다.
2) 메이지 초기부터 제2차 세계대전 종전 때까지 중국 대륙, 유라시아 대륙, 시베리아, 동북아시아를 중심으로 각지를 방랑하며 각종 정치 활동을 벌이던 일본인 무리.

남해, 즉 조선의 앞뒤부터 공격한다는 것이다. 훗날, 실제로 메이지 정부는 이 노부히로의 구상에 따른 것 같은 조선 공략책을 취한다. 강화도 조약 후 인천항을 열게 해서 이윽고 동해의 원산항을 열게 한 것이다.

또 "군선·병기를 많이 준비해 조선국의 서남 여러 주를 취한 다음, 이를 지나를 정복하는 근본으로 삼는"다고 하는 것을 읽어보면, 나중에 일본 정부가 중국 대륙에 대한 침략을 본격화 할 때, 조선을 병참기지화하여 중국 침략의 후방기지로 한 것을 상기시킨다. 노부히로는 외국 침략과 관련해서는 다른 나라들을 '정벌'하는 책임자로 '대원수'를 추천하고 있다.

그리고 지리적 조건에 맞는 조선침략의 방법을 고안한다. "추슈中洲, 일본의 산인(山陰), 주고쿠(中國) 지방의 여러 주는 … 멀리 지나국의 만주 및 조선국의 함경도·강원도·경상도 등의 지방에 대면"하고 있으므로 "두 진영하기, 마쓰에은 항상 수륙의 군졸을 훈련한다. 또 항해조박술선박 조종기술을 연습하여 고시古志, 니가타 현에 있는군의 여러 주와 연결하고 달단 및 조선 등을 경략해야 한다." 그 위에 마쓰에 부는 군병의 훈련을 오키隱岐섬3)에서 실시하게 한다고 말한다.

그러면 조선을 어떻게 공략할 것인가. "오키를 건너 4, 50리, 서북해 가운데 마쓰시마松島, 독도라고 생각된다. 일본에서는 현재의 죽도·죽도울릉도 등이 있다. 죽도는 둘레 60여리, 기후는 약간 차갑지만 곡류가 나오고, 새우를 매우 많이 생산하고, 특히 전복은 매우 맛있어서 세계적으로 유명하다. 옛날은 개인이 이 땅을 영유했는데, 분로쿠文祿 원년, 도요토미 태합太閤이 조선국을 정복할 때, 이나바노쿠니因幡國, 지금의 돗토리 현의 성주인 무사시노가미 가메이 고레노리武藏守 龜井茲矩, 1557~1612가 병사를 이끌고 먼저 이 섬에 건너가 바로 섬 주인을 타살하고, 이 섬에서 조선국의 함경도에 공격해 들어갔다고 한다. … 그러므

---

3) 일본 시마네(島根) 현에 속하는 독도에 가장 가까운 섬.

로 마쓰에 부에서 이적夷狄을 개척하는 데는 먼저 이 섬부터 시작해야 한다."

또 하기 부는 정병精兵 6만 명을 둘로 나누어 "죽도와 쓰시마에서 해전을 훈련하고, 이 병사를 가지고 조선국을 도모한다면 병탄하는 것이 어렵지 않을 것이다. 이 부는 마쓰에 부보다 조선을 침략하여 다스리는 것이 군선의 진퇴, 병량의 운송 모두 매우 자유롭다. 아울러 군비와 병량이 갖추어지면 수고는 옛날의 반이면 반드시 옛날의 10배가 된다." 그의 조선 공략의 순서는 실로 구체적이다.

또 "이 하기 부는 마쓰에 부로부터 조선국을 취하고, 점점 신복을 육성하고 이적을 제어해야"한다고 하는데, '신복을 무육'한다는 것은 새로 정복한 조선인을 훈련해서, 라는 의미다. 후년 많은 조선인이 징병·강제노동에 내몰려 무참하게 죽고, 또 상처를 입은 사실과 겹쳐진다.

그런데 그는 명백한 침략행위를 침략이라고 보지 않고, "세계만국의 민중을 구제"하는 성스러운 사업이라고 보고 있다. 정말로 광신적이라 할 만한데, 일본의 고전에서 '신도'를 배우고 있는 그에게는 천황지상, 일본지상주의야말로 이치에 맞는 것이었다.

그러나 신도에서 나온 고대의 침략사상의 계보를 계승하고, 도요토미 히데요시를 한없이 숭배하는 그의 침략구상이 봉건제 아래의 당시에는 웃음거리였지만, 근대에 들어서부터 실행으로 옮겨갔다. 이것은 메이지, 다이쇼, 쇼와 3대의 정치가, 군인들의 사상상의 시대착오성을 지적하기보다도, 오히려 그의 '선견성'을 증명했다고 해야 할지도 모른다. 즉 노부히로는 제국주의적 침략사상을 먼저 선점한 드문 사상가였다고 할 것이다.

이 광신적 선견성은 제국주의적 팽창욕구에 뒷받침되어, 후년 조선만이 아니라 주변 여러 민족에게 커다란 희생을 강요하는 결과를 가져왔다. 당시의 노부히로가 결과적으로 거기까지, 그 실현 가능성을 꿰뚫어보고 있었는지 어떤지는 알 수 없다. 여하튼 에도 중기에는 아라이 하쿠세키, 나카이 지쿠잔, 후기에는 사토 노부히로로, 이어서 일본인의 조선멸시관과 조선침략사상에 커다란 영향력을 끼친 3인을 대비해 보자. 하쿠세키나 지쿠잔이 조선침략사상을 문사적·외교적으로 구현한 인물이라고 한다면, 노부히로는 히데요시의 침공 이후, 처음으로 공공연하게 조선에 대한 무력침략을 주장한 인물로 기억될 것이라고 말할 수 있다.

그것도 매우 조직적이고, 체계적인 침략계획을 가지고 있다는 점에서 특필할만한 존재라고 생각한다.

7. 요시다 쇼인

정한론에 큰 영향

'신공', '히데요시'를 넘자고 역설

막말, 정한론자의 배출을 보면 다양한 의논이 전개되는데, 그중에서도 다음의 메이지 연간을 통해서 조선침략의 실행에 가장 커다란 영향을 끼친 인물은 요시다 쇼인吉田松陰, 1830-59이다. 그는 조슈 번의 병학 사범으로 교육자이기도 한데, 무엇보다도 열렬한 존왕사상가로 알려져, 30세에 사형되었다.

도쿠가와 체제의 붕괴

쇼인은 야마구치山口 현 하기萩 시에서 스기杉 가문의 차남으로 태어나, 5세 때에 조슈 번의 야마가山鹿류 병학사범의 집안인 요시다 가문에 양자로 들어갔다. 생가는 하기의 고고쿠잔護國山의 기슭인데, 여기는 모리毛利 씨가 임진년의 조선침략 때에 연행해간 조선인을 살게 한 장소로 도진야마唐人山라고 불렸다. 이른바 쇼인이 조선과 최초로 만난 것이다. 후년 쇼인이 옥중에 있을 때, 자주 이 '한인봉韓人峰', '한봉韓峰' 아래의 생활을 그리워했다.

그는 어릴 때부터 맹렬한 영재교육을 받아, 11세에 이미 번주 모리 씨 앞에서 병학을 강의했다. 쇼인을 교육한 것은 주로 숙부 다마키 분노신玉木文之進, 1810-76이었는데, 존황사상은 친아버지나 다마키에게 주입된 것이다. 그밖에 나가누마長沼류 병학과 서양진법, 포술 등을 배워, 19세 때 후견을 벗어나 독립의 사범이 된다.

그가 산 시대는 격동기였다. 여러 지방은 대기근으로 인해 잇기一揆[4]가 발생하고, 오사카에서는 막부의 관리인 오시오 헤이하치로大鹽平八郎, 1793~1837의 난[5]이 일어났다. 와타나베 가잔渡邊崋山, 1793~1841, 다카노 조에이高野長英, 1804~50 등은 개국 의견 때문에 문책을 당하고, 밖에서는 아편전쟁으로 영국은 홍콩을 영위하여 상하이 등을 개항시킨다. 나가사키長崎 우라가浦賀 등의 여러 항구에는, '화친·통상'을 요구하는 서구 열강의 함선이 끊임없이 왔다. 도쿠가와 봉건체제는 내외의 요인에 의해 붕괴에 직면하고 있었던 것이다.

쇼인은 사방으로 스승과 교우를 구해서 일본 전국을 돌아다니게 되는데, 나가사키에서 서양을 실제로 대해보고 나서는 가학家學인 구식 병학으로 일본이 지켜질 수 있을까 의문을 가지게 된 것 같다. 즉 쇼인은 병학적 견지에서 일본이 놓인 상황을 생각하게 되었다. 에도에서 신슈信州 마쓰시로松代 번사인 사쿠마 쇼잔佐久間象山, 1811~64에게 양학을 배워, 세계의 대세에 눈을 떴다.

피침략의 위기를 침략으로 벗어나도록 주장

그는 허가 없이 동북을 유람한 것을 문책당해, 한 때 하기萩에서 근신하는 몸이 되었지만, 얼마 안 있어 번주의 허가로 병학 연구를 위해 여러 지방으로 유람을 떠나, 또 에도로 간다. 미국 함대의 우라가浦賀 내항을 듣고서는 우라가

4) 무사·농민이 특정한 목적하에 지역적으로 집단을 결성하는 것. 근세에는 백성 잇기가, 메이지에는 농민 잇기가 일어났다.
5) 1837년 오시오 헤이하치로는 덴포(天保)의 기근으로 인한 빈민의 궁핍을 오사카마치부교(大坂町奉行)에게 호소했지만, 받아들여지지 않자 봉기하여 진압된다. 각지에서의 잇기를 촉발시키게 된다.

에 가고, 러시아함의 나가사키長崎 내항을 듣고서는 나가사키에 간다. 페리 Perry, Matthew Calbraith도 프챠친Putiatin, Evfimi Vasilievich도 떠난 뒤였다.

이듬해 페리가 화친조약 조인을 위해 다시 내일했을 때, 그는 문인 한 사람을 데리고 시모타下田에 가서 미국 함대에 올랐다. 밀항자를 도와 막부의 불신을 사게 되는 것을 두려워한 페리에 의해 쇼인의 국외 탈출은 거절당한다. 그는 국법을 어긴 죄로 에도 덴마초傳馬町의 옥에 갇히고, 나중에 조슈의 노야마野山옥에 보내졌다. 죄수의 몸으로 강학講學, 학문연구을 허가받고, 게다가 다마키玉木가 시작한 쇼카손주쿠松下村塾6)의 경영을 맡게 된다. 손주쿠의 교과서에는 라이 산요賴山陽, 1780~1832, 후지다 도고藤田東湖, 1806~55, 사토 노부히로佐藤信淵의 책이 있었다. 쇼인은 노부히로의『서양열국사략西洋列國史略』에서 그 세계통일론에 언급하여, "그 웅장하고 위대함에 기뻐"하고 있었다. 그의 대외관에 일관해서 흐르는 기본 사상은 막부가 미·러와 맺은 불평등조약에서 커다란 불이익을 받고 있는 대가로서, 조선과 아시아의 여러 지역을 침략해서 보충하려는 것이다. 즉 열강에 의한 피침략의 위기를 근린 제국에 대한 침략으로 벗어나려고 하는 것이다.

쇼인의 대표적 저작은 1854년안세이 원에 쓴『유수록幽囚錄』이다. 그는 이 책에서 군사시설이나 장비를 닦고 함대나 포대를 갖추어 홋카이도를 개간하고 "제후를 봉건하여, 틈을 타서 캄차카加模察加·오코쓰카隩都加, 오호츠크를 빼앗아 타이른다. 조선을 책망하여 인질을 받아들이고 공물을 옛날의 왕성했던 때와 같이 바치도록 한다. 북은 만주의 땅을 할양하고, 남은 타이완, 루손呂宋(필리핀)의 여러 섬을 차지하여, 점차 진취적인 기세를 보여야 한다"고 말한다.

6) 막말, 조슈 하기 교외 마쓰모토 무라(현재의 야마구치 현 하기시)에 있던 사숙. 1856년 근신 중인 쇼인이 인계받아 구사카 겐즈이·다카스기 신사쿠 등 존양토막파의 인재를 길렀다.

이 『유수록』은 전반부와 후반부로 나누어지는데, 전반부에서 자신이 도미하려고 한 사정을 서술하는 데 반해서, 후반부는 거의 『일본서기』에 의거해서 고대 일본이 어떻게 '국위'를 해외에 휘날렸는가를 강조하기 때문에, 자연히 조선에 대한 잘못된 침략기술을 그대로 원용하게 된다. 그리고 "군대를 일으켜 삼한의 무례를 치는 것 … 국위를 해외에 떨치는 것, 어찌 장하지 아니한가" 등이라고 되어있다. 여하튼 쇼인의 해석에 의하면 고려고구려, 백제, 신라 등 삼한의 사람들로 하여금 '한인의 연못'을 파게 하거나, 재봉공 여자나 말을 바치게 하거나, 논어 10권, 천자문 1권을 바치게 하거나, 기타(오사카의) 호리에堀江, 수로를 개발하여, 자전제茨田堤[7]를 쌓게 한 것은 조선으로부터의 조공인朝貢人을 노동시켰기 때문이라고 하므로, 역사의 역전으로 정말로 포복절도할 일이다. 발군의 두뇌의 소유주로서 진면목을 그림에 그린 것 같은 쇼인은 이것들을 사실로 의심하지 않았다.

요시다 쇼인은 『유수록』에서 일본에 있어서 서양학 섭취와의 관련에서 주목할 만한 것을 썼다. "네덜란드의 학문은 크게 세상에 유행하고 있지만, 러시아·미국·영국의 책은 아직 잘 읽는 자가 있다는 것을 듣지 못했다. … 각각 그 나라의 책에 관해서 그것을 구하는 것이 좋지 않겠는가"라는 것이 그것이다.

쇼인보다 5세 아래인 후쿠자와 유키치는 나가사키, 오사카에서 네덜란드어를 배우고, 에도에 불려와 오쿠다이라奧平번 야시키屋敷에서 난학주쿠蘭學塾[8]를 열었다. 그 유키치가 1858년안세이5 개항 직후의 요코하마에 가서, 그곳의 영어 영문이 이해되지 않아, 그 충격으로 영어를 공부하게 된다.

7) 닌도쿠(仁德)천황이 요도가와(淀川)에 쌓았다는 제방.
8) 에도시대 말기 학자가 자택에서 학생을 모집해 난학을 가르친 곳. 시숙이라고도 하며, 주쿠에서는 유학, 의학, 병학 등도 가르쳤다.

즉 유키치에 의해 일본의 양학이 네덜란드어에서 영어로 획기적으로 바뀌게 된다고 하는데, 『유수록』이 저술된 것은 1854년안세이 원이다. 놀랍게도 쇼인은 유키치보다 4년이나 먼저 영학英學으로 바꾸자고 부르짖고 있었다. 탁견일 것이다. 더구나 쇼인은 스스로 미국에 건너가 그 나라의 학문을 배우려고, 그것도 해외 도항금지라는 국법을 깨는 행동을 한 것이다. 이 정도의 식견과 선견성, 그리고 행동력을 아울러 가진 쇼인이지만, 전통적인 조선 멸시관, 아시아관에서의 벗어나기는 어려웠던 것으로 보인다.

그것은 발전한 과학기술을 가지고서 강대한 무력을 가진 유럽열강에게는 무릎을 굽혀도, 그만큼 조선이나 아시아 제국으로부터 빼앗아 보충해야 한다고 말한다. 얼핏 솔직한 것 같지만 실은 강자로부터 받은 굴욕을 그 상대에게 돌려주지 못하고, 약자라고 생각하는 자에게 향한다는 매우 뒤틀린 견해가 명백하게 표현되어 있다.

1855년안세이2 노야마 감옥에서 형에게 보낸 편지에는 "러시아 · 미국의 강화가 정해진 것, 우리가 결연히 이것을 깨서, 이적에게 신의를 잃어서는 안 된다. 단 장정을 엄격하게 하고 신의를 두텁게 하여, 그 사이 국력을 길러, 취하기 쉬운 조선, 만주, 지나를 정복한다. 교역에서 러시아 · 미국에 잃은 부분은 또한 조선 · 만주에서 토지로 보충해야 한다"『옥시첩(獄是帖)』고 써서, 그 의도를 확실히 하고 있다.

이 점은 1856년안세이3에 제자이면서 누나의 남편이기도 한 구사카 겐즈이久坂玄瑞, 1840~64에게 보낸 편지 중에서도 확인된다.

"틈을 타서 에조蝦夷, 홋카이도를 개간하고, 류큐琉球, 오키나와를 거두고 조선을 취한다. 만주를 꺾고, 지나를 누르고, 인도에 임하여, 이로써 진취의 기세를 펴, 물러나서 지키는 기초를 굳게 한다. 신공황후가 아직 이루지 못한 바를 이루고, 도요쿠니豊國, 히데요시가 이루지 못한 바를 이루는 것과 같다."『유실문고(幽

室文稿)」

조선, 중국의 약탈만이 아니라 인도나 기타 아시아의 여러 지역에도 침공하여, 신공황후나 히데요시의 침략의도·침략규모를 넘자고 말한 것이다.

제자들이 정한사상을 계승

쇼인은 아시아의 여러 지역에 대한 침략사상을 말할 뿐 아니라, 조선침략을 구체화하는데 거들고 있다. 어느 조슈인의 울릉도 개간 계획을 들은 쇼인은 1858년안세이5 가쓰라 고고로桂小五郎, 나중의 기도 다카요시에게 편지를 보내 "우리 번이 조선, 만주를 지배하는 것이 가장 좋다. 조선, 만주를 지배하려면 죽도울릉도는 가장 좋은 대기실이다. 멀리 생각하고 가깝게 도모하는데, 이것은 금일의 한 기묘한 계책이라고 생각한다"고 했다. 이 울릉도 약탈은 이전의 사토 노부히로가 말한 것으로, 노부히로는 이것을 조선침략의 시작으로 삼고 있었다. 기도木戸는 기도대로 쇼인으로 부터 편지를 받자, 울릉도 개간의 건에 대하여 막부 로주老中 구제 히로유키久世廣之, 大和守를 방문하여, 실행을 공작하고 있었다.

쇼인의 정한사상은 제자들에게 계승되었다. 제자들은 막말기에 큰 활약을 하여, 금문禁門의 변9)이나 무진戊辰전쟁10)에서 죽은 자도 있지만, 대부분은 메이지 신정권의 중추부에서 국정 전반을 지휘하고 있었다. 다카스기 신사쿠高杉晋作, 1839~67는 메이지 직전에 병사하고, 마에바라 잇세이前原一誠, 1834~76

9) 8월 18일의 정변에서 교토를 쫓겨난 조슈 번의 급진파가 1864년 이케다야(池田屋)사건을 계기로 상경하여, 사쓰마·아이즈(會津)·구와나(桑名)의 번병과 황거(皇居) 내외에서 교전하고 패배한 무력충돌 사건.
10) 1868~69년. 왕정복고를 달성한 메이지 신정부가 에도 막부 세력을 일소한 일본의 내전.

는 하기萩의 난을 일으켜 사형되지만, 기도 다카요시木戸孝允, 이토 히로부미伊藤博文, 1841~1909, 야마가타 아리토모山縣有朋, 1838~1922, 야마다 아키요시山田顯義, 1844~92, 시나가와 야지로品川弥二郎, 1843~1900, 아오키 슈조青木周藏, 1844~1914 등은 대신을 역임했다. 특히 이토나 야마가타 같이 사람은 총리대신이 되고, 조선 약탈에 절대적인 힘을 기울였다. 소네 아라스케曾禰荒助, 1849~1910는 나중에 이토를 대신하여 제2대 통감이 된다. 쇼인은 안세이安政 대옥11)에서 사형되는데, 그의 조선침략의 유지遺志는 제자들에 의해 틀림없이 이루어지게 된다.

쇼인 사후 10년에 메이지 유신이 일어나고, 천황을 정점으로 하는 메이지 절대정권이 탄생한 것으로 쇼인 최대의 유지가 구현되었다는 설이 정설화되는데, 나는 감히 이의를 부르짖고 싶다.

그가 열렬한 존황가라는 것은 인정해도, 그는 천황과 막부의 합체정권으로서의 공무합체公武合體12)를 바란 것이고, 죽기 마지막 순간까지 막부를 움직여서 자기가 지론으로 여기는 존황개국적 양이론의 실현을 도모하려고 했다. 즉 그는 지성至誠을 가지고 대하면 막부는 움직인다고 믿고 있었기 때문에, 생전에 막부를 멸망시켜서까지 천황절대의 정권을 만드는 것을 바라고 있었을 리가 없었다.

사람들은 쇼인의 짧고 극적인 일생에 경의를 표하고 혁명가라는 말을 붙인다. 진정한 의미에서 막말의 격동기에 그가 일본의 '혁명가'로 자신의 의사를 구현시킨 최대의 것은 제자들에 의해 완수된 정한征韓이었다. 그렇다고 해도 놀랄만한 집념의 계승이다.

11) 1858~59년에 이루어진 정치탄압. 주로 이이 나오스케(井伊直弼)의 전제에 반대하는 신반(親藩)·도자마다이묘(外樣大名)·지사를 처단했다. 요시다 쇼인·하시모토 사나이 등이 사형되었다.
12) 공(조정)·무(막부)의 제휴에 의한 정국 안정책.

8. 기도 다카요시

권력중추에서 '정한'을 구상
내정불안의 대가를 '외정'에서 구하다

기도 다카요시木戶孝允, 1833~77는 조슈 번 출신이고 '유신의 3걸' 가운데 한 사람으로 칭해져, 사이고 다카모리, 오쿠보 도시미치와 필적할 만한 초거물 정치가다. 메이지의 초기, 그 만큼 계속해서 조선 문제에 관계한 인물도 없다.

절대적 발언력

그는 모리毛利 씨의 조카마치城下町1) 하기萩에서 유복한 번藩의사 와다和田 씨의 아들이름은 小五郎로 태어났다. 8세 때 문벌이 높은 가쓰라 가문의 양자가 되어, 어렸을 때 한학을 공부하고 검술을 배웠고, 17세 때 요시다 쇼인에게 사사해서 병학을 배웠다. 에도 유학을 허가받고 당시의 에도 3대 도장의 하나인 사이토 야쿠로齋藤弥九郎, 1798~1871의 문하에 들어가 검술을 배우고, 얼마 안 있어 도장의 주쿠도塾頭, 학생대표가 된다. 이어서 에가와 다로자에몬江川太郎左衛門에게 양식 병술을, 나카지마 사부로스케中島三郎助, 1821~69에게 조선술, 간다 다카히로神田孝平, 1830~98 등에게 난학을 배웠다. 26세 때 번의 에도 공관

1) 근세의 조카마치는 성 아랫마을로 정치·경제·문화의 중심지.

의 경호를 명받았다. 이때부터 메이지유신까지의 10년간, 그는 이른바 조슈 번의 대외방면의 얼굴이었다.

미일화친조약에 이은 통상조약이 칙허가 없었던 조약체결이라고 하여, 양이토막攘夷討幕2)의 소리가 높아지는 가운데, 이이 나오스케井伊直弼 다이로大老에 의한 안세이 대옥大獄, 하시모토 사나이橋本左內, 요시다 쇼인 등의 처형, 러시아함대의 쓰시마 점령 등, 내외의 대사건이 계속 일어나 천하의 정세가 심하게 흔들렸다. 그런 가운데 기도는 웅번雄藩3) 조슈의 대표로서 여러 번의 지사들과 교제하고 계책을 꾸미고 있었다.

32세 때 교토 루스이留守居4)를 명받았는데, 그는 여러 번의 암살 위기를 겨우 면하고 있었다. 금문의 변, 제1차 조슈정벌,5) 열강 4개국 함대의 시모노세키 공격,6) 제2차 조슈정벌7)로 조슈 번은 몇 번이나 위기를 맞았다. 그 사이에 기도는 도사土佐의 사카모토 료마坂本龍馬, 1835~67를 중개로 하는 사초薩長동맹8)을 사이고 등과 성립시켜, 막부타도의 주도권을 확고하게 잡는다. 이윽

2) 외국 세력을 물리치고 막부를 타도함.

3) 유우한. 세력이 강한 번을 말한다. 막부말기에는 사쓰마(薩摩), 조슈(長州), 도사(土佐), 히젠(肥前)번이 번의 재정개혁을 단행하여 경제력을 기르고, 군비확장과 인재등용으로 발언력을 길러 웅번으로 불렸다.

4) 에도막부 및 여러 번에 둔 직명의 하나. 에도막부에서는 로주(老中)의 지배에 속하고, 쇼군이 없는 경우 에도성의 루스[不在中]를 지키는 역할을 했다. 번에 둔 루스이의 직무는 막부와의 교섭이나 다른 번과의 연락조정을 했다.

5) 금문의 변을 이유로 조슈정벌의 칙명을 받은 막부가 1864년 조슈 번을 공격한 사건.

6) 영국·프랑스·미국·네덜란드의 연합함대가 시모노세키를 공격하고 육전대를 상륙시켜 시모노세키 포대를 점령한 사건. 이 결과 조슈 번에서는 개국을 주장하는 세력이 대두했다.

7) 1865년 다카스기 신사쿠가 다시 조슈 번의 실권을 잡고 막부타도의 움직임을 강화했기 때문에, 막부가 조슈 재정벌의 칙허를 얻어, 조슈 번을 공격한 사건.

고 왕정복고 선언, 무진戊辰전쟁으로 도쿠가와 막부는 스러지고, 세상은 메이지가 된다. 기도는 바로 신정부에 들어가, 죽기까지 10년간 권력 중추에 있으면서 정권 확립기의 중요한 시기에 절대적인 발언력을 계속 가지고 있었다. 그는 무슨 일에도 이치에 맞지 않으면 만족하지 않았다고 한다. 매우 이성적이고, 이치에 맞게 하기 위해서는 대세의 판단을 잘못할지도 모른다고 하는 특유한 결점을 가지고 있었다고 한다. 그러나 이것은 어디까지나 그의 예리한 선견성에 기초한 냉정한 타산에서 초래된 것일 것이다.

그런 기도는 생애 4번, 조선 문제에 관련하고 있다. 쇼인으로부터 울릉도 개척건을 부탁받았을 때, 바로 막부 관료에게 적극적으로 공작한 것은 민족적 견지와 조슈 번의 이해를 연결한 그의 예리한 선견성과 냉정한 계산에 의한 것이라고 생각한다.

그가 무진전쟁이 일어나고 있는 가운데 1868년메이지 원 정월이 되자마자, '조선으로의 사신 파견' 건을 정부에 건의한다. 이것은 봉건농민의 불만과 이윽고 승리할 것이라는 관군 중의 무사계급의 불만이 폭발하여, 초창기 천황정권의 기초를 흔드는 것을 두려워한 기도가 내정의 불안을 외정에 의해 벗어나려고 도모하여 제안한 것이다. 메이지정부의 조선침략 구상이 정권 출발과 동시에 움직인 것은 주목된다.

'민족 에고이즘'

1868년 12월 메이지정부는 '대정일신大政一新(=明治維新)'으로 신정부가 성립한 것을 알리기 위해서 쓰시마 번의 오시마 도모노조大島友之允, 1826-82, 히구치

---

8) 제2차 조슈정벌에 대항하기 위해서 1866년 1월 21일 사쓰마 · 조슈 번이 맺은 정치적 · 군사적 동맹.

데쓰시로樋口鐵四郎 등을 조선에 가게 했다. 같은 달 14일 기도는 이와쿠라 도모미에게 "빨리 천하의 방향을 정하고, 조선에 사절을 보내어 그의 무례를 묻고, 그들이 만일 복종하지 않을 때는 죄를 문책하고 그 땅을 공격하여, 크게 신주 일본의 위엄을 신장하기 바란다"『기도 다카요시 일기』고 건의했다. 이것은 사절이 조선에 도착하는 5일 전의 일로, '그 무례'는 아직 일어나지도 않았다. 그렇다면 '무례' 운운은 이치에 맞지 않는 것도 심하지만, 특히 조선 문제가 되면 기도와 같은 이성파도 민족 에고이즘을 위해서는 눈이 보이지 않게 되는 것일까.

그의 의도는 다음달, 즉 1869년메이지2 정월에 오무라 마쓰지로大村益次郎, 1824~69에게 보낸 서간에 분명하게 나타나 있다. 그는 하코다테箱館의 전투가 평정되려면 "병력을 가지고 마한지역인 부산부의 항을 열게 하고", 만일 "무기를 서로 주고 받"게 된다면 "마한(조선) 땅을 차지하고 … 금후의 침략방침을 세우"『기도 다카요시 문서』 권9면 좋다고 말하고 있다. 이 때 '정한征韓'이 실행되지 않은 것은 의지하고 있던 오무라가 암살되었기 때문일 것이다.

1873년메이지6 사이고, 이타가키 등의 정한론이 정부의 대부분을 차지했을 때, 기도는 오쿠보와 함께 반대를 부르짖었다. 여기에 두 가지 반대 이유가 있다고 생각한다. 하나는 구미를 시찰하고 돌아와 내치우선을 통감한 것, 다른 하나는 사이고 등에게 정권의 주도권을 빼앗길까 두려워한 것이다. 딜레마에 빠지게 된 산조 사네토미三條實美, 1837~91가 급병이 난 것을 기회로 오쿠보, 이와쿠라의 기사회생의 반격이 성공하여 사이고 등 정한파는 하야한다. 이렇게 오쿠보 등의 메이지 정권 중추가 외정外政, 외국으로 출정을 마음으로부터 반대하지는 않았다는 것은 다음해 타이완에 출병한 것에서도 잘 알 수 있다.

1875년메이지8 9월 20일 일본 군함 운요호雲揚號의 도발로 강화도사건이 일어났다. 기도는 산조에게 견한사절로 임명해줄 것을 요청하고, 11월 13일 "변리대신에 임명되어, 조정회의에서 조선 출장이 내정"되었는데, 이 날 뇌병의 발작으로 왼쪽 다리가 마비되어 사절이 변경된다. 이 사건에 대한 기도의 인식은 "쉽지 않은 분쟁을 양성하고, 이것도 나 자신이 요구한 것이니까 도리를 가지고 일본 측이 조선에 출병하려는 사람들을 억제하고 있었다. 이번에 이미 사건이 생겼으니까 진짜 탄식을 금할 수 없을 뿐"우쓰미 다다가쓰(內海忠勝), 1843~1905 앞으로 보내는 서간이라고 하는 것으로, 일본 측에 잘못이 있음을 충분히 알고 있었다.

　그러나 전권을 가진 구로타 기요다카黑田淸隆, 1840~1900와 부대신 이노우에 가오루가 페리에게 배운 무력 위협 하에 조선에 대한 불평등조약을 강요하고 귀국했을 때, 이것을 '훌륭한 조약'이라고 기뻐한다. 이렇게 서구열강의 압박에 대한 대가를 '선만鮮滿, 조선과 만주'에게 구하는 쇼인사상의 구체화는 첫 번째 착수를 조선에 발자취를 남긴 것이다. 정한론에 패하고 고향 가고시마鹿兒島에 돌아가 있던 사이고는 얄궂은 추억으로 이 소식을 들었을 것이다.

　1877년메이지10 2월 사이고가 거병했다. 『서남기전西南記傳』에 의하면, 사이고 거병의 최종 목적은 정한에 있었다고 한다. 그해 5월 기도는 45세로 병사하는데, 마지막 말은 "사이고, 이젠 적당히 해"라고 전해진다. "영웅, 영웅을 안다"는 말을 흉내 내면 "침략주의자, 동료를 잘 안다"고 될까.

9. 사다 하쿠보

풀뿌리 정한론의 열광적 선동
조선종속화를 일찍부터 제창

메이지 초년 정권의 중추로 정한론을 앞장서서 주창한 인물은 기도 다카요시이지만, 이 정한론을 이른바 '풀뿌리'의 단계로까지 널리 퍼뜨려, 온 일본에 정한론으로 열광시키는 역할을 시행한 것은 사다 하쿠보佐田白茅, 이름은 素一郎, 1832~1907다. 사다는 규슈 구루메久留米 번의 아리마有馬 씨 번사로 젊을 때 에도로 나가, 5~6년 정도 쇼헤이코昌平黌9)에서 수학했다. 나중에 조슈의 존왕양이론에 가담한 혐의로 5년 정도 구루메 번의 옥사에 갇히게 된다. 메이지유신이 되어 그의 근왕勤皇 태도를 인정받고 신정부에 출사하게 되었다. 하쿠보는 일찍이 메이지 초년에 정한건백서征韓建白書를 정부에 제출했다고 한다. "조선은 오진應神 천황 이래, (조공의) 의무가 있는 나라이므로, 유신 세력을 이용하여 빠르게 관계를 맺는 것이 좋다"『정한론의 구몽담征韓論の舊夢談』고 하는 것이다. 더욱이 다음 2년에도 같은 취지의 제2회 째의 건백서를 냈다. 이것이 효과가 있었는지 외무성도 같은 생각이었을까, 같은 해 10월 태정관으로부터 "조선국에 출장을 명령한다"는 사령을 받았다.

9) 1690년 세운 하야시 라잔(林羅山) 가의 사숙이, 1797년 막부 관립의 쇼헤이자카가쿠몬조(昌平坂学問所)가 되고, 쇼헤이코(昌平黌)라고도 한다. 쇼헤이는 공자가 태어난 마을 이름인데, 여기서 이름을 따와 공자의 학설이나 유학을 가르쳤다.

그런데 하쿠보의 정한건백서에 있는 "조선은 오진應神천황 이래, 의무가 있는 나라"라고 하는 것은 무엇을 의미하는가? 오진은 신공황후의 자식이다. "신공황후는 삼한정벌에서 한韓 삼국을 조공국으로 삼았"다고 하는 고전의 전승을 받아, 도쿠가와 막부로부터 통치권을 돌려받은 '왕정복고'인 지금, 국내통치권만이 아니라, 조선에의 통치권도 천황친정의 옛날로 돌려야함을 꾀하여, 라고 하는 것에 있다. 이 주장은 하쿠보만의 것이 아니었다. 기도 다카요시도 메이지 원년 윤4월 "조선쯤은 황국 영토에 넣고 싶다"라고 산조 사네토미, 이와쿠라 도모미 앞으로 서간을 보냈다. 이 시기의 정한론자의 진의가 여기에 있는 것을 알 수 있다. 메이지정부는 조선의 서계國書 수취 거부는 일본에 대한 모욕이라고 하여 정한론을 선동하는 구실로 삼았다. 처음부터 일본으로의 복속화를 목표한 국서에서는 어느 쪽이 먼저 모욕을 가했는지는 명백할 것이다.

여하튼 하쿠보는 1869년메이지2 12월 도쿄를 출발, 나가사키를 경유하여 다음해 1월 말 쓰시마의 이즈하라에 도착했다. 동행자는 같은 외무성에 출사한 모리야마 시게루森山茂, 1842~1919와 사이토 사카에齋藤榮, 그리고 나가사키에서 의사 히로쓰 히로노부廣津弘信, 1819~83를 수행원에 포함시키고 있다. 그들은 2월 22일 부산에 도착하고, 20여 일간 왜관에 체류하면서, 예의 조선관계에서의 문제점을 조사했다. 3월 귀국하여, 연명으로 제출한 것이 「조선국 교제 시말 내탐서」『일본외교문서』3권, 131~138쪽다. 이 「내탐서」에서는 에도시대의 조일관계와 쓰시마의 역할에 불신을 나타내고, 기타의 문제에도 부족한 것을 지적하며 황국(일본) 사신을 파견하여 관계 개선을 도모해야 한다고 말한다. 또 조선의 군비에도 언급했다. 이것은 "우리나라 조정의 고류古流, 옛 격식에 비슷한 것"으로 문제가 되지 않는다고 했다. 그 위에 하쿠보, 모리야마, 사이토 세 사람은 각각의 입장에서 건백서를 제출하고 있다. 사다 하쿠보에게는 제3회의 건백서다. 모리야마, 사이토의 건백서를 상론할 여유는 없지만, 요컨대 「서계」를 보내고 3년, '황' '칙'을 이유로 수취를 거부하는 것은 황조(일본)를 모욕한 것이므로, 지금 황국 사신을 보내 설득하고, "만일 우리에게 거부하면 우리가 그들을 몰살해도 만국공법국제법에서 무슨 구실이 있겠는가"라는 오만방자한 내용이다. 사다 하쿠보의 건백서는『일본외교문서』의 기재분은 한문으로 쓰여 있다. 그가 1875년메이지8 3월에『정한평론』이라는 제목의 소책자 가운데에 수록한 것은 기호를 붙인 한문이다. 그 요점은 다음과 같다.

일본의 서계 문자를 트집 잡는 것은 "조선이 황국을 모욕하는 것이다." 일본은 황사皇使를 보내서, 그 죄를 물어야 한다고 했다. "조선은 지키는 것을 알고 공격하는 것을 모른다. 나를 알고 상대를 모른다. 조선인의 성격은 어둡고, 교활하고 강하며, 고루, 오만하다. 이것을 깨닫는다 하더라도 그들은 깨닫지 못하고, 이것을 자극하지만 반응이 없다. 그러므로 단연 병력을 가지고 조선에 임하지 않으면, 즉 우리의 용무를 이룰 수 없다. 하물며 조선이 황국을 멸시"했다고 하여, "군이 욕을 당하면 신하는 죽는다. 실로 하늘을 함께 할 수 없는 도적이다. 반드시 이것을 벌하지 않으면 안 된다. … 빨리 황국 사신 1명을 보내고, 또 대장 1명, 소장 3명을 골라, 30대대를 인솔하여 대의를 내걸고 황국을 모욕하는 이유를 물어야 한다." 만일 항복하지 않는다면 "황사, 바로 떠나고, 대병은 갑자기 들어간다. 그 한 소장은 10대대를 이끌고, 압록강을 건너 함경, 평안, 황해 3도로부터 나간다." 이렇게 몰아내면 "반드시 오순일순은 10일 전에 그 국왕을 사로잡을 수 있다"는 것이다. 에도 후기 사토 노부히로의 조선 공략론은 수십만의 병사가 필요했는데, 1870년메이지3의 사다 하쿠보의 조선 정복론은 30대대로 충분하다는 것이다. 심하게 깔본 것이라고 화가 나는 사람은 이 24년 후, 일본군이 한성 왕궁점령사건에서 정말로 국왕이

포로가 된 사실을 다시 생각했으면 좋겠다. 하쿠보의 정한건백서는 정권 중추에서는 서생론으로 끝낸 것이지만, 그의 조선출병론은 많은 사람들의 뇌수를 자극하여, 풀뿌리 정한론이라고 할 만한 열광에 광범한 사람들을 휩쓸리게 하는 일대 바탕을 만드는 것이 된다. 조선멸시사상의 뿌리는 깊다.

　여기서 부기해야 하는 것은 저 하쿠보 등 세 사람이 보고한 「조선국 교제시말 내탐서」의 마지막 항목이 "죽도 마쓰시마松島는 조선에 부속되어 있는 것이다"로 되어 있다. 여기서 죽도는 지금의 울릉도이고, 마쓰시마는 독도, 일본명 죽도의 일이다. 비할 데 없는 정한론자 하쿠보도 독도는 조선 영토라고 인식하고 있었던 것이다. 그리고 메이지정부도 이것을 부정하지 않았다.

10. 요코야마 쇼타로

정한론에 반대하여 할복자살
'천하만세의 비판을 면할 수 없다'

요코야마 쇼타로橫山正太郞, 1843~70의 이름과 업적을 아는 사람은 일본인 가운데에도 매우 한정되어 있다. 그러나 쇼타로는 메이지 초기의 정한론 열광과 관련해서는 정한론 반대를 정부에 건의하고, 할복해서 죽는 장렬한 죽음을 선택한 사람으로서 메이지 정한론사 중 놓칠 수 없는 인물이다.

성실한 인품, 탈영병 사건에 동정

쇼타로는 사쓰마 번사 모리森喜右門有恕의 4남으로 어머니는 오사토阿里이다. 모리 가문은 대대로 시마즈島津 씨에게 출사한 가문으로, 이 모리 가문의 막내가 유명한 모리 아리노리森有礼, 1847~89다. 모리 가문은 5명의 자식이 있고, 모두 뛰어난 재능의 소유자인데, 모두 단명이라는 불가사의한 운명에 휩쓸린 일가다.

쇼타로는 학문의 정려精励, 힘을 다하여 부지런히 공부함와 사람됨을 인정받고, 15세 때 사쓰마 번의 유학자 요코야마橫山安容의 이에家, 가계를 계승한다. 그리고 번주 옆에서 여러 가지 일을 도와주는 젊은 사람으로 출사하게 된다. 여기서도 인물의 성실함을 인정받고 시마즈 히사미쓰島津久光, 1817~87의 제5자, 에

쓰노스케悦之助, 나중의 忠經의 호후輔傳, 보좌에 추천된다. 번주 다다요시忠義의 아버지 히사미쓰는 번주 후견으로 '국부國父'의 존칭을 받아 국정을 지휘했다. 1867년게이오3 봄 히사미쓰는 마쓰다이라 요시나가松平慶永, 1828~90, 야마우치 도요시게山內豊信, 1827~72, 다테 무네나리伊達宗城, 1818~92 등과 도쿠가와 요시노부德川慶喜, 15대 쇼군를 만나 국사를 의논하게 되었을 때, 쇼타로는 이 히사미쓰가 상경할 때에 측근으로 동행을 허락받을 정도로 신임을 얻고 있었다. 유신 후 쇼타로는 히사미쓰에게 말해서 공자公子의 번외유학을 권하고 사가佐賀와 야마구치에 갔는데, 메이지 2년1869 12월 야마구치에서 일어난 '탈영병사건'을 만난다. 이 사건은 야마구치 번조슈 번이 이제까지의 여러 군대[1]를 해산하고, 새로이 상비 4개 대대를 편성한 것에 불만을 가진 기병대, 유격대 등의 병사가 일으킨 번정부에 대한 폭동사건이다. 요코야마 쇼타로는 탈영병 측의 주장에 동정해서 일까, 이유 없이 귀국하여 이 사건을 보고한다. 화가 난 것은 시마즈 히사미쓰다. 쇼타로는 바로 직분을 그만두고, 공직에서 추방당하게 된다.

정한론은 옳지 않다고 비판하고 건의하다

여기서 그는 심기일전해서 학문에 전념하기로 결심했다. 이를 위해서는 좋은 스승을 따르는 것이다. 그는 교토의 가스카 센안春日潛庵이나 또는 도쿄의 다구치 분조田口文藏의 주쿠塾, 사설학원에 들어가기를 바랐다.

가스카 센안은 공경公卿[2] 고가久我 가문의 제대부諸大夫[3] 출신이다. 처음 주

---

1) 쇼다이. 조슈 번에 결성된 히시·로닌·농민·조닌으로 이루어진 군대. 1864년 쇼다이 해산령이 내려졌다.
2) 쿠교. 공경(公家) 중에서도 태정관의 최고간부로서 국정을 담당한 직위.

자학을 배우고, 나중에 양명학을 배웠다. 교토에서 존왕양이파의 중심인물의 한 사람으로, 그 때문에 안세이의 대옥에서 붙잡혀서 오랫동안 갇힌 적도 있었다.

쇼타로는 교토에 가서 같은 고향의 오리다折田要藏의 집에서 식객이 되어, 가스카 문하에의 입문을 꾀했지만 이루지 못하고, 에도(도쿄)로 가서 다구치의 주쿠에 들어가게 된다. 그리고 쇼타로는 그 일주일 후에 당시의 정책을 비판하는 10개조를 쓴 건백서와 따로 봉한 정한론 반대의 건백서를 첨부하여 슈기인集議院4) 앞에 두고, 가까운 쓰가루津輕 번의 에도 공관의 뒷문 앞에서 할복한다. 이른바 「시폐십조」 건백서는 "구 막부의 악폐, 모르게 신정으로 옮겨져" 대신을 비롯하여 대소 관원은 허식이 넘치고, 만민의 괴로운 실정을 무시하고 있다고 한 것인데, 별지의 「비정한론非征韓論 건백서」 내용은 다음과 같다.

민간에서 조선 정벌의 의논을 왕성하게 주장하는 이유는 필경, 황국의 부진을 개탄한 나머지, 이렇게 분격론을 발한 것으로 보인다. 그러나 군대를 일으키는 데는 명분이 있고, 의가 있어야 한다. 특히 해외에 대해서는 한 번 명의를 잃어버리고서는 가령 대승리를 얻는다고 해도, 천하 만세의 비방을 면하기 어렵다. … 다만 조선을 소국이라고 모욕하고 함부로 명분 없는 군대를 일으켜, 만일 차질이 있게 되면 천하의 억조에게 무엇이라고 말할 것인가. … 지금 사다佐田 모(하쿠보)무리가 말하는 바와 같이, 조선을 손바닥 안에 넣으려고 한다. 자기를 속이고 남을 속이며, 나라를 가지고 희롱하는 것은 사다 하쿠보가 말하고 있는 것을 가리키는 것이다.

3) 쇼다이부. 공가에서는 미코(親王家)·셋게(攝家) 등의 게이시(家司)가 이 계층에 속하고, 무가에서는 5위인 다이묘·하다모토가 이 관위에 해당했다.
4) 1869년 공의소를 개칭하여 설치한 의사기관. 1873년 6월에 폐지되었다.

이 시기 정한론을 비판하는 글을 발표한 것은 요코야마 쇼타로 뿐이 아니다. 『일본외교문서』 메이지2년1869 9월 항에 외무성 권소승權少丞 미야모토 고이치로富本小一郎의 의견서가 있다. 미야모토는 "방금 조선의 일을 논하는 자가 말하기를, 왕정복고하여 대호령이 천황폐하로부터 나오는 이상은 조선은 옛날과 같이 속국이라고 하고, 번신의 예를 취하지 않으면 안 된다. … 이것은 그 국체를 알지 못하는 논이다"라고 쓰고, 조선·일본 관계를 고대의 삼국시대, 아시카가足利 시대의 왜구나 히데요시, 도쿠가와 시대 등을 역사적으로 말한다. 그리고 "내가 조선인이라면, 앞에 말한 것처럼 논한다"라고 하여, 조선의 입장에 서서 일본에 대한 반론을 가하고 있다. 미야모토의 논으로 소개할 만한 것은 많이 있지만 지면이 허락하지 않기 때문에, 다음에 다야마田山正中란 인물의 반정한론에 대해 언급해보고 싶다. 다야마는 당시의 정한론을 5가지로 나누어 그 잘못을 비판하여, "목전의 강적[러시아]를 피하는 것은 비겁한 것이다. 적이 없는 약국[조선]을 치는 것은 불의한 것이다"고 한다. 그리고 "전해 듣는 조선의 인심이 두텁고 신의를 좋아하며, 의리를 굳게 지키고, 그 기질이 아름다운, 아세아주 중에서 월등하게 뛰어나다"하루보, 『정한평론』 수록고 그 연대의식을 표명하고 있다.

또한 요코야마 쇼타로의 동생 모리 아리모리는 나중에 제1차 이토내각에 문무대신으로 입각하고 암살당했다. 그는 강화도사건의 처리를 위해 주청공사에 임명되었을 때, 최종적으로는 국익 외교가 되지만, 당초는 "조선은 하나의 독립국가로, 외교 혹은 오랜 교제를 거절하는 것은 그 권리 안의 일로서, 강화도의 변에 이르러서는 필경 폭력에 대해서 폭력으로 맞선 것이니 양쪽 모두 공법[국제법]을 가지고 논한다면, 단지 조선만이 잘못이 있다고 해서는 안 된다" 다보하시 기요시田保橋潔, 『근대일선관계의 연구·상』는 인식을 가지고 있었던 것이다.

여하튼 요코야마 쇼타로가 정한론에 반대하여 할복한 것은 속인들의 여론에 흘러가지 않는 양식과 기골 있는 일본인의 존재를 보여준 사건으로, 당시의 일본 사회에 커다란 충격을 던졌다. 그리고 이 요코야마의 할복사에 사이고 다카모리가 추도비의 비문을 쓴 것도 덧붙여 두고 싶다.

11. 사이고 다카모리

사족의 불만이 조선을 향하다
'정한논쟁'에 패배하여 하야

사이고 다카모리西鄕隆盛, 1827~77는 메이지유신의 최대 공로자다. 동시에 정부 내 정한론1873년의 최대의 중심인물로 메이지 정한론의 상징적 존재다. 다만 일부 사이고 심취자, 또는 역사연구자의 '사이고는 정한론자가 아니다'라는 상당히 유력한 설득력이 있는 연구가 없지 않기 때문에, 여기서는 그것도 함께 살펴보기로 한다.

청년기에 사상적 세례를 받다

사이고는 사쓰마薩摩 시마즈島津 가의 하급무사의 아들로서 가고시마鹿兒島 시다가지야무라下加治屋村에서 태어나, 어릴 때 이름은 고키치小吉, 나중에 기치노스케吉之助를 칭하고 난슈南州를 호로 삼았다.

사이고의 정한론과 관련해서 먼저 주목할 점은 성장기의 교육환경이다. 에도기의 사쓰마 번사는 청소년기에 향중교육鄕中敎育, 무술과 학문을 가르치던 번의 교육제도이라는 특수한 교육을 받고, 날렵하고 사나운 사풍을 기른다고 되어 있었다. 향중의 창시자는 히데요시가 조선을 침략할 당시 크게 활약한 시마즈 요시히로島津義弘, 1535~1619로, 그런 탓인가 향중교육에는 조선침략과 관련한 것이 적지 않다. 즉 사이고는 번조藩祖, 번의 선조 현창과 얽힌 조선침략의 사상적 세례를 이미 청소년기에 충분히 받고 있었던 것이다.

그는 18세에 고리가타郡方 서기를 맡는다. 고리가타는 농민의 생활을 격려하고, 연공을 징수하는 임무로 10년 가까이 근무했다. 28세 때 번주를 따라 에도로 나가, 이때 '영주' 시마즈 나리아키라島津齊彬, 1809-58의 니와가타庭方 역에 발탁된다. 나리아키라의 비밀 대외연락역과 비서를 겸한 자리에 앉은 것이다. 나리아키라는 당시 서세동점의 국제정세에 예민하고, 천하의 일에 뜻이 있는 번사, 그것도 사쓰마는 숨길 수 없는 큰 번이다. 그런 인물의 니와가타가 되었다는 것은 그 자신의 소질을 크게 펼치는 데 효과가 있을 뿐 아니라 대외적으로도 널리 이름을 알려, 그 성실한 인품과 더불어 점차 번 내외에서 무게를 더하게 된다.

그 후 사이고의 생애는 정말로 파란만장한데, 정한론 소동까지의 사이고를 좇는 것은 지면상 피하고 싶다. 그러나 '혁명가' 사이고의 지금 하나의 원점이라고 할 만한 두 번의 유배는 언급하지 않으면 안 된다. 최초는 나리아키라 사후 3년간을 아마미오시마奄美大島 섬에, 두 번째는 도쿠노시마德之島 섬, 오키노에라부지마沖永良部島 섬에 유배된다. 그는 봉건 사쓰마 번의 식민지라고 할 만한 이 섬사람들의 생활에 마음을 아파하고 있었다. 그러나 그의 평생 계급관은 농민과 무사를 평등시하는 것은 아니었다.

그는 사면될 때마다 중요부서에 자리 잡고, 두 번째는 시마즈 히사미쓰島津久光에 의해 번의 군부역軍賦役, 군사령관을 명받았다. 군인 사이고의 탄생이다.

징병령에 대한 사족 불만을 조선침략에

그런 사이고가 막부의 제1차 조슈정벌 때에는 정장군征長軍의 총참모에 임명되고, 도쿠가와 막부를 넘어뜨릴 무진전쟁에서는 반대로 관군의 참모장이었다. 이 시기 그는 영국의 원조 시사에 대하여 결연히 거절하여, 민족적 주체성을 가진 적이 있었던 것은 특필할만한 일이다.

그러나 그는 관군에 의한 전국 평정이 아직 이루어지지 않는 가운데 귀향하는데, 그 주요 이유는 막부타도를 위해 함께 싸울 조슈파와의 대립일 것이다. 오무라 마쓰지로大村益次郎, 1824~69의 근대전법은 사이고의 군인으로서의 자신을 흔들고 있었다.

이윽고 그는 번정개혁에 임하는데 그에 대한 높은 인망 때문에, 드디어 사쓰마 번은 실질적으로 사이고번이 되어 버린다.

얼마 안 있어 그는 동생 쓰구미치從道와 칙사 이와쿠라를 이용한 메이지정부의 권유에 의해, 또다시 중앙으로 불려간다. 폐번치현廢藩置縣[5] 단행으로 예상되는 전국 사족의 동요와 반란을 그의 무력발동과 성망으로 누르려고 하는 것이었다. 그 실효의 정도는 별문제로 하고, 이 성공으로 천황정부에 의한 전국 통일은 이루어졌다.

4개월 후 이와쿠라 도모미를 전권으로 하는 시찰단이 구미로 파견되었다. 오쿠보 도시미치, 기도 다카요시, 거기에 이토 히로부미가 부사를 명받는데, 이 일행은 불평등조약을 개정하는 것이 목적이다. 루스내각留守內閣[6]의 실질 중심은 사이고이고, 공교롭게도 그는 자신이 실각하는 원인이 된 징병령을 제정한다.

다음에 정한征韓 문제가 최대의 정치 문제로서 안건으로 올라오는데, 사이

---

5) 1871년 이전까지 지방통치를 담당했던 번을 폐지하고 지방통치기관을 부(府)의 현(縣)으로 일원화한 행정개혁.
6) 메이지정부 수뇌부로 조직된 이와쿠라 사절단이 구미방문 중에 그 빈자리를 지키기 위해 조직된 국내체제를 말한다.(1871년 12월 23일~1873년 9월 13일)

고는 스스로 그 추진자를 자청한다. 본래 막말의 시마즈 나리아키라, 하시모토 사나이, 요시다 쇼인, 가쓰 가이슈, 기도 다카요시 등의 조선침략의 사상적 계보를 계승한다는 면도 있었다. 또한 메이지 초년 이래의 '서계' 문제일본의 국서에 '황'과 '칙'이라는 자국을 우위에 두는 문자가 있다고 하여 조선은 접수를 거부했다가 있었던 것도 사실이지만, 다른 하나는 구미파견조의 조약개정이 성공하지 못한 것을 아시아 침략으로 보상하려고 꾀한 면도 있다. 다음에는 징병령 제정으로 사족, 그중에서도 가고시마鹿兒島 사족의 불만이 급속하게 높았기 때문에, 그 불만의 판로를 조선에 구하여 스스로 정한론의 선도적인 역할을 수행하려고 했다고 말할 수 있다.

징병령은 농민병 징집이 목적이기 때문에 반발은 불가피하고, 그는 그 힘을 이용한 조선침략도 집어넣었다. 그 증거의 하나는 징병령 제정 전 1872년 메이지5 8월 사이고는 심복인 벳푸 신스케別府晋介, 1847~77를 몰래 조선에 보내 군사탐색을 시키고 있는 것이다. 벳푸는 "백색의 한복을 입고 갓을 쓰"고 조선 내지를 탐정하고, 귀국해서 기리노 도시아키桐野利秋, 1838~77를 만나자마자 "한국을 정복하는 것은 2, 3대대로 충분하다"고 외쳤다고 한다. 사이고의 밀명을 받고서 조선 내지를 군사 탐색한 벳푸가 기리노 도시아키에게 조선이 침략하기 쉬운 것을 말하고 있는 정도이므로 사이고에게 한 보고는 더욱 상세했을 것이다.

모략적 수법을 사용하다

사이고는 타도 대상, 또는 토벌 대상에 대한 모략적, 혹은 군략적 수법을 조선을 대했을 때에 처음 사용한 것은 아니다.

일찍이 막말에 사이고가 도쿠가와 막부를 타도 대상이라고 정했을 때, 어떻게든 막부를 도발해서 전쟁을 일으키려고 했다. 에도의 사쓰마 공관을 거점으로 번사 마스미쓰 규노스케益滿休之助, 1841~68로 하여금 에도 시중에서 대담한 짓을 하게 하여, 드디어 참을 수 없게 된 막부 측庄內藩兵이 사쓰마 번의 에도 공관을 불태우게 한 일이 있었다.

이것이 도바鳥羽·후시미伏見전쟁7)의 복선이 되어 막부가 멸망하게 되는 무진전쟁으로 끌고 간 경위가 있었다. 사이고에게는 '대 도량인', '인자'의 반면, 이러한 모략적 측면이 냉엄하게 있다.

아무리 호의적인 눈으로 보더라도, 심복 벳푸로 하여금 조선 내지를 탐색시킨 사실을 평화적 견지에서 우기는 것은 곤란하다. 사이고로서는 징병령 제정으로 전국 무사층의 불만이 높아졌을 때의 방책을 사전에 고려하여, 벳푸에게 조선 탐정을 명했다고 생각한다.

1873년메이지6 5월 말 부산의 '대일본공관'에 주재하는 히로쓰 히로노부가 보고를 보내왔다. 이에 의하면 조선국 동래부가 공관문 앞에, 일본은 '무법지국' 운운의 반일전단을 게시했다는 등의 것이다.

스스로 조선에 파견시켜줄 것을 요청함

이 보고를 받고 메이지정부는 내각회의에서, '나라를 욕되게 한 것'과 관계되는 문제이므로 무력을 행사해야 한다고 방침을 정한다. 6월 12일 각의에서 이타가키 다이스케는 거류민 보호를 위해 부산에 병력 1대대를 급파해야 한다고 주장했다.

7) 1868년 오사카 막부의 병대가 도쿠가와 요시노부(慶喜)에게 관직을 사직하고 영지를 반납하라는 처치에 격분하여, 교토 근교의 도바·후시미에서 사초의 병사와 교전하고 패퇴한 전쟁. 무진전쟁의 발단이 되었다.

이 용감한 의견에 대하여 사이고는 군대 파견은 조선관민의 의혹을 불러오기 때문에, 먼저 사절을 보내 '공리공도'로 담판해야 하고, 그 사절은 꼭 자신이 가게 해달라는 뜻을 내비친다.

사이고를 비정한론자라고 하는 연구들은 이것도 그 논거의 하나로 삼는다. 그러나 사이고에게는 '사절 폭살론'이라고 할 만한 의견도 있고, 사이고의 비정한론을 말하는 사람도, 매우 유효적인 증거가 불가능하다.

'사절 폭살론'이라는 것은 요컨대 사이고의 생각으로는 자신이 사절로 가면 조선은 자신을 죽일 것이고, 그것을 구실로 해서 출병하고 침략해야 한다는 것이다. 사이고가 이타가키 앞으로 보내는 서간은 이것을 명백하게 말한다. "공공연히 사절을 파견하면 조선은 그 사절을 죽일 것이라고 판단되므로 부디 나를 보내주십시오"라고 부탁한다. 만일 자신이 죽으면 어떻게 할 것인가에 대해서는 다른 서간에 "사절을 폭살에 이르게 하는 것은 결코 틀림없습니다. 그 때에는 천하의 사람, 모두 일어나 이것을 쳐야 한"『대사이고 전집 大西鄕全集』 제3권다고, 자신의 죽음과 바꾼다. 이것으로 조선을 칠 대의명분이 생기기 때문에, 거국적으로 당당하게 침략해 달라는 그 결의는 굳다.

사이고는 그밖에 산조三條實美나 각 참의에게 자신을 사절로 보내달라고 몇 번이나 부탁한 끝에, 드디어 내각회의는 8월 17일 사이고를 견한대사로 결정한다. 천황도 이것을 '가납嘉納, 기꺼이 받아들임'했다.

그러나 여기서 지장이 생긴다. 구미시찰에서 돌아온 이와쿠라, 오쿠보, 기도 등은 내치우선을 부르짖고 사이고를 대사로 파견하는 것에 반대했다. 이 때의 이른바 '정한논쟁'은 정권의 주도권 다툼도 얽혀서 치열했다. 그러나 산조 태정대신이 심통한 나머지 급병으로 쓰러져서 국면은 크게 바뀌게 된다.

천황은 이와쿠라에게 정무 대행을 위임하고, '정한파'는 패하여 사이고, 이타가키, 에토 신페이, 고토 쇼지로, 소에지마 다네오미 5참의는 사직하고 하야했다. 이 '정한파'도 역시 좌우로 분열하여, 나중의 국정에 큰 영향을 끼치게 된다.

'군함외교'를 비판

이타가키, 고토 등은 민선의원 설립을 건의하여 자유민권운동의 지도자가 되었다. 사이고, 에토는 각각의 고향에서 불만사족을 규합하여 중앙정부에 대항했다. 에토는 먼저 사가佐賀에서 정한당의 당수가 되어 폭발하고, 바로 오쿠보 등 정부 중추로부터 유혈 충돌이 일어나 궤멸한다.

흥미로운 것은 1875년메이지8 9월의 운요호에 의한 강화도포격사건 때의 사이고의 반응이다. 시노하라 구니모토篠原國幹, 1837~77에게 준 서간 중에 "저들을 멸시하고 발포했기 때문에, 대웅포에 이르렀다고 말하는 것에는 이제까지의 우의상, 실로 천리에서 부끄러워해야 할 일입니다"라고 쓴다. 그는 "여하튼 도리를 다하지 않고, 다만 조선을 약한 나라라고 깔보고"있다고 오쿠보정권의 조선에 대한 '군함외교'를 통렬하게 비판하고 있다. 이것도 사이고류의 대의명분론으로 이때의 논은 조리가 있었다.

그런 사이고도 향당鄕黨에 추대되어 순수한 반란, 서남전쟁을 일으킨다. 그러나 사이고의 대의명분은 '정부가 고쳐야 할 점이 있다'라고 하는 것으로 전쟁이라고는 말하고 있지 않다.

사이고군은 깔보고 있던 징병으로 나온 '농민군'에게 패해, 사이고 자신도 총탄을 맞고 죽을 때라고 생각하여 "신스케야, 이제 이곳이 좋겠다"라고 마지막 말을 남기고, 벳푸를 재촉하여 자신의 목을 베게 했다. 일찍이 사이고가 파견한 조선침략의 첨병이 이른바 죽음으로 이끌었다는 것도 어느 의미에서는 상징적이다.

12. 오쿠보 도시미치

정한론을 실행에 옮김
타이완 출병을 단행하고 강화도조약을 주도

오쿠보 도시미치大久保利通, 1830~78는 '대일본제국'의 기초를 만든 최대의 지도자다. 사이고, 기도와 나란히 '유신3걸'의 한 사람이다. 이른바 '정한논쟁'에서 사이고·이타가키·에토 등 5참의가 하야한 뒤 메이지정부 내에서 필적할 자가 없는 실력자가 되었다. 1876년메이지9의 강화도조약을 조선에 무력으로 강요할 때의 정권담당자로서, 조선침략에 깊게 관여한 인물이다. 오쿠보는 가고시마鹿兒島 성 아랫마을, 사이고와 같은 시타가지야마치下加治屋町에서 태어났다.

강화도조약을 주도

도시미치는 사쓰마 번 하급무사, 오쿠보 지에몬大久保次右衛門의 아들로 태어나, 통칭은 쇼스케正助, 나중에 이치조우一藏 그리고 도시미치로 바꾸었다. 호는 고도甲東다.

그와 조선과의 인연을 세어보면 5건 정도 들 수 있다. ① 출생지와의 관련이다. 보통은 시타가지야라고 되어 있다. 가쓰다 마고야勝田孫弥의 전기에 의하면, 도시미치가 태어난 곳은 "고쓰키가와甲突川의 서쪽 부근이고, 고려정이라

칭하는 곳"이다. 그것이 유년 때 고쓰키가와의 동쪽에 있는 시타가지야마치로 이주했기 때문에, 호를 고도라고 칭했다고 한다. 출생 처음부터 조선을 의식하지 않을 수 없었다. ② 소년 때의 향중교육이다. ③ 1873년메이지6 메이지 정권 분열의 기초를 만든 정한논쟁이다. ④ 타이완 출병과 관련한 청국과의 교섭이다. 1868년메이지 원 이래의 조선 문제의 배후에 청국이 있다는 일본 외무성의 판단도 있어 조선이 얽혔다. ⑤ 바로 최종적으로는 조선침략을 시야에 넣은 조일수호조규강화도조약와 관련해서, 이것을 주도하고 있다.

사이고와 오쿠보는 세이주쿠미精忠組8)라는 젊은 하급무사 그룹의 리더격으로, 사이고 쪽이 개명開明적인 번주 시마즈 나리아키라에게 중용된 관계도 있어, 일찍 천하에 존재를 알리게 된다. 오쿠보가 세상에 나오는 것은 나리아키라 사후, 그의 배다른 동생 시마즈 히사미쓰가 번주의 아버지로서 번정 후견이 되어 전면에 나온 이후다. 오쿠보는 히사미쓰에게 접근하여 그의 신임을 얻고 점차 번정의 중요 위치를 역임하여, 히사미쓰가 상경할 때 이에 따라 교토 그리고 에도에 간다. 때는 막말 오쿠보의 웅번 사쓰마를 배경으로 한 활약이 시작된다. 그는 공무합체운동, 사쓰에이薩英전쟁9)이라는 번 전체가 나선 실천에 진두지휘를 했다. 그러나 영국과의 전쟁에서 사쓰마는 유럽문명의 탁월함을 알게 되고, 양이의 헛된 꿈은 사라져 공무합체운동의 막힘은 사이고를 되돌아오게 한다. 이에 의해 사이고·오쿠보의 콤비가 번정의 지휘권을 잡는다. 이윽고 정장군征長軍, 죠슈정벌군의 무력발동을 거쳐 막부타도가 현실의 문제가 되고, 여기에 도사의 사카모토 료마坂本龍馬, 1836~67 나가오카 신타로中岡愼太郞, 1838~67의 중개로 사초의 동맹이 이루어져, 막부타도를 완

8) 막말 가고시마에 존재한 사쓰마 번의 번내 조직.
9) 1863년 나마무기(生麥) 사건의 보복을 위해 영국함대가 가고시마에 내항하여 교전한 것. 이 전쟁으로 사쓰마는 양이가 무모함을 이해했다.

성시키고 메이지 국가를 탄생시킨다.

막부타도, 천황정부 성립이라는 커다란 변동 가운데 그 자신의 역할을 보면, 국가의 운명에 관한 방침을 결정할 때, 그는 가장 좋은 의견을 집약하여 결정에 들어가는 수완의 소유자다. 정해진 방침을 마지막까지 관철시키는 강함에는 그에게 필적할 만한 사람이 없었다. 식산흥업, 부국강병을 지향하여, 비스마르크의 길을 모방한 것 같은 오쿠보는 영재가 많은 메이지 정권 안에 첫째가는 수완가로 통했다.

'타이완 출병'을 단행하다

오쿠보의 베이징에서의 대청교섭은 1874년메이지7 경인데, 이 전제는 3년 전 류큐인 54명이 '타이완인'에게 살해된 사건과 1873년메이지6 4명의 일본인이 '타이완인'에게 약탈을 당한 일로 오쿠보나 사이고 쓰구미치西鄕從道, 1843~1902가 적극적으로 타이완 출병을 한 것과 관련하는 교섭이 있었다. 오쿠보가 출병을 단행한 것은 청과 교섭하고 있던 소에지마 다네오미副島種臣, 1828~1905가 청국 측으로부터 타이완 주민은 '중화문명의 바깥에 있는 민民'이라는 말을 듣고 부터다. 이것은 나의 추측이지만 이후 오쿠보는 조선 문제를 처리할 때, 이 '중화문명의 바깥에 있는 민民'론을 염두에 둔 것이 아닌가 생각한다. 1875년메이지8의 운요호에 의한 무력 도발사건은 누가 보더라도 잘못은 일본 측에 있다. 기도나 사이고 다카모리조차 그렇게 보고 있다. 그것을 오쿠보는 구로다, 이노우에 등을 사절로 군함 여러 척에 병사를 가득 싣고, 무력으로 위협해서 수호조규체결로 가져갔다.

오쿠보가 주재하는 메이지정부는 사절에게 교섭이 결렬될 때에는 "우리 정부는 따로 처분이 있어야 한다"고 말하게 하여, 야마가타 육군경으로 하여금 시모노세키에 대기시키고, 침략을 위해 원정군의 편성을 서두르고 있었다. 이렇게 메이지정부의 염원인 조선침략의 제일보를 디디게 된다. 단적으로 말해서 오쿠보야말로 정한론의 미친 듯한 열정을 발족한 지 얼마 안 되는 메이지정부의 판단으로 조선침략에 집약하여 확정시킨 인물이다. 정부에서 사이고·이타가키 등의 정한론에 반대한 입에 아직 침이 마르지도 않았다. 오쿠보는 사이고가 가고시마의 야산에서 죽은 다음 1876년메이지11 5월 정한파 사족 시마다島田一郎 등에 의해 출근 도중에 참살을 당한다. 49세의 생애였다.

13. 에토 신페이

정한의 깃발을 들고 향리에서 거병
사이고, 이타가키와 필적하는 정한론자

에토 신페이江藤新平, 1834~74는 메이지 초기의 정권 내에서는 다른 지도자들보다 논리적이고 치밀한 두뇌와 조직적 재능을 가졌다고 일컬어지고, 그의 탁월한 실무능력과 정치수완은 높이 평가받는다. 사이고 다카모리, 이타가키 다이스케 등과 필적하는 정한론자로, 1873년메이지6 10월의 정한논쟁에 패하고 사이고가 정권에서 물러날 때, 함께 사직한 5참의 가운데 한 사람이다. 그리고 3개월 후에는 정한을 깃발로 향리 사가佐賀에서 거병을 감행했다. 매우 기괴하고 행동 진폭이 격렬한 인물로서, 또한 메이지 정한론의 최초의 실질적 구현자로서 참으로 주목할 만한 존재다.

존황사상에 크게 감화

에토호는 난파쿠(南白)는 1834년덴포5, 히젠肥前 사가에서 나베시마鍋島 번의 '데아키야리手明鑓, 전시에만 창과 갑옷을 입고 출진하는 병사'라는 가난한 하급무사의 집안에서 태어났다. 아버지는 데라고야寺子屋10)를 열었지만 실제로 가르친

---

10) 서민교육 시설. 데라고는 6~13세로 20~30명 정도에게 읽기
· 쓰기 · 셈하기를 가르쳤다.

것은 어머니이고, 신페이는 16세에 번교[11] 홍도관弘道館[12]에 입학하기 전까지 어머니에게 사서오경을 배웠다. 신페이의 사상 형성을 보는 데 중요한 것은 번교에서의 교육 내용이다. 홍도관에서의 교육 내용의 기본은 유학주자학과 나베시마 번의 독특한 '하가쿠레葉隱[13]'가르침, 거기에 난학[14]이다. 주자학을 정식 과목으로 한 것은 번교 발족시의 교수 고가 세이리古賀精里가 주자학파였기 때문이지만, 막부와 번주의 의향과 판단이 결정적이다. 주자학과 아울러 다른 하나의 교학 핵심은 '하가쿠레'다. "무사도라는 것은 죽는 것을 발견하는 것이다죽음을 의식해서 자성하는 태도"라는 말에 대표되는 독특한 무사도 미학에, 석가도 공자도 구스노키 마사시게楠木正成도 다케다 신겐武田信玄도, 나베시마 가문에 출사한 것이 아니므로 "나베시마 가문의 분위기에는 맞지 않는다"고 하는 독선적이고 편협한 나베시마 제일주의에 철저한 가르침으로 번 전체의 무사를 이끌었다. 또한 난학은 막말기의 번주 나베시마 나오마사鍋島直正, 閑叟의 의향에 부응한 것이다. 나베시마 간소鍋島閑叟가 난학을 중시한 것은 1641년간에이18 이래, 후쿠오카 번과 1년 교대로 사가 나베시마 번이 나가사키의 경비를 명받고, 200년을 지나 막말기의 유럽 세력이 점점 동쪽으

11) 에도시대 여러 번이 번사의 자제를 교육하기 위해 설립했다. 번사의 자제는 강제로 입학시키고, 서민의 자제는 원칙적으로 입학할 수 없었다. 7세에 입학하고 20세 정도에 졸업한다. 교육내용은 사서오경을 중심으로 하고, 에도 후기가 되면 난학과 무예를 가르쳤다.

12) 사가 번의 8대 번주 나베시마 하루시게(治茂)가 유학자 고가 세이리(古賀精里)에게 명하여 사가성 근처에 설립한 번의 학교 한코(藩校).

13) 에도 중기(1716년경)에 나온 히젠(肥前) 나베시마 번사 야마모토 쓰네토모(山本常朝)가 무사의 마음가짐에 대한 견해를 '무사도'라는 용어로 설명한 말을 다시로 쓰라모토(田代陣基)가 기술한 기록이다.

14) 에도시대 네덜란드를 통해 일본에 들어온 유럽의 학술·문화·기술의 총칭.

로 옮겨옴에 직면하여 그 뛰어난 과학, 군사력을 배울 필요성을 통감했기 때문이다.

이에 더하여 그의 사상과 행동을 크게 규제한 것이 두 가지 있다. 하나는 존황사상, 둘은 번주 나베시마 간소와의 관련이다. 존왕사상은 홍도관 교수 에다요시 신요枝吉神陽에게 크게 감화되었다. 신요는 구스 공구스노키 마사시게(楠目正成), 마사쓰라(正行) 부자 숭배에 기초를 두는 의제동맹義祭同盟[15]을 주재하고, 신페이 만이 아니라 친동생 소에지마 다네오미副島種臣, 1828~1905, 오쿠마 시게노부, 오기 다카도우大木喬任, 1832~99, 시마 요시다케島義勇, 1822~74 등 나중의 사가 출신의 유신 공신들을 존황론으로 교육했다. 번주와의 관계는 신페이의 경우, 단지 번주 가신으로서의 상하관계만이 아니라, 막말의 명군이라 일컬어진 간소閑叟의 많은 업적과 그 명성이 자자함 때문에 이른바 평생 그 속박으로부터 해방될 수 없었다고 해도 좋을 정도로 영향을 받았다.

사가에서는 지금도, 그가 홍도관에 들어간 뒤 맹렬하게 공부한 모습을 말할 정도다. 2년 후 스승 에다요시 신요와 함께 나가사키에서의 난학수업을 명받지만, 신요가 이것을 거절하고 교수를 그만두었기 때문에, 신페이도 홍도관을 퇴학했다.

그러나 3년 후 번의 명령에 의해 번의 난학교에서 양학을 배우게 되는데, 당시 나베시마 번이 소장하고 있던 서양의 서적은 질적으로나 양적으로 모두 일본에서는 뛰어난 것이었다. 여기서 그가 5년 정도 양학과 서양사정을 섭취한 것은 그의 유신 후의 근대적 정치개혁의 한 원천이 된다. 그는 한때 번의

15) 1850년 존왕사상이 일어난 시기에 홍도관 교수 에다요시 신요가 중심이 되어 후카에(深江俊助)를 맹주로 하는 구스(楠)의제동맹을 결성했다. 이것이 사가에서의 근황운동 조직인 의제동맹의 시작이다. 이 동맹에서 소에지마 다네오미, 오쿠마 시게노부 등 메이지유신의 원훈이 배출되었다.

하급역직에 자리 잡는데, 친우 나카노中野方藏가 에도에서 존왕활동 때문에 막부관원에게 붙잡혀 옥사한 것을 계기로 번을 떠나 교토에 간다. 에토 신페이는 이 시기 사쓰마나 조슈가 공무합체운동과 존왕운동으로 화려하게 활동하고 있는데도, 번주 간소가 존황의 마음을 가지면서 좌막적佐幕를 편들어 돕는 경향으로 대치하고 있었기 때문에 스스로 나아가 운동에 뛰어들고 번주와 번 전체를 움직일 원동력이 되려고 했다.

신페이는 교토에서 조슈의 대표적 중역 가쓰라 고고로桂小五郎, 후에 기도 다카요시를 방문했다. 가쓰라는 에토의 보통이 아닌 식견에 감동하여, 당시 공경公卿 중에서 산조 사네토미, 이와쿠라 도모미와 필적하는 존왕양이의 중심인물인 아네가고지 긴토모姉小路公知에게 소개했다. 아네가고지는 고메이孝明천황의 총애를 받은 재기발랄한 인물로, 몇 차례의 면담에서 신페이의 깊은 학식과 성실한 인품을 알고, 측근으로서 자기를 보좌해줄 것을 부탁했다. 이 때 그는 아네가고지나 가쓰라로부터 극비 정보를 정리하여『경사견문京師見聞』이라는 제목으로 기록하고 있다. 그런데 사가 번에서는 탈번은 죽을죄라고 하는 규정이 있었다. 오사카의 사가 번의 에도 공관을 감시하는 사람이, 교토에 있는 신페이의 존황활동에 대해서 사가에 보고하여, 간소는 신페이의 아버지에게 그를 데려오도록 명하여 결국은 사가에 데려오게 된다.

신페이의 처분에 관해서 번의 상층부의 의견은 둘로 갈라졌다. 간소의 결단으로 죽을죄는 면하고, 1년 후에 영칩거근신가 되었다. 영칩거가 풀린 것은 5년 후였는데, 이 5년간에 일본의 정계의 상황은 크게 변하고 있었다. 쇼군 요시노부慶喜는 정권을 반환하는 '대정봉환'을 하여, 사쓰마와 조슈의 두 번에는 막부타도의 밀칙이 내리고, 얼마 안 있어 도바·후시미鳥羽伏見 전투가 시작된다. 영칩거가 막 풀린 신페이는 바로 교토행을 명받았다. 이 시기에 이르러도 사가 나베시마 번은 천황 쪽이나 막부 쪽 모두 기치를 선명하지 못해서,

천황 쪽에서는 '사가토벌론'이 나올 정도였다. 이윽고 사가 번을 들어서 천황 쪽에 붙었다. 그리고 신페이도 소에지마, 오쿠마 등과 거의 동시에 조정에 불려가 메이지정부의 신하가 된다. 이후 정부의 고급관직을 역임하고, 마지막에는 참의까지 올라갔다.

에토 신페이는 메이지유신 초창기에 약 7년간 눈부신 활약을 했다. 여기서 그의 업적을 열거할 여유는 없지만, 중변中弁,[16) 문부대보, 좌원 부의장, 사법경, 참의가 되는 과정에서 일어난 에다穢多 히닌非人 호칭 폐지, 인신매매금지, 근대적 법제의 확립, 사법권의 독립, 근대적 법전의 정비, 재판소, 경찰제도의 창설, 거기에 번벌 출신 대관들의 비리 적발 등등, 당시로서는 민권에도 배려한 획기적인 시책도 포함되어 있었다. 그런 의미에서도 근대적 변혁 수완으로 그의 옆에 나올 자가 없었다고 할 수 있다.

정한의 선봉을 열망

에토 신페이의 정한론을 살펴보자.

신페이에게는 생애 5번 정도 조선과의 만남이 있다. ① 출생지 사가는 히데요시의 조선침략 기지 나고야名護屋와는 같은 히젠肥前으로 가깝고, 항상 조선을 의식하는 입장에 있었다. ② 나베시마 번은 가토, 고니시, 구로다 가문과 견줄만한 '조선 출병'의 웅번이고, 기록에 남긴 것만도 조선인 1만여 명의 목숨을 앗아갔다『기요마사공 행장淸正公行狀』. ③ 번교 홍도관에서 필수과목으로 조선 출병을 배운다. 『하가쿠레』만도 수십 곳의 출병 관련기사가 있다. 거기에 1871년메이지4 신페이가 이와쿠라 도모미에게 제출한 대외책에는 '지나'공

---

16) 추벤. 조정조직의 최고기관 태정관(太政官) 직의 하나.

략론이 있다. 조선에 대한 언급은 없지만 중국 공략의 전제는 조선이라는 것은 현재도 옛날도 변함이 없다. ④ 1873년메이지6 정권 내에서의 정한론 가담이다. ⑤ 향리 사가에서 정한당의 수령에 추대되어 군사행동을 일으킨 적이 있다.

1873년 정한논쟁 당시 그의 조선 인식 및 중국 인식은 다음에 보는 것 같이, "금일의 급무는 제국의 판도를 대륙으로 확장하고, 민족의 발전을 도모하여 제2 유신의 결실을 올리는 데 있다. 저 조선이 우리에게 무례를 가한 것은, 곧 우리 제국이 무력을 대륙에 사용하여 제국의 팽창을 도모하는 이유로 놓칠 수 없는 기회다. 반드시 먼저 러시아와 제휴하여 조선을 우리에게 거두고…" 마도노 한스케的野半介, 『에토난파쿠江藤南白·下』, 중국을 둘로 나누어 북부를 러시아에 주고, 남부를 일본이 장악해 기회를 봐서 러시아를 逐아내어, "우리 성천자덕이 높은 군주를 베이징에 옮겨 받들고, 영구히 제국의 수도로 삼아야 한다"는 것이다. '천황을 베이징으로' 라는 것은 히데요시와 같은 생각이다. 그의 조선 침략 의욕이 보통이 아닌 것을 알 수 있다.

홍미 있는 사실은 그는 참의를 사직한 2개월 후 함께 사직한 이타가키, 고토, 소에지마 등과 그 뒤의 자유민권운동과 의회개설에 큰 영향을 끼친 「민찬의원설립건백서」에 서명하고, '애국공당愛國公黨[17]' 결성에 참가한 것이다. 그리고 다음 날 사가佐賀에 가서 바로 '사가정한당'의 수령에 추대된다. '정한당'은 정한론 결렬 후에 에토가 알지 못하는 사이에 결성되었다. 그의 「정한당건백서」에는 "조선이 우리 국서를 물리치고, 우리 국사를 욕보이는 것을 가지고 국의國義, 누가 분기하지 않을 자가 있으리오, … 간절히 바라기는 정한의 묘의廟議 조정의 평의(評議)를 지급 결정하셔서 신으로 그 선봉을 명"했다고 되어

---

17) 1874년 결성된 최초의 자유민권운동의 정치결사.

있다. 일본 정부가 정한을 결정하면 자신들은 그 선봉이 되어 싸운다는 것이다. 또 그 「정한당취의서」에는 "각국 공사가 참조參酌할 때 내지 여행의 의儀를 직소함. 우리 황제에 대해서 이와 같은 무례를 한 것, 이것은 대개 우리가 조선의 죄를 묻지 않고 애매하게 처리했기 때문에 그들에게 모욕을 받았다"고 나와 있다. 조선의 죄를 묻지 않으므로 열강에게 모욕을 받는 것이라는 논법이다.

이 시기 사가의 사족이 정한의 선봉이 되려고 먼저 달려간 것은 나베시마번의 역사와 관련이 있을 것이다. 멀리 세키가하라 결전 때 번주 나베시마 가쓰시게鍋島勝茂, 1580~1657는 도쿠가와 이에야스의 동행東行을 따르고 있었는데, 가신에게 옹립되어 서군 편이 되고, 전후 이에야스에게 사죄하고 야나가와柳川 번의 다치바나 무네시게立花宗茂, 1567~1643를 치는 것으로 죄를 면했던 적이 있다. 또 유신 때 막부를 지지하던 간소는 빠듯한 한계점까지 천황 쪽에 붙어야 할지 망설이고 있었다. 때문에 번사 일동은 '늦었다'는 생각을 강하게 하고 있었다. 거기에 정한론이 대두되었다. 히데요시 때의 조선 출병 경험이 한꺼번에 불을 뿜어서 정한의 선봉을 열망한 정한당이 결성된 것이다. 신페이는 이것을 진정시키기 위해 사가에 내려갔는데, 본래 정한론의 성향이 충분한 신페이는 본인이 진짜 정한론자가 되었다. 그는 우국당憂國党의 당수 시마 요시다케島義勇와 손을 잡고, 이윽고 사가佐賀전쟁[18]을 일으키게 된다. 오쿠보 도시미치는 사가를 진압하기 위해 중앙에서 와서 총지휘를 했다. 에토는 패하여 도망가서 가고시마 산속의 온천에서 사이고와 만나 결기할 것을 권했지만 거절당했다. 도사에 건너가 하야시 유조林有造, 1842~1921를 만나

18) 1874년 2월에 에토 신페이와 시마 요시다케가 사가에서 일으킨 메이지정부에 대한 사족 반란의 하나. 불평사족에 의한 최초의 대규모 반란이었으나 정부의 빠른 대응으로 진압되었다.

는데, 이것도 거절당해 결국에 체포된다. 오쿠보는 형식적인 재판에서 에토를 참수, 효수에 처한다. 오쿠보는 재판에서의 감상을 일기에 기록하고 있다. "에토가 처형당해서 사람들의 구경거리가 된 추한 모양이 우습다." 오쿠보는 권력의 비정을 한 몸에 구현한 사람이다.

에토의 '일제逸題, 제목을 붙이지 않은 시'라는 제목의 7언 절구가 남아 있다. "오랑캐의 먼지를 없애고 일본을 성하게 하려고 한다. 하루아침에 차질이 생겨 잡혀서 감옥에 눕는다. 가련한 한밤중, 쓸쓸한 비, 못 이룬 꿈, 한편 길 잃은 압록강."

놀랄만한 에토의 집념, 죽은 사람의 혼 역시 정한 달성이었다.

14. 에노모토 다케아키

전략적인 부산영유론
쇼인 이래의 정한론과는 다른 인식

에노모토 다케아키榎本武揚, 1836~1908는 막부 신하로서 최후까지 천황정부군과 싸우다 관군참모 구로다 기요다카의 권유로 항복해 겨우 죽을죄를 면했다. 그 후 완전히 바뀌어 메이지정부에 출사했다. 이윽고 여러 차례 진급하여 여러 대신을 역임하는 파란 많은 생애를 보내는데, 메이지 정권의 조선침략 정책에도 적지 않은 역할을 해냈다.

고료가쿠五稜郭전쟁을 거쳐 메이지정부로

에도에서 태어났고, 도쿠가와의 지키산直参 집안 출신이다.[1] 아버지 엔베에円兵衛는 양자로 에노모토 가의 사람이 되어, 막부의 천문방天文方[2]에 들어가, 점차 쇼군의 신임을 얻게 된다. 다케아키, 통칭 가마지로釜次郎는 12세로 쇼헤이코昌平黌에 들어가 막부의 관학 주자학을 배우고, 열강의 압력을 피부로 느끼게 되어, 나카하마 만지로中浜万次郎, 1827~98 주쿠에서 영어를 배운다. 막부는 국방을 강화하는 일환으로 나가사키에 네덜란드 해군사관을 교관으

---

1) 쇼군에게 직속한 1만석 미만의 무사.
2) 덴몬가타. 1684년 설치. 천문관측·편력(編曆)을 담당하는 역직.

로 하는 해군전습소를 열었다. 에노모토는 여기에 제2기생으로 들어가는데, 이 나가사키에서 가쓰 가이슈와 연결된다.

그 후 에노모토는 주가 도쿠가와 가의 안위를 우선하여, 가쓰 가이슈勝海舟처럼 대국적 입장에 설 수 없었다. 해군 봉행海軍奉行3)이 된 에노모토는 해군에서 사쓰마와 조슈에 지지 않을 자신이 있었다. 그러므로 쇼군 요시노부慶喜가 조정의 적이라고 지명되어 고분고분 명령에 따르는 태도를 취하고, 가쓰도 전쟁을 회피하려고 하고 있을 때, 해군 부총재인 에노모토는 전쟁을 주장했다.

가쓰 가이슈·사이고 다카모리의 회견에서 에도성 비워주기, 군함 인도를 결정했지만 에노모토는 이것을 거부하고, 군함 8척을 이끌고 시나가와品川를 탈출했다. 한 번은 가쓰의 설득에 응하여 군함을 시나가와에 돌려주기는 했지만, 다시 탈주하여 홋카이도로 향했다. 이윽고 장렬한 하코다테箱館 해전,4) 고료가쿠五陵郭전쟁5)이 일어나게 되는데, 이것은 생략한다.

에노모토는 자신의 죽음으로 다른 동지를 구하려고 자결을 꾀하지만 주위의 설득으로 관군에 항복한다. 도쿄에 보내져, 옥중생활 2년 반, 1872년메이지5 1월 출옥을 허락받는다. 구로다의 필사적인 구명공작이 있고 나서의 일이지만, 메이지정부도 그의 학식과 인물을 아까워한 것도 있다. 이윽고 에노모토는 구로다가 홋카이도 개척차관을 근무하는 개척사開拓使6)에 4등 출사로 근무하게 된다. 1874년메이지7 1월에는 러시아와의 교섭을 위해 일약 특명전권

---

3) 1864년 설치되어 막부의 해군을 통할했다. 1866년 해군총재가 설치되어 그의 직속이 된다. 1868년 폐지.

4) 1868~69년 왕정복고로 성립한 신 정부군과 구 막부군의 최후의 전쟁.

5) 에도시대 말기 현재의 홋카이도 하코다테시에 긴조된 성곽을 말하는데, 무진전쟁의 마지막 격전지다.

6) 북방개척을 위해 1869년 7월 8일부터 1882년 2월 28일까지 설치한 관청.

공사로 임명되어, 러시아 수도 페테르부르크로 간다.

이 페테르부르크에서 구로다 특명전권공사의 조선행을 알게 된다. 에노모토의 조선론이 전개된다. 데라지마 무네노리寺島宗則, 1832~93 외무경에게 보낸 서간에 "원래 조선국은 그 지리상의 위치, 정치상의 관계, 우리나라로부터 아세아 근린국에 대한 위력과 권력상에 직감하는 일이 매우 크므로 좋은 시기를 이용하여 우리의 위력과 복리福利를 그들에게 파급시키는 단서를 여는 것은 우리나라의 '정책'상의 요건 중의 하나 … 우리나라에서 조선에 대한 경제상의 실익은 아주 적다고 해도 '정치상' 및 '전략'상의 중요한 임무 … 일본이 부산의 부두를 영유하는 것 같이 그 전략상의 중요한 임무가 됨은 논의를 기다리지 않는다. 또한 조선국을 열고 만국과 통하게 하여, 강화 혹은 한양에서 호시互市, 두 나라 사이의 교역를 열게 하는 것도 역시 우리 '정책'상에 다소의 성광聲光을 발하는" 것이다.

김옥균과의 깊은 교제도

에노모토의 정한론은 세상의 무례함이라든지, 국기國旗가 모욕당했다는 등의 감정론이나, 사족의 불만을 조선으로 향하게 한다는 국내 대책적 견지에서 나온 것이 아니다. 더욱 냉정하게 부산영유론을 정치상, 전략상, 일본에게 필요하고 없으면 안 되는 것이라고 인식하고 있다. 요시다 쇼인 이래의 정한론과는 달랐다. 보다 깊은 뜻을 동반한 무서움이 있는 정한론이다.

이 시기 에노모토는 서기관 하나부사 요시모토花房義質, 1842~1917로부터 프랑스의 선교사 샤를·달레의 『조선교회사』[7]가 있다는 것을 듣고, 서둘러 파리

----

7) 1836년 조선에 밀입국하여 활동하던 신부들이 파리외방전교회로 보낸 자료를 모아 편찬한 책.

로부터 주문했다. 지지·민정·정치·병제 등의 부분을 요약하여『조선사정』
이라고 이름 붙여 일본 외무성에 보냈다. 나중에 책으로서도 발간되는데,
이 번역 작업은 일본 정부의 조선정책에 기여하고, 특히 군부에게 조선에
대한 군사전략 참고자료로서 중용되었다. 조선을 내실에서 파악하려는 이
른바 대상을 과학적으로 이해하지 않으면 끝나지 않는 에노모토의 성향은
막부 천문방에서 수학·측량가로서 이름을 알린 아버지 엔베에의 기술자적
소양을 받은 것일까, 발족한 지 얼마 되지 않은 메이지 정권 하의 조선에 대해
깊이 이해했다. 정치가, 군인 그리고 뛰어난 자연과학자 에노모토는 나중에
일본에 체제 중인 김옥균과 깊은 교제를 나누고, 김옥균의 조선근대화 구상
에 이해를 보여 매우 동정적이었다. 이들이 나눈 교제에 대해서는 기회가
된다면 꼭 써보고 싶다.

15. 후쿠자와 유키치

조선을 '야만국'으로 규정
'아시아맹주론'을 선취

후쿠자와 유키치福澤諭吉, 1834~1901는 다면성을 가진 복잡한 인물이다. 메이지기 최대의 계몽사상가이자, 교육자, 문필가로서 알려져 있다. 수많은 저술에 의한 근대화론은 당시의 민중에 끼친 영향력 면에서 그 위에 설 자가 없다. 그러나 그는 조선침략사상을 주장한 자였다는 것을 분명하게 인식하지 않으면 안 된다.

유키치는 재빨리 유럽의 선진 문화를 흡수해 보급하는 데 전념한 반면, 비상한 타산적 행동자이기도 했다. 그의 생애를 보면, 무엇인가를 주장하고 행동할 때에는 언제나 치밀하게 수지 결산을 따져 이익이 남도록 한 것으로 보인다. 결국 그의 선견성, 혹은 합리성을 증거하는 것인데, 대략의 경우 권력에 영합하거나, 권력의 의향을 선취하고 있었다.

평등을 말하면서도 민중의 고뇌에 무관심

봉건제도 및 봉건유풍을 부정하고, 일신의 독립, 일국의 독립, 부국강병, 자유와 평등을 말하기는 하는데, 그러나 자세히 읽어보면 시류를 타는 교묘한 조건이 붙여져 있다. 또한 그의 계급관과도 관련되는데, 봉건성을 부정하고 평등을 말해도, 하층민의 고뇌의 소리나 움직임에는 무관심하거나, 때로는 반감조차 가지고 있었다. 요컨대 그의 선진성에 대해서 당시의 사람들도 오해하고 있었다. 특히 그 오해는 일본이 패전한 후 심해져 현재 1만 엔 권에 그의 초상이 있을 정도다.

그의 권력에 영합하는 특질은 메이지의 지배층이 조선에 대한 침략의도를 분명하게 하는 데 동행하여 유감없이 발휘되었다. 당시로서 정부가 정치적 배려에서 침략 야망을 위장할 때도, 그는 민중에게 대조선침략사상을 선동하여, 정부 요직을 질타 격려하는 것이다. 그런 의미에서는 그가 평생 주장하는 '관민조화'는 조선을 비롯한 아시아의 침략에 한정해서 말하면 스스로 실천하고 있었다.

아버지 햐쿠스케百助는 13석 2인 후치扶持[8]의 경격輕格, 낮은 급으로 부젠豊前 나카쓰中津(오이타 현) 번의 유지이기도 하다. 유키치는 아버지의 근무지 오사카의 나카쓰 번저에서 태어났다. 3세에 아버지를 잃고, 어머니에 이끌려 번에 돌아갔다. 커서 시라이시 쇼잔白石照山에게 한학을 배우고, 그 위에 형의 권유로 난학을 배우기 위해 나가사키에 간다. 이듬해 오사카로 나가 난의蘭醫 오가타 고안緒方洪庵, 1810~63의 데키주쿠適塾[9]에 들어가, 뒤에 주쿠도塾頭, 학생대 표가 된다. 이윽고 에도로 나가 번의 공관에서 난학주쿠를 열고, 한편으로 스스로 영학을 공부한다. 그의 학문연수가 심상치 않음을 느낄 수 있다.

후쿠자와는 유신 전, 막부 파견으로 3번 외국에 나갔다 왔다. 미국에는 2번, 유럽에는 1번이다. 즉 당시 그 보다 서양의 사정에 능통한 사람은 없었 다고 말할 수 있다. 제1회 도미 후 막부 번역방이 되어 있었는데, 대정봉환막

8) 후치는 주군이 가신에게 주는 급여의 일종이다. 2인 후치는 하루에 어른 두 명이 소비하는 10합(약 100g)의 봉록미가 지급되 는 무사를 말함.
9) 1838년 오가타 고안이 오사카 센바(船場)에 세운 난학의 사숙.

부가 천황에게 정권을 돌려줌 후는 게이오 의숙慶応義塾을 세워 교육에 종사하고, 많은 저·역서를 간행하여 문명개화, 독립자존으로 국민을 계몽했다. 그런데 많은 후쿠자와 신봉자가 보기를 원하지 않는 그의 권력영합의 예를 제시하고 싶다.

1866년게이오2 막부의 조슈 재정벌 때, 후쿠자와는 막부의 고위 관료에게 「조슈 재정벌에 관한 건백서」를 제출했다. 이 가운데에서 외국 병사의 힘을 빌려서 보슈防州, 고치(高知) 현, 조슈를 무너뜨릴 것을 제안했다. "각별한 영단으로 외국의 군대에게 부탁하여 보슈, 조슈 두 주를 함께 무너뜨려야 한다."「전집20권」 후쿠자와는 입만 열면 독립자존을 말했기 때문에, 그에게 이 건백서가 있는 것을 알면 사람들은 놀랄 것이다. 후쿠자와가 말하는 외국 병사는 프랑스 병사이라고 생각된다. 사이고가 영국이 원조를 시사한 데 대해서 결연히 거절하고, 민족적 주체성을 유지한 것과 좋은 대조를 이루는 사건이다.

후쿠자와의 저작에 처음 조선의 이름이 나오는 것은 『세계국진世界國盡』(1869)일 것이다. 이 책에서 조선은 러시아의 위협을 받고 있다고 나와 있다. 그로부터 6년 후인 1875년메이지8 8월경 『문명론지개략』이 간행되어, 여기에서 후쿠자와는 문명 발전의 단계를 '문명', '반개', '야만'의 셋으로 나누고, 조선은 일본이나 중국과 같이 '반개'의 나라로 파악하고 있었다. 이 시점에서는 후쿠자와에게 아시아 연대 사상의 싹을 보는 것이 가능할 것이다. 그러나 같은 해 10월에 『유빈호치郵便報知신문』의 사설로 발표된 「아세아 제국과의 화전和戰은 우리 영욕에 무관한 설」에서 "근일 세상에 정한征韓의 이야기가 있다. 대충 들어보면 쳐야 한다는 취지도 없지 않다. 야만적인 조선인이라면 반드시 우리를 향해 무례를 가하는 일도 있다. 도리를 말하고 이해할 수 없는 상대라면 치는 외에 방법이 없다는 설도 있다. … 조선 교제의 이해를 논하는 데는 먼저 그 나라를 살펴보지 않으면 안 된다. 본래 이 나라가 어떠한 나라인가 살펴보니, 아세아주 중의 하나의 작은 야만국으로 그 문명의 존재는 우리 일본에 미치지 못할 만큼 멀다고 할 수 있다. … 포함砲艦의 전戰과 같은 것은 다른 날 서서히 도모해야 한다"고 쓰고 있다. 조선을 야만국이라고 규정한 시점에서, 한편으로는 사이고 등의 정한에 비판적으로 대하면서도, 다른 한 편으로는 그때의 집권층의 조선침략정책과 동일한 입장에 섰던 것을 나타내고 있다. 사실 얼마 안 있어 '문명'국에 가입할 예정인 일본이, '문명'열강의 약소민족 침략의 예를 따라, 침략의 창끝을 '야만'국 조선으로 향하게 된다.

후쿠자와는 「아세아 제국과의 평화와 전쟁은 우리 영욕에 무관한 설」을 발표한 3년 후인 1878년메이지11에 『통속국권론』을 내는데, 조선에 대해서 "일국의 인심을 흥기해서 감동시키는 방편은 외전外戰만한 것이 없다. 신공황후의 삼한정벌은 1700년 전의 옛날에 있었고, 도요토미 태합太閤의 출사도 이미 300년을 경과했어도, 인민이 아직 이것을 잊을 수가 없다"고 이전의 침략업적을 상기시키고 있다. "100권의 만국공법국제법은 수많은 대포와 같다"고 제국주의의 강도의 논리를 받아들여 "우리 일본의 외국 교제법은 마지막에 호소하는 곳을 전쟁이라고 정하"자고 주장할 때, 강화도조약 이후의 일이기도 하므로, 이웃나라 조선의 존재는 영토, 세력권 확장의 대상으로 당연히 이의 없이 의식되었을 것이다.

근린 민족에의 멸시, 조선 출병을 강경하게 주장

3년 후 1881년에 나온 『시사소언』에서는 서구열강의 침략에 언급하여, 지나와 조선은 의지할 수 없으며, 여기가 열강의 손에 떨어지면, "일본국의 독립도 의심하지 않을 수 없다"고 연상된 일도 말하지만, "아세아 동방의 보호는 우리 책임이다"라고 자부하여 일본을 아시아의 맹주로 위치지우고 있다.

후년의 '아시아맹주론'의 선취이기도 한데, 이렇게 근린 민족에의 멸시관을 보인 이상은 다음해 돌발한 임오군란에서 일본인이 다치거나 죽게 되자 "우리 일본국의 일장기를 욕보였다"「조선의 변사」고 하여, 조선 출병을 강경하게 주장했다. 후쿠자와는 이 때 청국과의 전쟁도 예상하여, "시비곡직是非曲直, 도리에 맞는 것과 어긋나는 것은 베이징 성하城下의 맹10)으로 결정해야 한다."고 했다. 나아가 군란 평정 후 "하나부사 공사로써 조선의 국무감독관을 겸임시키고, 조선정치의 정무를 감독할 것"을 제안했다. 후년의 러일전쟁과 조선을 무력 압제 하에서 보호국으로 하고, 이토 이로부미가 한국통감에 취임한 사태를 예견한 것과 같은 것이기도 하다.

그러나 이 전후 후쿠자와는 개화승 이동인에 의해 김옥균 등 개화파의 존재를 알게 되고, 더욱이 김옥균도 알게 된다. 이 시점에서 후쿠자와는 '야만'국 조선을 어떻게든 '문명'의 영역에까지 유도할 수 있지 않을까라고 생각하기 시작한 것이다. 후쿠자와는 김옥균과 만나고 나서는 이제까지의 무력 간섭적인 태도를 고쳐, 조선개화파를 적극적으로 원조했다. 비군사적 수단, 문화적 방법으로 조선의 근대적 개혁에 힘을 빌려주고, 조선을 청국의 '지배'로부터 벗어나게 하여, 일본의 영향아래에 두는 것이 가능하지 않을까 생각한 것 같다.

임오군란 후 '사죄사'로서 박영효 일행이 내일했을 때, 후쿠자와는 개화파의 주도로 조선 최초의 근대적 신문을 발행하도록 박영효 일행이 귀국하는데 문하생인 우시바 다쿠조牛場卓藏와 이노우에 가쿠고로井上角五郎, 1860~1938를 보내 수행시키고 있다. 「우시바 다쿠조군 조선에 가다」『시사신보』 1883년 1월 11일 ~13일자에는 군사적 요소도 내정간섭적인 기색도 없고, 지극히 온화한 태도다.

10) 굴욕적인 항복이나 치욕적인 강화를 비유한 말. 『춘추좌씨전』의 환공 12년조에 나온다.

개화파에 기대하고 있었던 것이다.

이 시기의 후쿠자와는 "조선정략의 급무는 우리 자금을 그들에게 이용하는데 있다"『시사신보』 6월 1일자고 쓰고, 조선에 대한 자본수출을 주장하는데, 이것은 본질적으로 순전한 경제적 침략이다. 그러나 후쿠자와가 조선 유학생을 받아들이고, 신문『한성순보』창간에 대한 원조, 자본투하를 주장한 것 등은 조선을 비군사적 방법으로 '문명'의 영역에 끌어올릴 가능성이 있다고 생각한 그 나름의 노력이었다고 생각한다.

후쿠자와의 본심은 어디까지나 조선에 대한 주도권 확립에 있었기 때문에, 개화파에 희망을 가질만하면 비군사적 수단에서의 지원을 하지만, 그것이 가망이 없어 보이면 바로 무력에 호소하여 목적을 달성하려고 한다. 1884년 12월 갑신정변 실패 후 그의 언동이 그것을 단적으로 표현한다. 갑신정변에는 그도 한몫 끼고 있었기 때문에 그 실패는 이중의 의미에서 노여움을 북돋운 것으로 생각된다. 이번의 전쟁은 히데요시 이래의 외국과의 전쟁이므로 군비는 아끼지 말라고 하는 "전쟁이 일어나면 필승의 계산 있음"『시사신보』 12월 27일자이라고, 조선을 무력간섭의 대상으로 삼는 태도를 명확하게 한다.

이렇게 다음해 3월 16일『시사신보』에 유명한「탈아론」을 발표하고 "지나, 조선을 대하는 법도 이웃나라이기 때문에 특별히 예우할 것이 아니라, 정말로 서양인이 이를 대하는 방식에 따라 처분해야 한다"고 하여, 조선, 중국에의 제국주의적 침략의 방침을 내세운 것이다.

후쿠자와에게 침략은 정의의 발현이었다. 조선의 갑오농민전쟁에서 실마리가 된 청일전쟁 때의「청일의 전쟁은 문명과 야망의 전쟁」에서는 문명과 야만의 싸움이기 때문에 "문명의 의義를 위한 전쟁"이라고 강변하여, 자신도 1만 엔의 거액을 헌금했다. 그리고 승리했을 때, "유쾌하다고도 고맙다고도 말하지 않을 수 없다"『복옹자전福翁自傳』라고 감동의 눈물에 목이 메는 것이다.

어하튼 후쿠자와의 '탈아'에 의한 일본 근대화론은, 메이지 정권과 이후의 역대 정권의 침략적 팽창주의와 표리일체를 이루고 일본 민중을 말려들게 했다. 이웃사람에 대한 '특별한 대우'는 벗어 던지고, 조선을 비롯한 아시아 제 민족에게 다대한 참해를 가져왔다. 뜻밖에도 일본의 패전이라는 현실은 말하자면 후쿠자와의 '탈아론'의 잘못을 증명하는 것이다.

16. 이타가키 다이스케

정한론에서 자유민권운동으로
메이지정부 안에서 제일 먼저 '출병'을 주장

이타가키 다이스케板垣退助, 1873~1919는 유신의 공신으로, 또 다른 면에서는
근대 일본의 민주주의 운동인 자유민권운동의 상징으로 알려져 있다. 태어
난 것은 고치高知 성 아랫마을城下町의 나카시마초中島町, 아버지는 도사土佐 번
주 300석의 이누이 마사시게乾正成, 1802~60다.

참의로서 신정부에 참여

메이지유신의 공로자들은 하급사족 출신자가 많은데, 그는 상사上士[1] 출신
으로 유소년 때부터 말릴 수 없는 개구쟁이였다. 19세 때 동료를 능욕한 죄로
근신을 명받았는데, 요시다 도요吉田東洋, 1816~62의 타이름을 받은 후부터는
문무의 수업에 힘쓰게 되었다. 23세 때 번의 관리에 등용된 이후는 번주 야마
우치 요도山內容堂, 1827~72의 측용인, 사치인仕置人,[2] 대감찰 등에 임명되었다.
고토 쇼지로後藤象二郎, 1838~97와 번정藩政의 중핵이 되지만 의견이 맞지 않아

---

1) 조시. 에도시대의 상급무사. 상사·중사·하사로 나눈다.
2) 시오키닌. 에도시대에 사법 관련 일을 맡은 직책.

그만두고 에도로 가서, 나가오카 신타로中岡新太郎, 1838~67와 함께 사이고 다카모리를 만나, 사쓰마 도사에 의한 막부타도의 밀약을 맺기도 한다. 무진전쟁에는 총독부 참모로서 아이즈會津를 공략하고, 전후는 가로격이 되어 도사번 20만석의 대참사大參事로서 번정개혁에 임하고, 1871년메이지4 참의가 되어 신정부에 들어갔다.

적어도 그는 83세의 생애에서 5번 정도 조선 문제로 행동이나 발언을 하고 있었고, 그의 조선에 대한 생각은 대략 파악할 수 있다.

최초는 1863년메이지6, 정권 내에서 정한논쟁이 한창 때다. 이타가키가 감수한 『자유당사』의 「정한론」 항목은 "정한론은 실제로 사이고, 이타가키가 제기하는 바에 관계된다."고 시작하는데, 1872년메이지5 8월 사이고가 '탐색'을 위해 육군소좌 벳푸 신스케別府晋介를 조선에, 이케가미 시로池上四郎를 만주에 파견할 때, 이타가키에게 편지를 보내 동의를 구한 시점에서 사이고, 이타가키 두 사람의 정한에 관한 제휴는 시작되었다. 다음 1873년메이지6 6월 12일 정부에 조선 문제가 보고되었다. 태정대신 산조 사네토미三條實美가 "우리의 인민을 보호하기 위해, 육군 약간, 군함 몇 척을 그곳"에 보낼 것을 제안했을 때, 이타가키 참의는 바로 여기에 찬성했다. "영·프가 거류민 보호를 위해서 우리나라에 군대를 주둔한 예를 따라, 거류민 보호의 군대를 파견해야 한다"고 말하고, 빠르게 1개 대대의 군대를 부산에 보내야 한다고 주장했다. 이것은 사이고가 먼저 사절을 보내야 한다고 말하고, 자신을 전권대사로 임명해 달라고 말했기 때문에, 이타가키는 자신의 말을 철회하고 사이고에게 동조했다.

사이고, 이타가키 등 정한파 5참의의 사직 3개월 후인 다음해 1월 이타가키는 사이고를 제외한 고토, 에토, 소에지마 등의 하야한 5명의 참의를 포함해서 애국공당을 조직하고, 「민찬의원설립건백서」를 정부에 제출한다.

이후의 이타가키는 자유민권운동의 지도자로서 일본 전국에 팽배하게 끓어오르는 운동의 빛나는 별이었다. 그러나 일본 근대의 저 빛나는 빛을 발한 자유민권운동은 정한론에서 파생했다고 하는 사실을 잊어서는 안 된다. 물론 역사의 필연은 정한론이 없었다고 해도 자유민권운동을 조만간 발생시켰음에 틀림없다고 생각하지만, 그러나 현실에는 정한론에서 파생했다는 것을 부정할 수는 없다. 또한 그러기에 시대의 변천과 함께 이 자유민권운동의 흐름 가운데로부터, 조선침략사상이 연대의 사상과 함께 크게 성장해 오는 것이다.

조선개화파 김옥균과의 교제

이타가키는 1884년메이지17경 조선개화파 김옥균이 일본 정부에 300만 엔 차관을 거절당했을 때, 고토 쇼지로와 도모하여 프랑스의 산크비치 주일공사에게 100만 엔의 차관을 내어 주도록 힘쓴 적도 있다. 결국은 일본 정부의 방해와 갑신정변으로 실현되지 않았다. 그의 생애에서 유일하게 조선에 대한 '호의적'인 움직임이라고 말할 수 있을지 모른다.

갑신정변에서 일본인이 살상되었다고 알려지자, 전국에서 "조선을 쳐야 한다"고 의용병 열기가 높아졌을 때, "특히 도사 번에서는 이타가키, 가다오카片岡와 같은 선도자가 현縣 전체의 인심을 통솔하고 각사 각군의 유지를 모두 의용병으로 편제하여, 온 밤 조련을 게을리 하지 않았다"『자유당사』고 있어, 이타가키 본래의 정한론을 발양시키고 있었다.

그로부터 10년 후 김옥균이 상하이에서 암살당했을 때, 일본의 관민은 "김옥균의 원수를 친다"는 구실로 정한열에 돌입했다. 『중앙일보』는 4월 17일자에서 이타가키와 호시 도루가 차안에서 나눈 문답을 기록하고 있다. "한 조정이 우리 대일본제국을 멸시하는 것은 실로 요즘만이 아니다. 이번 일과 같이 가령 김옥균, 박영효 양씨는 그들 한조정에서 역적의 괴수가 되었더라도, 우리 일본 정부가 보호하고 있는 자를, 그것도 천황의 슬하에서 찔러 죽었다. 이것은 곧 우리를 멸시하는 것이 아니겠는가"고 이타가키가 말하고, "이것을 바로 잡을 정책으로 정한만한 것이 없다"라고, 흥분하며 논했다고 한다.

또 1910년의 조선병합 때 "한국병합은 메이지 43년의 금일에 이르러 처음 결행되었다고 해도, 금일과 동일한 이유 아래에 우리 대한경영의 근본적 해결을 고하려고 하는 것은 지금을 경과한 것이 실로 36, 7년의 옛날에 있다" 『도쿄니치니치신문』 메이지 43년 8월 31일자고, 1873년메이지6의 정한론의 선견성을 자랑하고 있다.

그렇다고 해도 일본의 민주주의 운동이 암담한 시대를 맞이하는 조선병합이, 이타가키에게 있어 1873년 정한론의 완결이었다는 것은 역사의 아이러니인가 필연인가.

17. 오이 겐타로

대외팽창의 선도역
조선의 '개혁'을 간섭, 변질한 자유민권운동

오이 겐타로大井憲太郎, 1843~1922는 일본 근대사상 특이한 존재다. 메이지의 자유민권운동기에는 항상 가장 좌익에 위치하고, 자유당 내에서도 정권에 타협적인 이타가키, 고토 쇼지로 등의 간부 주류파와는 명확한 대조를 이루었다. 당내 좌파로서 나카에 조민中江兆民, 1847~1901 등과 함께, 한 때 최적의 민주주의 혁명가에 어울리는 인물이었다.

1874년메이지7 이타가키, 고토 등이 「민찬의원설립건백서」를 제출하고, 관官측의 학자 가토 히로유키加藤弘之, 1836~1916가 시기상조론을 발표했을 때, 오이는 격렬하게 그것도 이론정연하게 가토의 설을 반박했다. 자유당에 들어가고부터도 당간부로서 또 변호사로서 지방의 중·소농, 빈농층과 연결을 강화하고, 각지의 격화사건당내 급진파는 정부의 탄압과 가혹한 정치에 반대하여 민중과 함께 봉기했다에도 여러 가지 형태로 밀접하게 관계했다.

후년 그는 노동자 문제에 깊은 관심을 나타내고, 또한 「소작조례기성회」를 설립하여 소작인의 보호운동을 일으켰다. 게다가 당시 일정한 자산가만이 참여하고 있던 선거법을 개정하는 운동체 「보통선거기성회」에 적극적으로 관여한다.

이렇게 훌륭한 경력을 갖게 된 오이가 김옥균 등 개화파가 일으킨 갑신정변 실패 후, 자파自派의 청년들을 규합했다. 그래서 조선의 수구파 정권을 타도하고, 개화파에게 정권을 잡게 하자고 폭탄 등의 무기를 갖추고 조선에 진입할 계획을 세우고, 도항직전에 체포된 사건오사카 사건을 주도했다. 일본의 학계에서 연대인가 침략인가라고 논의가 나누어지는 것도 일리가 있었다.

자유민권운동의 최전선에서 활동

오이는 부젠노쿠니豊前國, 오이타(大分) 현 우사宇佐 군 다카나미高並 촌의 쇼야庄屋 1)의 아들로 태어나, 어릴 때 의사 이와난岩南 씨에게 입문하여 사서오경을 배웠다. 커서 각지를 다니며, 20세에 나가사키에 이르러 난학 및 영학을 공부했다. 23세1865년 때 에도로 가서 막부의 개성소開成所2)에 들어가 프랑스학을 공부하고 사밀학舍密學, 화학을 배웠다. 유신 후 오사카 또는 도쿄에서 프랑스에서 귀국한 미쓰쿠리 린쇼箕作麟祥, 1846~97의 주쿠에 들어가 다이가쿠 난교大學南校, 도쿄대 전신로 전학했다.

이윽고 그는 병부성의 번역관이 되거나 육군재판소의 관원으로서 출사하고, 사법경 에토 신페이의 위탁을 받아 『불국정전佛國政典』과 기타 프랑스법전을 번역한다. 일본인은 이에 의해 처음 프랑스의 정체政體, 정정政情등을 알게 되었다. 바로 그는 원로원의 소少서기관에 임명되었는데, 1년이 안 되어 원로원 간사 무쓰 무네미쓰陸奧宗光와 충돌하여 관직을 그만두었다. 그는 나중에 자유민권을 위한 사립법률학교를 열기도 하고, 신문기자가 되어 이타가키와

---

1) 에도시대 마을의 공무(公務)를 맡아보던 사람.
2) 1857년 외국의 문헌을 연구, 교육하기 위해 만든 반쇼시라베쇼(蕃書調所)를 1863년 가이세이쇼(開成所)로 개명한 것이다. 메이지유신 후 1870년 가이세이학교로 개칭하고 나아가 다이가쿠 난교라고 했다.

호응해서 국회개설을 역설하여 자유당이 결성되자 입당하고, 자유민권운동의 최선단에서 활동한다.

　그러나 이 자유당은 3년 밖에 유지되지 못했다. 정부의 폭정에 반대하여 각지에서 일어난 몰락농민 등의 봉기사건을 두려워한 이타가키, 고토 등 당 상층부에 의해 해산된 것이다.

대조선 강경 여론의 고조를 타고

　김옥균 등 개화파가 일으킨 갑신정변은 이 1개월여 후에 일어난다. 일본인에게 사상자가 나왔다는 것 때문에 일본 국내의 여론은 떠들썩하여, 정부의 대조선 강경조치를 지지해서 신문은 민중을 선동하고, 각지에 의용병 열기가 높아지고 있었다. 이 풍조 가운데에서 오이는 고바야시 구스오小林樟雄에게 설득되어, 수십 명으로 이루어진 일본인 장사壯士의 조선으로 건너갈 계획을 다듬었다. 조선 정부의 수구파 6명의 거물을 베고, 일본에 망명 중인 김옥균 등 개화파를 도와 조선에서 청의 세력을 일소하여, 조선의 독립과 개혁을 행하고, 아울러 조·일·청 삼국간의 분쟁에서 여론이 높아져 인심이 분발하여 일어나면, 이것을 이용해서 일본 국내의 개혁을 도모한다는 것이다.

　구 자유당계의 장사壯士양성소「유일관有一館」의 감독 이소야마 세이베에磯山淸兵衛가 도조渡朝 실행대의 책임자가 되었다. 돈 마련은 오이, 고바야시가 담당하고, 많은 폭탄, 도검류가 준비되었다. 「조선의 자주를 고하는 격」이란 제목의 격문도 한학자 야마모토 겐山本憲, 1872~1918에 의해 한문으로 만들어졌다. 이 계획에 참가한 여성은 가게야마 히데코景山英子, 나중의 후쿠다 히데코(福田英子) 한 사람인데, 그녀는 자금모집 외에 폭탄물 운반 등의 임무도 책임졌다. 그러나 이러한 움직임은 당국에 탐지되어, 1885년메이지18 11월 하순 오사카의 여관에서 오이, 고바야시小林가, 나가사키에서 대장 아라이 쇼고新井章吾, 이소야마는변심 이하의 실행대 장사壯士들이 잡혔다. 사건 용의자는 200명에 달하고, 예심을 거쳐 63명이 재판에 붙여졌다. 이른바 오사카 사건이다.

이 사건을 조선 개화파 및 조선 민중과의 연대로 보는 설이 있어 일본의 학회에서 연대인가, 침략인가로 논의가 나누어진다. 오이 등의 주관적인 의도 여하에도 불구하고, 객관적으로는 국내에서의 혁신운동에 대한 정부의 탄압에 기가 죽어 일본의 민주혁명을 중단시켰다. 결과적으로는 메이지정부의 조선침략정책의 선도역을 수행한 것이었다고 할 수 있다.

오이 등이 중형처음 경금옥(輕禁獄) 6년, 상고 후의 판결에서 중징역 9년이 되었다을 받게 된 것을 가지고, 오이 등의 의도를 혁명성의 증거로 삼는 사람도 있다. 그러나 이것은 오히려 메이지정부가 당시 조선반도 정략을 한 걸음 후퇴시킨 정황 가운데에 봉건조선·청淸정부의 환심을 사기 위한 증거가 된 것에 지나지 않는다.

'대외침략'에서 국내 문제를 놓치다

이 사건이 일본 국내의 개혁 욕구에서 나왔다는 것은 평계다. 완전히 침략적 의도에서 이루어진 것은 참가자의 참가 동기가 "조선 국민이 우리 국기, 우리 국민에게 치욕을 준 것을 분개한 나머지"공소장이거나, "조선국은 야만국이면서, 우리 국민을 유린한 것 같은 일을 하는 것을 분개"후쿠다 히데코의 진술해서의 일이었을지도 모르는 것이다.

또 국민도 이 사건을 해외진출을 도모한 장한 일로서 주목했다. 공판 때는 호리카와堀川 감옥에서 도사보리土佐堀의 오사카 임시 중죄재판소까지의 연도는 "구경꾼이 산처럼 늘어서서 와글와글 떠들어 대는" 모양이었고, 방청객도 들어갈 수 없을 정도로 몰려들었다.

1889년메이지22 2월 천황의 이름에 의한 헌법발포 특별사면으로 전원이 출옥했을 때는 연일, 위로회나 축하회의 대환영을 받았다. 이 때 이미 일찍이 일본의 부르주아 혁명운동의 최량의 부분이 참가한 자유민권운동의 양심은 변질하고, 메이지 정권의 국권팽창, 대외침략 노선으로 표리일체로 나갈 것이라는 것이 명시되어 있었다고 보아야 할 것이다.

후일 오이는 당시 자신의 의도를 말한 적이 있다. 조선이 병합된 2년 후 오이는 "그 때 조선을 일본 것으로 해두었다면 청·일, 러·일의 양 전쟁도 하지 않아도 됐을지도 모른다"「시사신보」, 1912년 6월 3일자고. 사건 당시와 시일이 상당히 지나고 있고, 전혀 같은 사상 상태가 아니었던 것을 감안해도, 충분히 중요 증언의 자격이 있다. 그러면서 오이 등 오사카 사건 관계자는 주관적으로 연대를 지향하면서도, 객관적으로는 침략을 실행하려고 했다. 이것은 당시의 사상 상황이 연대와 침략, 민권과 국권에 대해서 미분화라고 할 수 있는 측면을 충분히 가진 상태에 있었기 때문이라고 해도, 이렇게 국내운동이 곤란에 직면하자 바로 대외침략으로 방향을 돌린 자유당 좌파 급진그룹의 움직임은 아직 깊이 연구할 만하다.

18. 다루이 도키치

대아시아주의의 이론적 근거
'합방'에서 조선침략주장으로

  야마토大和 사람 다루이 도키치樽井藤吉, 1850~1922도 일본 근대사상에서 매우 특이한 존재다. 그 이유는 일본에서 최초로 사회주의를 자칭하는 '동양사회당'을 1882년메이지15 5월이라는 이른 시기에 히젠 肥前 시마바라島原에서 결성했다는 선구성에 있다. 다른 하나는 1893년메이지26에 일본과 조선의 대등합방설을 말한『대동합방론』을 저술 간행한 점이다.

  다루이는 1850년가에이3 야마토현재의 나라(奈良)현 고조五條에서 재목상 다루이 요스케樽井栗助의 차남으로 태어났다. 그의 학문수업에 대해서는 고조 출신 대유학자 모리다 셋사이森田節齋에게 배웠다는 설도 있지만 확실하지 않다. 그러나 야마지 아이잔山路愛山, 1865~1917은 후년 다루이는 "일종의 천재적인 소질을 가지고 있었다"고 증언하고 있다. 요시노 사쿠조도 들은 바를 적어서, "따로 정식 교육을 받지 않았지만, 불가사의 하게도 독창적인 견해가 풍부한 천재소질의 사람"이라는 말을 전하고 있다.

  다루이의 자서전에 의하면, 1873년메이지6 5월에 상경한 그는 다음해 1월 우대신 이와쿠라 도모미岩倉具視에게 의견서를 바치고 있다. "신사 부호의 무리는 ⋯ 생산이 게으른 사람이다. ⋯ 부국안민책은 불생산자로 하여금 일하게 하고, 공동의 힘으로써 고락을 함께 하지 않으면 안 된다", 또한『동양사회당고』를 저술한 다나카 소고로田中惣五郎는 "메이지 7년1874의 일본이다. …
그 7년에 일찍이 사회주의 정책을 상서上書한 것이므로 놀랍다"고 쓰고 있다.

그런 선진적 사상의 소유자인 다루이 도키치가 이 도쿄에서 정한론의 열광
에 휩싸여, 스스로도 열렬한 정한론자로 변모해 가는 것이므로 사람은 알
수 없다.

어느 동향의 선배가 다루이를 사이고 다카모리의 서생학생으로 추천하려
고 했는데, 정한론에 패한 사이고가 가고시마로 돌아갈 준비를 하고 있었기
때문에 달성하지 못했다. 그는 이노우에 요리쿠니井上賴圀의 주쿠에 입문한
다. 이노우에는 히라다 아쓰다네平田篤胤, 1776~1843의 흐름을 잇는 학자다. 이
주쿠에서 크게 정한론을 불어넣어 서남전쟁 때, 그는 사이고군에 호응하기
위해 동북지방에 모병으로 나갔다.

이윽고 그의 정한론은 조선 근해의 무인도 찾기로 발전한다. 무인도는 제
주도를 가리키는 것 같다. 이 무인도 찾기는 1878년메이지11 12월부터 1880년
메이지13 12월까지 3년간 계속하여, 4회 시도했다고 한다. "과연 이 무인도라
면, 참으로 국가의 큰 행운이다. 나는 평소부터 우리나라는 먼저 조선을 침략
하지 않으면 발전의 단서를 여는 것이 불가능하다고 생각한다. 다행히 이
무인도가 있음으로 이것을 우리 당 유지의 양산박梁山泊, 야심가들이 모이는 장소으
로 삼고 서서히 유지를 초청하여, 이것을 정한책의 근거지로 할 것이다."『자기
실력自記實歷』 다루이 도키치 다루이의 생각대로 가면, 무인도는 정한의 후방기지가
될 예정이었다.

그런데 그가 '동양사회당'을 결성한 것은 1882년메이지15 5월 25일인데, 그
2개월 전인 3월 24일 다루이는 자기의 정한구상을 근저로부터 흔들 정도의
인물과 만난다. 즉 김옥균이다. 이해 3월 김옥균은 처음 일본에 건너가 나가
사키에 1개월 간 체재하고 있었다. 이 때 김옥균과 다루이는 나가사키에서

만나 필담을 하고 있었다. 나중에 갑신정변의 실패로 김옥균이 일본에 망명했을 때, 다루이는 군자금 만들기에 착수하여 조선 침공 계획을 세우고, 김옥균을 일으키려고 했지만 김옥균은 응하지 않았다.

1892년메이지25 다루이는 중의원에 출마해 당선된다. 자금은 야마토大和의 산림왕, 도구라 쇼사부로土倉庄三郎가 냈다. 다루이는 국회의원 시대인 1893년메이지26 문제의 책『대동합방론』을 세상에 내놓은 것이다. 이 책은 전문全文 한문이다.

다루이는 이 책에서 유럽열강의 침략에 대하여, 일본이 살아남는 길은 조선과 합방하고 청국과는 동맹하는 것이라고 강하게 연대론을 제의했다. 또 조선과의 합방은 대등합방이고, 일본·조선 쌍방의 군주는 종래의 지위가 보장된다고 했다. 그리고 국명은 쌍방의 나라 어느 쪽에도 편중되지 않는 '대동국'으로 칭할 것을 제의한다. 또 참정권에 대해서도 "각 나라의 민중으로 하여금 합하여 일통국의 대정一統國の大政에 참여하게 한다."고 하여, 쌍방 민중의 참정권을 인정하고 있다.

조선과 일본과의 합방이나 연방과 같은 제안은 다루이가 처음은 아니다. 요코야마 쇼타로의 항목에서 소개한 미야모토 고이치로도 같은 의견서 가운데에서, 일본과 조선과의 '합중연방'을 제기하고 있다. 그러나 이때의 다루이만큼 대등합방을 소상하게 말한 책은 처음이다. 그러나 17년 후에 재간행될 때, 책의 성격은 전혀 달라졌다. 본문은 거의 변하지 않았지만,「재간요지」등의 부속문에 의해, 이 책은 통감정치 나아가서는 다음의 '병합'에 완전히 적합한 것이 되어 있었다. 이 책은 조선낭인, 대륙낭인, 대아시아주의자의 이론적 근거가 되어 연대를 이름으로 한 침략에 크게 이용되었다. 또한 일진회의 이용구, 송병준 등도 자기의 '합방론'에 원용한다.

초판본이 조선 또는 아시아에 대한 연대와 침략사상이 미분화 시대의 산물이라고 해도, 저자 다루이 도키치가 강렬한 정한론자였다는 것이 크게 관련하고 있다.

다루이 이론의 약점은 그의 주장이 결과적으로 침략 긍정의 논리가 되는 것에 있다.

또 그가 주장한 대등한 '합방'과 전혀 비슷하지 않은 형태와 내용으로 조선이 병합되었을 때, 그는 기뻐했을 것이다. 결국 그 자신의 행동에 의해서도 그의 '논리'의 파산은 증명되었다.

19. 무쓰 무네미쓰

청일전쟁의 실질적 추진자
'약소국'을 침략하는 근대의 일본 외교를 확립

1894~5년메이지27-8의 청일전쟁은 메이지정부가 발족한 이래, 국시화國是化하고 있던 조선침략을 직접 목적으로 하는 근대 일본 최초의 본격적 대외전쟁이다.

이 침략전쟁의 정치적, 외교적 측면에서의 실질적 추진자가 외무대신 직에 있었던 무쓰 무네미쓰陸奧宗光, 1844~97다. 청일전쟁을 시작한 사람은 육군참모본부 차장 가와가미 소로쿠川上操六, 1848~99와 무쓰 두 사람밖에 없다고 말해도 과언이 아니다.

빈틈없는 현실감각

무쓰는 와카야마和歌山에서 기슈紀州 번사 다테 무네히로伊達宗光의 아들로 태어났다. 아버지는 감정봉행勘定奉行[1] 등에 종사한 800석을 취득하는 가로家老격인 상사上士인데, 번의 내분으로 유폐 처분이 된다. 무네미쓰는 15세

---

1) 간조부교. 에도막부 직명의 하나. 간조가타(勘定方)의 최고
책임자로 재정이나 덴료(天領, 직할령)지배를 담당했다. 지샤부
교(寺社奉行, 종교행정기관)·마치부교(町奉行, 행정·사법담당)
과 함께 3부교의 하나.

때 에도로 가서 열심히 공부했다. 스승은 야스이 솟켄安井息軒, 1799~1876, 미즈모토 시게요시水元成美였는데, 이 에도에서 천하에 뜻이 있는 기도 다카요시, 이타가키 다이스케, 미도水戶 번의 유학자 아이자와 세이시사이會澤正之齊 등도 교우한다. 나중에 교토로 옮기는데, 가쓰 가이슈가 효고에서 해군조련소[2]를 열었을 때 이 주쿠에 들어간다. 무쓰는 '거짓말쟁이 고지로小次郎'라 불려 평판이 나빴다. 이 때 도사의 사카모토 료마도 들어가 있었다. 이 사카모토가 나가사키에서 구산사중亀山社中[3]이라는 이른바 종합상사 겸 항해업을 시작할 때, 무쓰도 여기에 참가한다. 무쓰와 도사파의 특수한 연결이 이 때 시작되었다. 다테 성을 무쓰로 바꾼 것은 이 사중社中에서의 일이다.

구산사중은 해원대海援隊로 바뀌어, 무쓰도 해원대의 간부로서 무기 구입과 물산품의 매매 등을 하고 있는데, 빈틈없이 장사를 잘했다고 한다. 이 빈틈없는 성격이 후년 국제정치의 무대에서 활용된다. 사카모토가 나가오카 신타로中岡愼太郎와 함께 암살된 뒤, 정세가 급속하게 움직여 이와쿠라 도모미, 오쿠보 도시미치 등의 획책에 의해, 왕정복고의 대호령이 발포되었을 때, 무쓰는 이와쿠라를 의지하여 신정부의 외국사무국 어용계 자리에 앉았다. 같은 자리에 앉은 인물은 나중의 이토 히로부미, 이노우에 가오루 등이다. 여하튼 여기서 처음 이토와 깊은 인연이 만들어진다.

그 후 무쓰의 메이지정부에서의 승진은 놀랍다. 1870년메이지3에는 유럽에도 파견되어 양식병제의 도입에 관계하고 있었다. 그리고 가나가와 현령神奈川 縣令, 지사, 대장소보大藏小輔의 심득心得[4]이 되는데, 정부 안은 사쓰마, 조슈의

---

2) 1864년 5월에 군함부교(奉行) 가쓰 가이슈의 건의에 따라 막부가 고오베에 설치한 해군사관 양성기관.

3) 가메야마사추. 1863년 결성된 로닌(浪人)결사, 무역결사, 일본 최초의 주식회사. 가이엔다이(海援隊)의 전신. Thomas Blake Glover의 조력으로 해외에서 무기를 조달했다.

천하다. 그것을 시기하여 「일본인」이란 논문을 기도 다카요시에게 바치고 재야로 내려갔다. 그러나 1875년메이지8 정부에 불려가 원로원元老院5) 간사가 된다. 그렇지만 1877년메이지10의 서남전쟁 중에 도사 릿시샤立志社6)의 오에 다쿠大江卓, 1847~1921·하야시 유조林有造, 1842~1921 등의 정부 전복 음모에 관여하여, 금고 5년의 판결을 받고 옥에 갇힌다.

출옥 후 이토 히로부미의 알선으로, 시부사와 에이치澁澤榮一, 1840~1931, 후루가와 이치베에古河市兵衛, 1832~1904 등의 자금 원조를 얻어, 유럽에 건너가 2년간 공부한다. 이때의 그의 맹렬한 공부는 무서울 정도다. 1886년메이지19 귀국해서 외무성에 들어가 2년 후 주미공사, 1890년메이지23 야마가타 내각에서 농상무상 그리고 1892년메이지25 제2차 이토 내각의 외상이 되었다. 드디어 본격적으로 조선침략을 위한 청일전쟁 도발에 전력을 기울인 것이다.

구미열강에 대등한 입장을 요구

유신 이래 일본의 대외방면에서의 목표는 ① 구미열강과의 불평등조약을 고치는 조약개정과 ② 조선침략이다. ①의 목표는 역대 외상 이노우에나 오쿠마 시게노부도 노력했지만 좌절의 연속이었다. 그것을 무쓰는 1894년 7월 최대 난관인 영국과의 개정통상항해조약에서 '치외법권'의 철폐를 인정받는다. 이 배경에는 영국이 러시아의 아시아진출을 누르기 위한 정책 전환

---

4) 대리 혹은 보좌직을 일컬음.

5) 겐로인. 1875년에 오쿠보 도시미치·이토 히로부미·기도 다카요시·이타가키 다이스케의 오사카회의에서의 합의결과 사인(左院, 입법자문기관)에 대신하여 설치되었다.

6) 자유민권운동의 중심이 된 도사(고치 현)의 정치단체. 1874년 이타가키 다이스케·가다오카 겐키치(片岡健吉)·우에키 에모리(植木枝盛)·하야시 유조에 의해 설립되었다. 1883년 해산.

을 했던 것도 사실인데, 무쓰의 빈틈없는 현실감각과 외교에 대한 통찰력의 깊이가 있었던 것도 사실이다. 확실히 말할 수 있는 것은 메이지 정권 성립이래의 2대 과제, 구미열강에 대한 대등한 입장의 회복과 조선침략정책은 표리일체로 파악되고 있었던 것이다.

조선에서 갑오농민전쟁의 돌발을 계기로 한 청국군의 출동, 천진조약에 기초한다고 칭하는 일본군의 출병, 조선에서의 청일 양군의 대치와 외상 무쓰의 개전구실을 찾는 실태는 그 자신이 쓴 『건건록蹇蹇錄』에 자세하다이 책에 대해서는 최근, 나카즈카 아키라 씨가 『「건건록」의 세계』, 미스즈 서방에서 상세하게 해석하고 있다. 즉 무쓰는 오토리 게이스케大鳥圭介 주한공사로 하여금 개전의 구실로, 조선 측에게 '청한 종속'과 '내정개혁' 등의 문제를 제기하여 조선왕궁을 점령한다. 그 자신이 "조선의 내정 개혁이라는 청한의 종속 문제를 말하는 것도 필경 근원을 거슬러 올라가면 청일 양국이 조선에서 권력경쟁을 한 결과"『건건록』라고 솔직하게 그 침략의도를 고백하고 있다.

청일전쟁은 당초의 목표인 조선침략을 완성시킨 것처럼 보였지만, 삼국간섭과 명성황후 암살에 의해, 침략목적을 말하자면 미해결 과제로 남기게 된다. 그러나 이 전쟁의 결과는 일본을 비롯하여 제국주의 열강에 의한 중국분할을 현실의 문제로 만들었다.

이후 청은 여러 열강에 의해 그 영토를 여지없이 빼앗기게 된 것이다. 이런 의미에서 무쓰는 "국제사회에서 일본의 평등적 입장"을 '약소국'을 침략하는 것으로 달성한다는 일본 외교의 나쁜 전통을 확립시킨 인물이라고 할 수 있다. 현재 일본의 외무성 앞에 무쓰의 동상이 유일하게 세워져 있다. 이것은 무쓰의 외교전통을 지켜가려는 일본 외무성의 결의를 표현한 것일까.

20. 가쓰 가이슈

'연대'론이 '정한'으로 변질
처음은 상호주의의 교역을 제창

막말, 막정의 일각에서 조선의 일에 계속해서 관계를 가진 인물에 가쓰 가이슈가 있다. 가쓰 가이슈勝海舟, 1823~99, 통칭 린타로麟太郎는 막말 및 메이지 기에, 인물평가 면에서는 정의하기 어려운 첫째 인물일 것이다. 왜냐하면 막말의 활동기에 그와 만나 역사를 전회시킨 인물들, 예를 들면 요코이 쇼난横井小南(楠), 1809~69, 기도 다카요시, 사이고 다카모리, 오쿠보 도시미치, 이와쿠라 도모미와 같은 사람들은 그보다 적어도 20년 정도 빨리 세상을 떠났다. 도쿠가와로부터 메이지로의 정권 이행기에 대한 비화의 출처는 가이슈가 독점한 느낌이 있고, 어디까지 사실인가 판단이 서지 않는 것이 있기 때문이다. 아울러 그의 뛰어난 균형 감각이 기회주의자의 그것으로 오인되기 때문이다.

가쓰 가이슈는 하다모토旗本7) 가쓰 고키치勝小吉의 장남으로 에도에서 태어나, 소년 때의 빈곤함과 고학 역행하는 모습은 알지 못하는 사람이 없을 정도로 유명하다. 후에 막부 고관의 위치에 앉고, 결국에는 도쿠가와 막부의 종말

---

7) 에도시대에 도쿠가와 쇼군가 직속의 가신단 가운데, 수입(石高)이 1만석 미만으로 쇼군이 참석하는 의식에 참례하여 주군을 알현할 수 있는(御目見) 자.

을 고하게 하는 역할을 담당하는 역사적 인물이 된다. 당시도 유신 후도 사쓰마, 조슈라는 반막부 측 요인과의 교제가 많았기 때문에 막부를 판 장본인 취급을 당하기도 했다. 그의 인물상에 대해서 심하게 평가가 갈리는 부분일 것이다.

그러나 그의 사람됨을 이해할 때, 그의 증조부는 에치고越後 오지야小千谷 출신의 맹인으로 젊었을 때 에도에 나가 왕래하면서 동사凍死할 뻔한 일을 당했던 것, 그 증조부가 재물을 늘려 나가는 재능이 있던 사람으로 대금업을 하여 재산을 모으고, 천석을 받는 하다모토旗本 신분을 가진 오다니男谷 가를 산 인물이었다고 하는 것을 알아 둘 필요가 있을 것이다.

즉 가이슈의 근대적 시민성과 권력의 일각에 있으면서 다음의 국민적 통일 정부의 전개를 확신해서 자기가 속한 권력의 붕괴도 용인하는 선견성은 그의 독특한 개성과 어울려, 사람들의 평가를 틀어지게 하기에 충분했다고 생각하기 때문이다.

가이슈는 난학에서 알려져 그의 서양병학의 지식으로 막부에 등용되어 가는데, 검을 다루는 솜씨도 능숙했다. 검은 처음 친척 집안인 오타니男谷도장에서 배우고, 나중에 시마다島田硯山, 1814~52[8] 밑에서 단련했다.

주위가 침략을 강요하다

1853년가에이6 가이슈가 31세 때인 6월에 페리의 내항이 있었고, 천하는 야단법석이었다. 다음 달 가이슈의 『해방의견서』가 미토水戸의 번주 도쿠가

[8) 막말의 검객 시마다 도라노스케(島田虎之助)를 말함. 오다니 노부도모(男谷信友)·오이시 스스무(大石進)와 함께 막말의 3검 사로 불렸다. 시마다는 직심영류검술(直心影流劍術)의 시마다 파를 자칭했다.

와 나리아키德川齊昭 앞으로 제출되었다. 여기서 가이슈는 바다의 경비, 인재 등용, 병제의 근대화 등을 제의하고 있다. 놓칠 수 없는 것은 견고한 배를 만들어 "먼저 일본이 청국, 러시아의 도경島境 및 조선에 잡곡 잡화를 가지고 가서 유익한 물건과 교역"하자고 서술하고 있는 것이다. 여기에는 침략이 없다. 조선을 상호주의 교역의 상대로 인식하고 있었다. 막말 많은 정치적 인물들이 구미열강에 빼앗긴 만큼 조선 등에서 취하라고 주장하고 있었던 시기에 가이슈의 인식은 탁월했다.

가이슈는 막부의 해방괘海防掛9)의 하역이나 번역 근무를 하게 된다. 1855년안세이2 7월에 나가사키 해군전습생의 간부를 명받고, 에도로 돌아간 것은 1859년안세이6 1월 중이다. 그 후 그는 간닌마루咸臨丸10)로 미국을 방문하여 강무소講武所, 막부의 군사훈련소 사범, 군함조련소 두취頭取, 소장로 승진하고, 1862년분큐2에는 천석을 받는 군함봉행奉行과 같은 위치가 되어, 막부 말기의 어려운 정국 운영을 담당한 한 사람이었다.

그런 그는 정치 총재직 마쓰다이라 슌가쿠松平春嶽, 1828~90의 해군 방책에 관한 질문에 답하여, 쓰시마에 "좋은 항구를 열고, 무역지로 삼을 때는 조선, 지나와의 왕래를 열고"라고 말하고 있다. 『일기』 8월 20일자 다음해 4월 27일자에서는 "오늘 아침, 가쓰라 고고로, 쓰시마 번 오시마 도모노조大島友之允가 동행해서 왔다. 조선의 일을 논의함. 우리의 대책은 … 지금 우리나라로부터 전함을 내어, 널리 아시아 각국의 군주에게 말하고, 연합 종횡하여 함께 해군을

---

9) 가이보가카리. 에도막부의 직명의 하나. 1853년 페리제독이 동인도함대를 이끌고 우라가에 내항해서 일본의 개국과 조약체결을 요청한 데 대해서, 로주 아베 마사히로(阿部正弘)가 중심이 되어 막부가 해방(海防) 문제를 검토하기 위해 설치했다.

10) 막말기에 에도 막부가 보유하고 있던 초기 군함으로 나무로 만든 증기선. 막부의 배로서는 처음으로 태평양을 왕복했다. 메이지정부에서 접수한 후에는 홋카이도 개척사의 수송선이 되었다.

성대하게 하고, 유무를 통하여 학술을 연구하지 않으면, 저(열강)의 유린을 벗어나지 못한다. 먼저 최초로 이웃나라 조선부터 이것을 말하고, 후에 지나에 미치게 한다. 동인 모두 동의"라고 한다. 이 때 가이슈가 염두에 둔 것은 열강과 대항하기 위해서 일본, 조선, 중국이 연합한다는 연대구상이다.

5월 7일자에는 쓰시마 번의 오시마 도모노조와 히구치 데쓰지로가 와서 "조선연합에 관한 논의를 신속히 할 것을 의논했다"고 나와 있다. 같은 달 14일자에는 그 오시마가 "정한의 건백서를 지참. 이 일을 의논"이라고 되어 있어 상황이 급변한다. 그리고 다음 달은 "사농司農감찰에게 정한의 대의를 설명함. 금일 성 안에서, 이 의논이 있음. 속된 관원俗吏이 시끄럽게 의논해서 모두 동의하지 않음"이라고 했다. 연대론이 언제인가 정한론이 되었다.

그 후도 오시마는 가끔 와서 정한을 가이슈에게 강요하고 있는데, 쓰시마 번에는 조선 문제와 관련시켜서 군양미 3만석을 하사하는 문제가 얽혀 있고, 조슈의 기도木戸에게는 쇼인이 직접 전한 순수한 정한론이 있었다. 이 시기의 조선 문제를 현실화하려고 할 때의 어려움이기도 하지만, 이렇게 가이슈 본래의 연대론이 변질해 가기 때문이다.

메이지의 세상이 되어도 중기까지는 조선, 중국과 연대해서 열강에 대항해야 한다는 논의가 있었다. 상대의 조선에게 연대하자고 말하여, 받아들이지 않는 경우는 침략도 불사한다는 것이다. 그 연대 사상과 침략사상을 일치시킨 최초의 인물이야말로 가쓰 가이슈였다고 생각한다. 그러나 나중에 가이슈의 연대감은 경우에 따라서 표출한다.

'청일전쟁에 명분 없음' 이라고 주장

유신 후의 가이슈의 조선관, 아시아관을 이해하는 데는 『해주일기海舟日記』,

『건언서류建言書類』, 『해주언행록海舟言行錄』, 『청담과 일화淸譚と逸話』, 『빙천청화氷川淸話』, 『해주좌담海舟座談』 등등을 읽으면 대략 파악할 수 있다고 생각한다.

가이슈의 『일기』 메이지 17년1884 2월 10일자에 "조선인 김옥균, 나카무라中村三保三郎, 통역 고사카香坂 모"라고 나와 있다. 당시 일본에서는 300만 엔의 차관을 공작 중이었던 김옥균이 가쓰 가이슈를 방문한 것이다. 무슨 말을 했을까. 가이슈, 김옥균 모두 이 일에 대해 기록한 것은 없지만, 생각건대 김옥균은 조선 근대화에의 조언을 들었을 것이다. 『빙천청화氷川淸話, 가쓰 가이슈의 수필집』에 의하면 일본에 망명 중인 김옥균이 박영효와 함께 온 적이 있다고 한다. 메이지 24년1891 중의 일이라고 생각한다. "나는 '러시아에 들리게'라고 말하자, 김옥균은 나의 말을 오해한 것처럼 보여, 심한 것을 말씀하신다고 말했다"고 써 있다. 이 시기 가이슈는 박영효에게 조건부가 아닌 다소의 자금을 원조하고 있었다.

또 만년 대원군과의 교류에 대해서, "대원군도 마침내 죽고 말았군. 이 사람에 대해서는 여러가지 비평도 있지만, 어쨌든 일세의 위인이다. … 지난해 그로부터 2장의 얇은 명주에 자신이 난을 그려서 80 노석도인老石道人 이라고 낙관한 것을 기증하여, 나도 작년 7월경에 반례로 이 시를 보냈다."

세상의 절반은 아이 장난, 어찌 그릇된 평을 하는데 견딜소냐, 장백산두의 달, 혼자 압록강의 푸름을 비출 것이다(『빙천청화』 원시는 한시).

가이슈의 대조선, 대청 연대감이 보다 명확한 형태로 나타나는 것은 청일전쟁 전후기다. "나는 청일전쟁을 크게 반대했다네"『빙천청화』라고 하는데, 그 반대 의견을 궁내성 안에서 이토 히로부미에게도 전하고 있다. 또 시 한편을 지었다.

이웃나라, 전쟁을 하는 날, 그 군대, 조금도 대의명분이 없다.
불쌍한 조선의 몸, 발라서 러시아, 영국에 주다.

무코야마 고손向山黃村이 "그 군대, 대의명분이 없음"은 심하다, 이미 선전宣戰의 조칙도 나오고 있다고 주의했지만, "이것은 다른 일이다"고 잡아뗐다.

10년 후 러일전쟁 때에는 우치무라 간조, 고도쿠 슈스이, 사카이 등 비전론이 눈길을 끄는데, 청일전쟁 때는 정치가, 군인, 신문인, 언론인, 일반 민중도 그것이야말로 나라 전체가 전쟁 열광에 나를 잊고 있었다. 우치무라 간조도 신문이나 잡지 여기저기에 "청일전쟁은 우리에게는 실로 의전이다"라고 쓰고 있다. 후쿠자와 유키치도 "청일전쟁은 문명과 야만의 전쟁이다"라고 크게 여론을 선동하여, 정의로운 사람 같은 얼굴을 하고 있었던 것이다. 이 열광의 때에 가쓰만은 혼자 "그 군대, 조금도 대의명분이 없음"이라고 청일전쟁의 의의를 부정했다.

이 자세는 전쟁이 승리한 뒤에도 일관했다. 그에게 한·청에 대한 멸시감은 없었던 것이다.

『일기』 메이지 28년1895 6월 1일에 "마쓰가타 마사요시松方正義, 1835~1924를 방문하다. 조선의 처분, 요동의 조치, 자신의 생각을 쓴 의견서를 보이다"라고 쓰여 있다. 일기에 말하는 의견서, 곧 『조선소치우설朝鮮所置愚說』의 첫머리는 다음과 같다. "조선의 처분은 이미 처음부터 잘못되었다. 그 마지막을 잘 해야 한다. 만일 금일과 같이 해서 시간이 지나면, 이웃나라들은 반드시 극단적인 말을 할 것이다. '일본의 소치는 동양의 치안을 해친다. 그렇게 해서는 안 된다'"고. 또한 메이지 29년1896 2월에 「동방문제에 대하여 내각의 제공諸公에게 주는 글」이라는 건의서를 제출한다. 조선에 대해서 "다만 그 편리한 항구를 점령하고, 동해무역의 기초를 굳게 하면, 이 나라같이 스스로 설 것이다. 그러므로 말하기를 만일 조선을 구하려는 자는 동양의 기초를 굳게 해야 한다"고 말한다.

가이슈는 내각의 제공이 입으로는 조선독립의 부조를 말하면서, 실질은 조선영유화라는 침략정책을 착착 진행하고 있는 것을 확실히 인식하고 있었다. 그러므로 겨우 이토나 무쓰, 기타 대신, 또는 후쿠자와 등에게 고유명사를 붙여 비판한 것이다.

일본 문명의 종자는 모두 조선에서 수입

그러면 가이슈는 어떠한 조선 인식을 가지고 있었는가? "조선이라고 하면, 반은 망한 나라나 빈약국이라고 경멸하지만, 나는 조선에 이미 소생의 시기가 오고 있다고 생각한다. … 그러나 조선을 바보로 여기는 것도, 다만 근래의 일이다. 옛날은 일본 문명의 종자를 모두 조선에서 수입한 것이니까. 특히 토목사업 등은 전부 조선인에게 배운 것이다."『빙천청화』

가쓰 가이슈가 당시의 도도한 조선멸시의 속류俗流에 한편이 되지 않았던 근저에는 조선이나 청국 사람들과의 교류만이 아니라, 그 문화에 대한 깊은 경의와 타의 추종을 허락하지 않는 투철한 사안이 있었기 때문이다.

21. 야마가타 아리토모

조선은 일본의 '이익선'
침략을 공공연히 정책화

야마가타 아리토모山縣有朋, 1838~1922는 메이지정부의 초기부터 정권 내에서
조선 약탈을 오로지 군사적 측면에서 계획 추구하여, 완성으로 이끈 인물이다.

태어난 곳은 조슈야마구치 현 하기萩이고, 아버지는 아리도시有稔다. 신분은
아시가루足輕[1] 이하의 구라모토藏元[2]의 주겐中間,[3] 즉 창고지기이다. 아리토
모의 어릴 때 이름은 다쓰노스케辰之助이고, 성장한 후에는 고스케小輔, 기병대
에 들어갔을 때에는 교스케狂介로 칭했다. 그의 꿈은 에도에 올라가 창술槍術
도장을 여는 것이었는데, 그의 꿈과는 관계없이, 막말의 국내 국제 정세는
격렬하게 움직인다.

1858년안세이5 막부가 미국과의 통상조약에서 칙허를 구했을 때, 국내가
개국, 양이로 들끓었다. 번은 여러 사정을 탐색하기 위해 6인의 청년을 교토
에 보냈다. 그 중에 야마가타도 들어 있었다. 교토에서 야나가와 세이칸梁川星

---

1) 도보의 잡병으로 최하층의 무사.
2) 구라야시키(藏屋敷)에서 장물을 출납·매각하는 일을 맡은
상인. 처음에는 무사의 장역인(藏役人)이 맡았지만, 뒤에 상인에
게 위탁시켰다.
3) 문번(門番) 등의 잡역에 종사한 무가에 봉행하는 사람. 아시가
루보다 낮은 신분.

厳, 1789~1858, 우메다 운빈梅田雲浜, 1815~59이라는 유명한 존왕양이론자에 접하고, 번에 돌아온 후 쇼인의 쇼카손주쿠에 들어가는데, 소개는 교토에서 알게 된 구사카 겐즈이久坂玄瑞, 1840~64가 했다. 여기서 그는 가쓰라 고고로(기도 다카요시), 다카스키 신사쿠, 이토 히로부미, 이리에 규이치入江九一, 1837~64, 시나가와 야지로品川弥二郎, 1843~1900 등 선배, 친구를 얻게 된다. 이와 함께 쇼인의 조선침략사상의 영향을 받는다.

조슈 번은 조정의 양이단행 결정에 응하여, 시모노세키에서 미국 상선 등의 외국선을 포격했는데, 영·미·프·네 4국 연합함대에 의해 고역을 치렀다. 이 때 조슈 번은 다카스키 신사쿠에게 시모노세키의 방어를 맡긴다. 다카스키는 무사 이외의 백성, 조닌町人, 상공업자 계급에서 군사를 모집하고, 기병대를 만들어 스스로 총관이 되고, 야마가타도 기병대 군감으로서 단노우라壇ノ浦 지역을 지키나, 압도적인 군사력의 차이로 참패한다. 야마가타는 이 전쟁에서 ① 기병대는 정규군의 번병보다도 우수했다, ② 전쟁에서 전략은 물론 중요하지만, 무엇보다도 포나 총 등 병기의 정조精粗, 정밀한 것과 거친 것가 승패를 가른다는 사실을 안다.

무진전쟁 후 그는 유럽시찰을 희망하여 이루어졌다. 1년 이상 각 군의 군제를 견문하고, 1870년메이지3 8월 미국을 경유하여 귀국, 병부소보兵部少輔에 임명된다. 당시 오무라 마스지로大村益次郎, 1824~69가 암살되어, 사이고는 가고시마에 돌아가고, 상사인 마에바라 잇세이前原一誠, 1834~76도 사직했기 때문에, 야마가타가 실질적으로는 군부를 꾸려가게 된다. 그는 사이고를 끌어내는 데 힘을 다하고, 사이고의 관록으로 폐번치현과 징병령4)은 시행된다. 이윽고 야마가타는 병부대보가 되고, 선배 오무라가 구상한 군의 근대화, 일본

---

4) 1873년에 제정되어 국민병역의무를 정한 일본의 법령. 1927년 병역법으로 이행한다.

육군의 창건 사업을 행한다.

야마가타 아리토모야말로 패전 전의 일본제국 육군의 공죄功罪, 공로와 좌과를 한 몸에 짊어질만한 존재다. 야마가타는 정상政商, 정치권력자와 결탁하여 수주하는 것을 주로 하는 상인인 야마시로야 와스케山城屋和助, 1836~72와 결탁한 사건5)으로 일시 대보의 직을 그만두는데, 얼마 지나지 않아 육군경으로 복귀한다. 정한론에서의 정부분열 때는 기도 등을 따라서 사이고에게 동조하지 않았다. 그런 야마가타가 강화도사건 때는 조선과 전쟁할 준비를 갖추고 군대를 이끌고, 시모노세키에서 전쟁이 일어날 것을 기다리고 있었다.

드디어 서남전쟁이 일어나고, 야마가타는 자신을 격려해 준 사이고와 싸운다. 그 다음해 오쿠보가 암살당했다. 막부를 무너뜨리고 메이지 정권을 만든 사초薩長의 큰 인물은 모두 이 세상을 떠나고, 그 후는 제2류의 인물, 이토나 야마가타와 같은 조슈파가 정치와 군사의 실권을 장악하게 된다. 특히 야마가타는 군에 근거하여 강화 확대에 전념하고, 한편으로 내무성을 그 권력의 기반으로 삼는다.

이토 히로부미와의 긴밀한 협동작업

또 군비를 증강하여, 대외전쟁, 특히 조선을 약탈하기 위한 대청전쟁을 일찍부터 충분하게 준비했다. 그 준비가 된 단계에서, 내각총리대신 야마가타 아리토모는 제1회 제국의회1890년, 메이지23 12월 6일의 시정방침에서, "대개 국가의 독립자위의 길에 두 코스가 있다. 첫째로 주권선을 수비하는 것, 둘째

---

5) 1872년에 발각된 근대 일본 최초의 오직사건. 야마가타 아리토모 등 조슈계의 관료가 육군성의 공금을 야마시로야에게 빌려주고 대신해서 금전을 받은 사건.

로는 이익선을 보호하는 것"이라고 말한 유명한 '주권선·이익선'의 연설을 했다. '보호'해야 하는 이익선이란, 그 자신의 의견서에 의하면 조선의 일이다. 야마가타의 이 연설은 조선에 대한 침략적 정책의 목표를 공공연하게 의회의 장에서 밝힌 것이다.

1894년 청일전쟁이 시작되었을 때, 야마가타는 조선원정군인 제1군사령관의 임무를 맡아 조선에 건너가고, 한성과 평양의 땅을 밟았는데, 그는 이 "출정이야말로 생애의 가장 회심의 날"이라고 말한다. 그는 스승 요시다 쇼인의 조선침략의 가르침을 이 때 달성한 것이라고 생각했을 것이다. 이때 야마가타는 일본이 동양에 패권을 휘두르기 위해 부산에서 신의주까지의 철도부설을 제안하고, 나중에 제2차 야마가타 내각1898년 성립 때 경인철도부설권을 얻게 하고, 경부철도의 부설을 승인시킨다. 야마가타에 의해 조선 완전점령에의 군사적 수단이 착실히 포석되고, 조선약탈은 쇼인의 충실한 제자인 정치의 이토·군사의 야마가타의 긴밀한 협동작전으로 진행되었다.

22. 요사노 뎃쓰칸·아키코

시가詩歌로 전쟁 사기를 선동
거대한 역사의 중압에 왜곡된 양심

일본 근대사에서 청일전쟁의 의미를 많은 일본인이 정확하게 이해하고 있다고 말하기는 어렵다고 생각한다. 일본은 막말에 맺은 열강과의 불평등 조약으로 주권을 침범당해, 이른바 착취당하는 측에 있었던 것을 이 전쟁에서 승리함으로써 다른 민족을 착취하는 측으로 전환시켰기 때문에, 실로 청일전쟁은 일본 근대사의 대전환점을 이룬 역사적 전쟁이었다.

이후의 일본의 사회, 정치 풍조는 천황숭배를 기초한 군국주의가 기조가 된다.

명성황후 암살에도 관여

가인歌人 요사노 뎃쓰칸与謝野鐵幹, 1873~1935은 이 시기의 군국주의적, 침략주의적 사조를 한 몸에 구현한 삶을 여실히 보여준 청년이었다.

뎃쓰칸의 본명은 히로시寬이고, 교토시 사쿄左京구 오카자키岡崎에서 태어났다. 아버지는 레이곤礼嚴이라고 하는데, 진종眞宗 본원사파本願寺派의 원성사顧成寺라는 절의 주지다. 뎃쓰칸은 11세 때 오사카의 서본원사西本願寺계의 안양사安養寺라는 절의 양자로 보내졌는데, 18세 때 양가와 정식으로 헤어져 도쿄로 간다.

어릴 때부터 아버지나 형을 따라 한시문과 단가를 배우고 문학과 친숙했는데, 도쿄로 나가 당시 이름 높은 국문학자 오치아이 나오부미落合直文, 1861~1903의 제자가 된다. 1893년메이지26 나오부미를 중심으로 '천향사淺香社'가 만들어진다. 데쓰칸은 여기서 맹렬한 단가의 창작활동을 시작하고, 또 같은 해 10월에 창간된『이육신보二六新報』에 나오부미의 주선으로 입사한다. 그 수개월 후에 김옥균 암살사건이 일어난다. 김옥균 암살에는 조선, 청의 지배층만이 아니라 일본 정부도 관련되어 있었다. 그 사실이 알려져 있지 않은 일본의 신문은 "청국을 치고, 조선을 치자"고 국민의 열광을 선동했다.『이육신보』도 예외가 아니었다.

8월 1일 청일전쟁의 선전포고가 발표되자, 그야말로 "시가를 가지고 국민 사기의 고무에 힘"쓰게 된다. 그는 8월 4일자의『이육신보』에 "선전령이 나온 날 삼가 만든다"고 8수의 단가를 발표하는데, 그 중의 2수를 소개하면 다음과 같다.

> 붓을 들면 그 붓을 가지고, 큰 칼을 들면 그 큰 칼을 가지고 자 출사하자.
> 옛날에 임진왜란 때 일본이 했던 것보다 더 심한 일을 하겠다. 귀무덤을 다시
> 만드는 것도 가깝구나.

'귀무덤'은 도요토미 히데요시의 조선침략 때의 저 교토의 귀무덤의 일이다. 데쓰칸은 친우 아유가이 후사노신鮎貝房之進, 1864~1946의 초청으로 조선에 건너간다. 아유가이는 스승 오치아이의 동생으로 일찍부터 조선어를 배워, 개전과 함께 조선에 건너가, 서울에서 을미의숙이라는 일본어 학교에서 근무하고 있었는데, 학생이 늘어났기 때문에 데쓰칸을 부른 것이다. 1895년 4월의 일이었다. 그는 도중 오사카 나카노시마中之島의 도요토미 히데요시

사당에 참배하는 비장한 모습을 보인다.

같은 해 10월 일본공사 미우라 고로는 명성황후 암살을 강행하여, 암살관계자는 일본에 송환되는데, 그 중에 데쓰칸도 들어 있었다. 그는 처음부터 이 암살사건에 관계하고 있었는데, 결행일이 예정보다 빨라졌기 때문에, 그날의 왕궁난입에는 참가하지 않았다. 그는 히로시마에서 예심판사의 조사를 받았을 뿐 곧 석방되었다.

그 후 그는 두 번 조선에 건너갔다. 이것들은 가집『동서남북』,『천지현황』과『명성明星』지에「사상의 말砂上の言葉」에서 자세하게 적혀 있다.

뜻 없이 무엇을 말하는가. 일은 다만, 이 무력뿐이다. 다만 이 무력에

일은 다만 청년 객기의 한때의 열광이 아니다. 나중에는 이전에 보였던 부드러운 노래로 변용되지만, 청일전쟁 전후기의 데쓰칸의 열광은 거의 모든 일본인의 조선약탈에 대한 열광과 같은 것이었다고 말할 수 있다.

반전가에서 전쟁찬미로

데쓰칸의 부인, 요사노 아키코晶子, 1878~1942에 대해 상세하게 언급할 여유는 없다. 오사카의 상인 집안에서 태어나, 역사와 문학을 좋아하던 아키코가 러일전쟁 중, "여순의 포위군 중에 있는 동생을 슬퍼하며" 노래한 「님이여 죽지 말지어다」는 "천황은 전쟁에 스스로는 나가지 않는다" 등으로 노래하여 대담한 반전가로서 지금도 사람들의 기억에 머문다. 그 후의 그녀는 여성의 권리옹호와 지위향상 운동에도 공헌하여 일본 여성의 권리확장에 큰 족적을 남긴다.

일본 독자에게는 약간 충격이었지만, 그런 그녀가 역사적인 날 1941년 12월 8일의 대미영전의 선전포고를 듣고,「조칙을 받들고」라는 제목으로 5수의 단가를 발표한다.

천황의 선전포고 조서 앞에 눈물 떨구는 세상은 혹한에 들어가는 섣달에
강한 것인가 하늘을 두려워하지 않고 땅에 부끄러움 없는 전쟁을 하는 남자는
수군의 대위가 되어 우리 집의 동생 시로가 전쟁에 가다. 힘차게 싸워라
(『대조의 아래에서(大詔の下に)』 야마토서방)

「님이여 죽지 말지어다」의 아키코는 멋지게 죽는다. 이 37년간 아키코가 변모되는 과정에서, 거대한 역사의 중압에 왜곡된 아키코의 양심을 보게 되는 것은 애처로운 것이다.

23. 스나가 하지메

생애의 대부분을 조선을 위해 보냄
김옥균의 인물과 뜻을 통해 조선을 이해

스나가 하지메須永元, 1868~1942는 재야의 유지로서 의리가 높다고 알려진 인물이고, 생애의 대부분을 조선을 위해 보냈다. 특필할 만한 것은 그는 김옥균의 인물과 뜻을 통해 조선을 이해하고, 그 때문에 한 때 잘못도 있었지만, 종합적으로 볼 때 김옥균을 통해 얻은 조선관을 나중까지 견지한 드문 사람이다.

의협심이 있고, 신의에 두텁다

스나가는 지금의 도치기栃木 현 사노佐野 시에서 태어났다. 집은 "에도시대 교호享保 때부터 대대로 수차水車 정미精米를 업으로 하고, 시내 오하시초大橋町에 집을 지은 이 지방의 호상"『스나가(須永)문고목록』으로 불렸다. 스나가의 당주들도 문사文士를 좋아하는 자가 많고, 분세이文政 년간에는 유명한 가가加賀, 현재의 이시가와 현의 유학자 오타 긴조大田錦城, 1765~1825 등을 초대하여 가르침을 청했다고 한다. 1868년메이지 원 하지메어릴 때 이름은 헤이주로(平重郎)는 이렇게 유복하게 학문을 좋아하는 가계에서 이치주로市重郎의 장남으로 태어났다. 그는 일찍부터 미시마 추수三島中洲, 1831~1919의 문하에 들어가 열심히 한학을 배우고, 추수로부터 이미 16세에 복제復齊라는 호를 받았다.

하지메는 1887년메이지20에 상경하여, 추수의 주선으로 게이오 의숙 별과에서 서양 서적을 배우고 있었다. 추수는 하지메의 인물에 대해서, "사람됨이 협기가 있고 신의에 두텁다. 항상 학비를 절약하여, 친구나 옛 친구의 궁핍을 구하고, 자기는 더러운 옷, 떨어진 옷으로 일생동안 가난하게 살았다"『송수영복제항조선서(送須永馥齊航朝鮮序)』, 원문은 한문고 쓰고 있다. 김옥균이 갑신정변에 패해서 일본에 망명하는 것은 1884년메이지17의 연말인데, 망명 사실이 밝혀지는 것은 이듬해 봄이다. 스나가 하지메는 1885년메이지18 도쿄에 있는 김옥균에게 서간을 보내고 있다. 그 중에 7언 절구가 3수 있는데, 그 첫수에 다음과 같은 것이 있다.

> 근역(조선)의 영호(英豪) 김옥균의 장한 계획, 실패해서 몸은 고국에 용납되지 못하고
> 다른 때에 응당 회천(回天)할 계책이 있어, 두 손으로 어떤 사람이 선란을 도모할까

신문 등에서 알게 된 김옥균의 고풍을 존경하고 사모하는 모습이 잘 나타나고 있다. 이 때 스나가 하지메는 적지 않은 돈을 보냈다고 생각된다. 김옥균은 7문자를 쓴 횡서의 두루마리를 답례로 보내고 있던 것 같다.

1886년메이지19 8월 김옥균은 오가사와라 섬으로 유배당하고, 스나가 하지메는 게이오 입학을 위해 상경한다. 이 시기 하지메는 스승 추수에게 돈을 빌리려고 신청하고, 추수에게 "이 돈은 조선 문제에 사용하려는 것이지만, 이대로 하면 나중에 가업을 이을 때, 가산을 탕진해버리는 결과가 된다"고 심하게 경고를 받았다고 한다. 그리고 그것을 증명하는 것처럼, 1887년메이지 20 초 김옥균이 오가사와라에서 스나가에게 보낸 서간이 있다.

"한 번도 만난 적이 없는데 먼저 저에게 글을 주시고, 저에게 재물을 가지고

동정을 주시고 도와준 것은 높은 뜻이 특출한 것이니, 어찌 홀로 나에게만 있겠는가라는 느낌을 받습니다. 선생은 참으로 마음이 넓은 사람입니다.(후략)"_{원문은 한문}

오가사와라에 있는 김옥균에게 스나가가 편지와 돈을 보내고 있는 것을, 김옥균의 답장이 전하고 있다. 그렇다 해도 김옥균은 '높은 뜻이 특출'이라고 말하고 있다. 김옥균은 오가사와라 체류 중에 여비가 마련 되는대로 도미할 의사를 내무대신 야마가타 아리토모 등에게 서간으로 전한 적이 있다. 스나가는 김옥균의 심부름꾼이나 신문 등에서 이것을 알고, 이 도미 비용을 모으는 운동을 하기도 한다. 이 때 스나가 등 4명은 「천하의 지사 사람들에게 호소함」이라는 제목의 격문을 인쇄 반포하여, '무신고 출판' 사건으로 각각 벌금을 물게 된다. "아아, 조선은 작다고 해도, 인민이 있고 사직이 있으며, 이것으로 천하에 독립하게 되는 것은 그 나라, 신자의 지극한 정성에 있지 않는가. 조선에 이어진 사람이 있는 것을 우리가 몰래 기뻐하는 바이고, 김씨 실로 여기에 뜻이 있다"는 격문 중의 한 구절이다.

스나가는 오가사와라에 있는 김옥균에게 인생 문제나 동아시아의 시국 문제에 대해서도 서간으로 상담하고 있다. 1916년_{다이쇼4} 구즈 겐다쿠_{葛生玄晫}가 민우사에서 출판한 『김옥균』에 스나가도 글을 한 장 써 보내고 있다. 그 가운데에서 "메이지 21년₁₈₈₈ 오가사와라에서 나에게 보낸 글의 한 구절에 말하기를, 다른 해 구미인이 지나에 와서, 대운동 대활약을 하려고 한다. 지사된 자, 금일 여기에 대한 각오가 없을 수 없다. 먼저 지나에 가서 그 나라의 국어를 배워, 나라의 형편을 알아보는 것이 첫째"라고 되어 있다. 사노시립도서관의 스나가 문고 중의 김옥균의 원문에 의하면, "귀하, 신상의 일, 옥균 실로 감사. 귀하 이 몸에 마음을 보내, 이 소망과 같이 또 깊으니, 옥균 어찌 한 마디로 봉보, 봉념하지 않겠는가"라고 스나가의 배려에 감사한다. "지금 정말로 구미개화의 바람이, 강하게 동양에 다다를 것이다. 서구의 학문은 스스로 이것을 받아들이는 것"이라고 말한다. "지금 동아세아의 대세가 다만 청과 일본이 서로 관건을 가지고, 태평과 소란이 똑같이 양국의 화해나 틈에 관계된다"고 하여, "귀하, 마땅히 곧 그 국어를 배우기를 도모하라"원문은 한문고 중국어의 습득을 권하고 있다.

1888년메이지21 7월 말 김옥균은 메이지정부에 의해, 오가사와라에서 홋카이도로 옮겨 유배되어, 배가 요코하마에 도착했을 때 요코하마의 여관에서 하루 머물렀다. 혼인보 슈에이本因坊 秀榮, 1852~1907가 요코하마로 달려와, 슈에이도 같이 배를 타고 홋카이도에 간 이야기는 신문에서 기사가 될 정도로 유명한데, 이 때 스나가도 요코하마로 달려갔다. 그러나 스나가의 경우는 한 걸음 늦어서 배가 떠난 직후였던 것 같다. 홋카이도에서 김옥균이 스나가에게 보낸 서간에 의해 그 사실을 알 수 있다.

"남도에서 돌아왔을 때, 도쿄와 요코하마의 사이에 들려, … 존경하는 군君도 뒤쫓아 요코하마로 갔는데 허무하게 만나지 못하니, 이것을 들은 나의 마음이 실로 안타깝고, 또 아픕니다"원문은 한문라고 했다. 1890년메이지23 10월 김옥균은 '자유롭게 해방'되었다. 그 후 김옥균의 도쿄 중심의 생활에 스나가는 김옥균, 박영효와 각별한 교제를 나누었다. 스나가의 의리가 깊은 것은 두 사람의 망명자에게 우선 중요하게 느껴지고 있던 것이다. 나중에 김옥균은 자신과 박영효의 불화가 밝혀졌을 때, 이것이 스나가에게 알려지는 것을 '크게 걱정'했다고 한다.

1894년메이지27 3월 김옥균이 상하이에서 암살되고, 4개월 후 청일전쟁이 일어나자 망명자 박영효는 귀국하게 되는데, 스나가는 이 때 박영효와 함께 조선으로 건너갔다. 스나가는 청일전쟁은 조선을 독립시키기 위한 정의의 전쟁이라고 인식하고 있었다. 덧붙여서 김옥균의 원수를 친다고 생각했을 것이다. 김옥균을 죽이는 데 조선, 청국만이 아니라 일본 정부도 협력하고 있었다는 사실에는 전혀 눈치를 채지 못하고 있었기 때문에, 명민한 스나가도 매스컴과 같이 손쉽게 메이지정부의 이토 수상, 무쓰 외무대신, 이노우에 내무대신 등이 진실을 은폐하는 모략에 속았던 것이다. 이후 상당한 기간 주관적으로는 조선을 위해서 라고 생각하고, 객관적으로는 일본 정부의 조선영유화 정책의 측면에서 협력하는 장면에서 움직이고 있었다.

스나가는 박영효를 따라 조선에 건너가, 3개월 정도 있다가 돌아온 것 같다. "바다를 항해하여 3개월을 지내고, 그 사기土氣와 지방의 풍속을 잘 관찰하고 말하기를 독립의 밑천이 없다. 이것을 우리나라에 병합하는 것이 낫겠다"미시마 추수,『역락촌장기(亦樂村莊記)』한문라고 생각했다. 스나가는 실제로 조선을 견문하고, 도저히 독립이 어렵고, 오히려 일본에 병합되는 쪽이 낫다고 말했다고 하는데, 당사자 자신이 쓴 것이 아니라고 해도 상당한 실망감을 맛본 것은 사실일 것이다.

『스나가문고목록』의 서문에서 사노 시립도서관의 엔도 규자부로遠藤久三郎 관장은 "스나가 하지메 씨는 조선 민족의 자립발전을 바라고, 한일병합이 이루어지는 데 이르러서는 '내가 할 일은 끝났다'고 말하고, 이후 정치에 관여하지 않고, 오로지 시문을 가지고 내외의 문인, 묵객과 교유했"다고 말하고 있다. 상당히 함축성이 있는 말투다. 그러나 여기서 한국병합 6년 후의 1916년다이쇼5 스나가의 김옥균 인식, 조선 인식을 명확하게 나타내는 그의 문장이 있다. 앞에 말한 민우사판의『김옥균』중의 한 문장이다. 스나가는 조선의 망국을 탄식하여 크게 한숨을 쉬고, "김선생이 세상에 계시다면 오늘날의 형세를 변하게 할 것은 틀림없다"고 쓰고 있다. 스나가는 김옥균이 살아있다면 조선, 금일의 망국은 없었을 것이라고 단언하고 있는 것이다. 만일 김옥균이 암살되지 않았다면, 조선의 식민지화는 막았을 것인가라고 자주 문제가 되지만, 스나가의 이 말은 여기에 긍정적으로 답한 효시다.

또 이 시기 도야마 미쓰루頭山滿, 1855~1944, 이누카이 쓰요시犬養毅, 1855~1932, 아사부키 에이지朝吹英二, 1849~1918 등이 오쿠마 시게노부 수상, 데라우치 총독과 귀족원, 중의원에 대하여 김옥균의 표창을 건의하거나, '증위贈位, 죽은 뒤에 관위를 내려 주던 일'하려는 논의가 나오고 있는 것에 대해서 다음과 같이 쓰고 있다. "들으니, 요즈음 증위에 대한 논의가 있다고 한다. 조선의 금일이 있는 것은 거사(김옥균)의 뜻에 있지 않다. 거사의 눈으로 보면, 우리나라는 적국이다. 적국에서 증위한다고 하면 누가 기뻐할 것인가. 거사는 구천의 아래 반드시 실소할 것이다. 만약 저 거사가 증위를 기뻐하게 만들려는 자는 명절이 어떤 것인가를 이해하지 못하는 다른 매국노와 같다. 어찌 말하기에 충분할까."

뭐라고 하는 통렬한 말일까. 실로 김옥균을 아는 사람의 말이고, 김옥균을 통해서 조선을 이해한 자의 말이다. 김옥균의 '마음의 벗'을 자칭하는 많은 일본인 유지의 낯가죽을 벗기고, 김옥균의 동지로 자임한 조선 '지사'들의 정신의 누열함을 보기 좋게 폭로한 말이다. 일본인 가운데 스나가 하지메의 이 통렬한 지탄을 면할 수 있는 자는 일본의 조선병합을 기뻐하지 않고, 조선인 가운데 병합에 의해 일본으로부터 어떠한 은혜도 받지 않은 사람만이다. 여기서는 직접적인 병합 비판은 아니다. 그러나 병합 이후의 시기에 이 말이 있는 것은 스나가의 김옥균에 대한 신뢰가 높은 것을 나타냈을 뿐 아니라, 나아가서는 식민지화 정책을 비판한 것이 되었다.

스나가 하지메는 1905년메이지38에 혼인을 했으나 자식이 없이 1942년쇼와17 7월, 74세로 죽었다.

24. 이노우에 가오루

메이지정권의 중추에서 침략을 추진
강화도조약의 전권부사, 명성황후 살해의 배후 조정자

  이노우에 가오루井上馨, 1835~1915는 메이지 정권의 중심에 있으면서, 정권 초기 및 중기에 걸쳐 일본의 조선침략에 직접 관련을 계속한 인물로 그의 존재는 크다. 이노우에가 조선에 관여한 주요한 것으로는 강화도조약 때의 전권 부대사를 비롯하여, 몇 개인가의 조선 문제에 대한 관여가 있다. 극언하면 그는 메이지 정권의 조선침략정책 및 침략사상의 실천적 구현자였다고 할 수 있다.

영국공사관의 화공범火攻犯

  그는 지금의 야마구치 현에서 아버지 미쓰아키光亨, 어머니 후사코婦佐子의 차남으로 태어났다. 집은 대대로 모리 가문에 출사하고 100석을 받는 집안이다. 한 때는 같은 번 시지志道 가문의 양자가 되었지만 다시 이노우에 가문에 돌아온다. 어릴 때 이름은 유키치勇吉, 나중에 몬다聞多로 바꾸었다. 16세에 하기萩로 나가 번교 명륜관에 다닌다. 20세 때 번주 모리 다카치카毛利敬親, 1819~71의 산킨参勤[1])에 따라 에도로 가서, 사이토 야쿠로齊藤弥九郞, 1798~1871 도장에서 검을 수업했다. 세상은 격동 시대다. 막부는 미국과의 조약체결을 비롯하여 열강과의 조약을 연달아 맺고, 천하는 몹시 시끄러웠다.

그는 난학을 배우고, 또 서양총진西洋銃陣의 수련에도 열심이었다. 그리고 다카스키 신사쿠 등과 요코하마의 외국인 습격을 계획하기도 하는데, 얼마 안 있어 시나가와 고덴야마品川 御殿山의 영국공사관에 화공을 실행하기도 한다.

이런 때 이노우에 등 5명의 청년은 번으로부터 서양으로 갈 것을 명받는다. 해외행은 막부가 금하는 바, 그것을 알고 있는 번조차 스스로 이노우에, 이토 슌스케伊藤俊輔,나중의 히로부미를 포함한 5명을 런던에 보낸 것이다. 런던의 성대한 상황은 동양에서 온 양이攘夷 청년을 놀라게 만들기에 충분했다. 그런 그들에게 시모노세키에 있는 조슈 번이 외국선을 포격했다는 소식이 들어온다. 열강과 싸워서 이길 리가 없었다. 이노우에와 이토는 곧 일본에 돌아가 번을 구하려고 한다. 두 사람은 번주 앞에서 해외의 사정을 이야기 하고, 개국을 주장해서 노신, 중역과 격론한다. 그러나 받아들여지지 않고 영·미·프·네 연합함대가 시모노세키를 공격하게 된다. 조슈 번은 크게 혼이나 화의를 하는데, 이노우에는 반대당에 습격을 받아 중상을 입기도 한다. 지면의 형편상 메이지정부 성립까지의 일은 생략하고 싶다.

1870년메이지3 이노우에는 대장소보大藏少輔에 임명되어 조폐두造幣頭도 겸임하고, 다음 해 대장대보가 된다. 그 즈음 역시 대장성의 시부사와 에이치渋沢栄一,1840~1931와 친하게 되었다. 동시에 초창기의 실업계, 경제계의 중진과도 친하게 되어, 만년까지 이노우에는 무엇인가 돈에 얽힌 의심스러운 이야기가 끊이지 않는다. 이런 이야기가 전해지고 있다. 1871년메이지4 10월 예의 이와쿠라 도모미를 전권으로 하는 시찰단의 송별회 석상에서, 사이고 다카

---

1) 에도막부의 다이묘 통제책의 하나. 1635년에 제도화되어 막말까지 계속되었다. 다이묘는 에도와 국원(國元)에 1년 교대를 원칙으로 하고, 처자는 강제로 에도에 살아야 했다.

모리는 이노우에를 향해 "미쓰이三井의 반도番頭[2] 씨 한 잔 어떤가"라고 놀렸다고 한다. 돈에 지저분한 그의 체질을 간파하고 있었던 것이다.

1875년메이지8 9월 강화도사건이 일어나, 구로다 기요다카가 전권대사, 이노우에는 부대사가 되어 이듬해 조선에 파견되어 무력을 배경으로 조약을 맺는다. 여기에 일본은 메이지 정권 발족 이래의 국시國是인 조선 약탈의 제일보를 디디게 된다. 이때의 문제점의 하나는 미국이다. 주일공사 빙엄은 이노우에게 미국인 테일러가 쓴 『페리의 일본원정소사』를 보내는데, 이것은 페리가 무력적 위협으로 일본에 불평등조약을 강요한 실례를 인용하여, 조선을 침략하는 외교적 수법을 교수한 것이다.

김옥균 암살, 명성황후 암살에 가담

그 10년 후 갑신정변 때, 메이지정부는 외무경인 이노우에를 특파대사로 임명하고, 대군을 거느리고 한성에 보내 한성조약을 강요한다. 조난 일본인의 보상금 12만 엔은 이렇게 빼앗겼다.

갑신정변의 주역 김옥균과의 관련에서 말하면 이노우에는 김옥균의 제2차 방일기에는 마치 김옥균 등이 지향하는 근대적 개혁을 지원할 것처럼 위장했다. 김옥균이 제3차 방일에서 300만 엔의 차관을 요청할 때에는 말을 이랬다저랬다 하여 이에 응하지 않았다. 또 김옥균이 정변 실패로 일본에 망명했을 때도, 주일청국 서徐공사와 김옥균의 상하이 유출책을 상담하고 있다. 그리고 여러 가지 구실을 만들어, 김옥균을 오가사와라, 홋카이도에 유배하

2) 에도시대 상인 집안의 사용인 중에 최상위에 있는 자. 데쓰치(丁稚)·데다이(手代)·반도(番頭)로 승진한다. 이노우에는 미쓰이 재벌의 최고고문을 지냈다.

는 등의 정치적 압박을 가하고 있다. 그가 상하이에서 암살되었을 때, 이노우에는 내무대신으로 암살계획이 착착 진행되고 있다는 확실한 정보를 잡고 있으면서도, 암살방지를 위한 어떠한 수단도 강구하지 않았다. 최대한 선의로 생각해도 알지 못하는 것처럼 하여, 김옥균을 암살자 집단의 손에 맡긴 것이다. 이 항목에서는 자세하게 언급하지 않지만, 실은 이노우에를 포함한 내각의 책임대신은 배후에서 김옥균 암살에 가담하고 있었다.

　다음으로 이노우에가 조선 문제에서 정식무대에 서는 것은 청일전쟁 중, 「조선시설개혁」이라는 것을 내걸고, 조선 공사로 한성에 들어갔을 때다. 여하튼 이노우에는 내무대신의 요직을 던져버리고, 스스로 훨씬 격이 낮은 공사로 나가게 된 것이므로, 조선약탈의 기세에 이르러서는 헤아리고도 남음이 있다.

　그러나 이노우에의 종종의 획책에도 불구하고, 결과적으로는 그들의 의도대로 추진하지 못했다. "삼국간섭 이래, 국제정국의 변화에서 우리의 대한정책을 어쩔 수 없이 변경하게 된 필연적인 결과"『세외 이노우에전(世外井上傳)』라고 하는 자기분석이 있다.

　그러나 이 이노우에의 '실패'는 다음의 미우라 고로공사가 지휘하는 명성황후 암살의 복선이 된 것이다. 이 의미에서 이노우에 가오루는 명성황후 암살의 주모자라고 말해도 과언이 아니다.

25. 미우라 고로

명성황후 암살의 주범
'극악범'을 무죄로 만든 일본의 법정

미우라 고로三浦梧樓, 1846~1926는 군인 및 정치가로서 알려져 있는데, 80년 생애 중 직접 조선에 관계한 것은 명성황후 암살의 주범으로서였다.

다카스키 신사쿠와 행동을 함께

미우라는 조슈 하기의 나카쓰에中津江에서 태어났다. 아버지는 이소베 요시히라五十部吉平, 30석의 하급무사다. 고로五郎, 호는 간주觀樹. 커서 번교 명륜관에 들어가려고 했지만, 아버지의 녹봉이 적어 들어갈 수가 없었다. 그래서 미우라 가문의 호적을 빌려 자격을 만들었다고 한다.

조슈 번이 외국선을 포격했을 시기, 그는 다카스키 신사쿠의 권유로 기병대에 들어가, 한 부대의 장이 되고, 무진전쟁에서는 각지를 다니며 싸웠다. 유신 후 조슈 출신이 행세하여, 1871년메이지4 육군대좌 그리고 소장, 1876년메이지9에는 히로시마 수비대 사령관, 다음해의 서남전쟁에서는 여단사령관으로 출정하고, 1878년메이지11에 중장이 되었다. 1882년에는 육군사관학교장이 되었다.

그런데 미우라 고로에게는 1895년메이지28 주한공사로 조선에 가기까지, 정리된 형태로 자신의 조선관을 토론한 기록은 없는 것으로 생각된다. 따라서 이 시기 그의 조선관은 구체적으로 알 수는 없지만, 간접적으로는 두 가지 점에서 그의 조선관을 추측할 수 있다. 하나는 미우라 고로는 조슈 출신으로 그가 친하게 지낸 선배 기도 다카요시나 우인 이노우에 가오루, 이토 히로부미, 야마가타 아리토모 등은 막말부터 메이지 정권 내에서의 가장 철저한 정한론자이고, 정한 추진자였다는 곡절이 있다. 아마도 이들과 같은 조선관을 가졌을 것은 추측하기 어렵지 않다. 두 번째는 1884년메이지17 오야마 이와오大山巖, 1842~1916 육군경을 수행하여 유럽에 갔을 때, 프랑스 육군대신과의 회담 기록이 남아 있는 것에서다. 프랑스 육군 대신은 당시의 청프분쟁의 현상을 말하고, 이 사이에 일본이 청국을 공격하면 어떻게 하나, 라고 말한 것에 대해서, 미우라는 일본이 청국과 싸우고 있을 때에 프랑스가 청국과 강화한다면 "후환은 홀로 일본에 돌아오는" 것이 될 뿐 아니라 "아국인의 제2의 두려운 바는 외국이 참견하는 것이다. 지난해 조선 사건[임오군란]에 대해서도, 이것 때문에 크게 곤란을 당했다"메이지사료 제8집 『미우라 고로 관계문서』라고 답하고 있다. 실로 미우라는 메이지정부의 조선침략정책에 밝았을 뿐 아니라, 이 정책을 실천적 위치에서 움직이고 있던 인물이었다.

미우라는 도쿄, 구마모토의 수비대 사령관 등을 역임하고, 1888년메이지21 예비역에 편입, 학습원장學習院長이 되고, 1890년에 귀족원 의원이 되었다. 이런 경위 가운데 그는 조약개정 문제에는 강경자세를 보이고, 정당과의 관계에서도 점차 막후의 인물로 지위를 쌓아간다.

왕궁에 난입, 궁녀들을 참살

1895년메이지28 8월 미우라 고로는 조선 특파공사가 되어, 9월 1일 한성에 도착했다. 전임공사 이노우에 가오루는 삼국간섭 후의 조선 정계의 반일적 움직임에 스스로 물러나, 후임에 미우라를 추천했다고 한다. 유지 사이에서는 "정부로 하여금 이노우에공사를 귀환시켜, 더욱 강하고 과감한 인물을 공사로 파견시킬 필요가 있다"『동아선각지사기전』 상권고 말하기 때문에 미우라로 결정했다고 한다. 미우라에게는 강의과감剛毅果敢, 의지가 굳세고 강직하여 굽힘이 없다. 또 강의과단剛毅果斷이라고 일컬어지는 몇 개의 전력이 있다. 기병대 시절 머리를 때린 남자에게 칼로 치려고 대들어 상처를 입히거나, 1881년메이지14의 국회개설운동과 홋카이도 개척사 관유물 불하문제로 분개한 4명의 장군이 메이지 천황에게 상주하여 군율을 어지럽힌 사건의 한 사람이었다. 또 학습원장 시절 원장은 독단으로 천황을 만날 수 있다는 것을 이용해서, 당시 정부가 추진하고 있던 조약개정 문제로 반대의견을 말하기도 한다. 메이지 정부는 외교에는 풋내기인 군인을 조선에 보내 강의과감을 바랐던 것이다.

『관수장군회고록』에 의하면 미우라가 공사가 될 때, 대조선 정책을 ① 조선을 독립시킨다, ② 조선을 병합한다, ③ 러일 공동의 지배로 한다는 3가지 점에서 정부에 질문했는데, 답변이 없었기 때문에 "임기응변으로 자신이 자유로 하는 외에 없다고 결심했다"고 한다.

명성황후 암살에 대해서는 이 시기 한성에 있는 우치다 사다쓰지內田定槌 영사가 사이온지 긴모치西園寺公望, 1849~1940 외상 대리에게 보낸 「왕성사변전말보고서」 등에 자세하게 나오고 있다. 세밀한 것에 언급할 여유가 없지만, 요컨대 미우라가 동원한 것은 한성에 주재하는 일본 군대와 영사 경찰관 및 아다치 겐조安達謙藏, 1864~1948를 비롯한 민간인, 오카모토 류노스케岡本柳之助와 같은 고문관, 거기에 공사관원들이다. 그들은 왕실 안에 쳐들어가 궁녀의 머리를 잡고 질질 끌면서 아름다운 여성을 몇 사람 참살하고, 명성황후도 죽여 욕보이고, 사체는 기름을 붓고 불태웠다. 사전에 알지 못했던 우치다 영사가 미우라를 만났을 때, 대단한 소동이 되었네요 라고 말하자, 미우라는

"이것으로 조선도 일본의 것이 되었다. 자 안심이다"라고 말했다. 미우라 등 48인은 히로시마 지방재판소에서, 군인 8명은 군법회의로 각각 재판받았지만, 3개월 후 군인은 무죄, 48명은 증거불충분으로 전원 면소가 되었다.

부끄러운 짓을 뻔뻔스럽게 하는 자다.
꽃을(명성황후) 태우고 메이지 사람의 처참함.

26. 호시 도루

조선지배정책에 협력
보수정당의 골격을 만든 인물

호시 도루星亨, 1850~1901는 변호사, 그것도 일본 최초의 사법성 부속 변호사이
자 정치가다. 이타가키 다이스케를 모시는 자유당은 메이지의 최적의 민주
주의적 분자가 결집한 자유민권운동을 기반으로 한 정당으로서, 사초 번벌
을 핵심으로 하는 절대주의적 메이지 정권과 대치했다. 호시는 이 자유당에
입당한 이래 해체, 재결집을 반복하는 정당의 대간부로서, 현재의 보수정당
의 골격을 만든 중심인물의 한 사람이다.

그러므로 호시는 자유당 이래의 영수로서, 당의 발전과정과 그 변질과정에
책임을 져야할 입장에 있는 몸으로서는 옳은 방식의 정치이념과 행동에 대해
서는 물론, 그 조선 인식과 조선에 대한 관련 방식에 대해서도 책임 없이는
볼 낯이 없을 것이다.

자유당의 영수로서 전쟁협력을 선언

그가 조선 문제에 언급하여 당시의 조선 인식을 보이고, 또 직후 조선 문제
에 관계하는 것은 청일전쟁을 전후한 시기다.

호시는 마지막에 '공도公盜의 거괴'라고 쓰여질 정도의 금권적 체질이 생애

붙어 다니고, 그의 오만불손함은 키가 작고 뚱뚱한 큰 몸과 괴이한 용모와 더블어 악평의 씨앗이 되어, 드디어 1901년메이지34 51세 때 암살당한다.

메이지 정치지도자 출신은 천황에 가까운 공경公卿이거나 무사계급이다. 이토 히로부미는 아시가루足輕 출신인데, 하층이라도 무사와 다르지 않다. 평민재상이라 불리는 하라 다카시는 평민 난부南部번의 가로 출신이다. 예외는 다만 한 사람 호시 도루가 있을 뿐이다. 호시는 에도의 사간左官3)의 아들로 태어났다. 1, 2년 후 아버지는 생활난 때문에 가출해서 행방불명이 된다. 어머니는 갓난아이를 등에 업고 아카사카赤坂의 연못에 뛰어들려고 하다가 생각을 바꾸어, 친정인 소슈 우라가相州 浦賀의 어부 집에 돌아가, 아이를 데리고 가난한 의사 호시 타이준星泰順과 재혼한다. 양아버지는 그의 머리가 좋은 것을 보고, 요코하마의 난법의蘭法醫 와타나베 데이안渡辺貞庵 아래 더부살이를 시킨다. 개항 후 막부는 가나가와神奈川 봉행소奉行所에 영학소英學所를 설치했는데, 호시는 데이안의 집에서 영학소로 다니게 된다. 호시는 이곳에서 처음으로 영어를 배운다. 또 양아버지의 배려로 막부 고게닌御家人4)의 양자가 되어, 막부의 개성소開成所, 나중의 도쿄대학에서 영어를 배운다. 이곳의 영어교사가 노리유키何礼之에게 알려져, 가의 추천으로 막부 해군전습소의 영어 교사가 된다. 유신 후 오사카에 있던 가 노리유키의 소개로, 당시의 효고 현 지사 무쓰 무네미쓰를 알게 된다. 무쓰에 의해 호시의 운명이 크게 열리는 것이다.

호시는 무쓰의 인정을 얻어 기슈紀州 번 양학 조교, 가나가와 현립 양학교두를 거쳐, 무쓰가 대장성 조세책임자5)가 되었을 때 대장성에 들어간다. 그리고 1874년메이지7에는 요코하마 세관장이 된다. 반년 후 영국공사 파크스와

---

3) 벽이나 흙담을 바르는 일을 하는 직인.
4) 쇼군 직속의 가신으로 하다모토의 하위.
5) 무쓰는 1872년 지조개정국장(地組改正局長)을 역임한다.

영국 여왕의 번역명6) 문제로 다투어, 세관장을 면직하게 되지만, 정부는 오히려 호시를 후하게 대우하여 영국 유학을 명한다. 그는 런던에서 미들·텐플 법조학교에 들어가, 파리스타 칭호를 얻고 변호사가 되어, 귀국 후 사법성 부속 변호사로 활약하고, 크게 돈을 벌었다.

1881년메이지14 '10월 정변'에 의해 오쿠마가 하야함과 동시에 10년 후에 국회를 개설한다는 조서가 나온다.7) 이 직후 이타가키 다이스케를 받드는 자유당이 결성되었다. 약 1년 후 호시는 같은 변호사 동료 오이 겐타로의 소개로 이 자유당에 입당하고, 중심적 간부로서, 말하자면 발흥하는 산업 부르주아의 이해의 총대변인으로 이후 사초 번벌을 중핵으로 하는 절대주의적인 메이지 전제정권과 정면으로 상대하게 된다.

자유당은 여러 격화사건과 정부의 탄압에 의해, 해산과 재편성을 반복한다. 자유당을 포함한 민당8)은 우여곡절을 거치면서도 제6회 제국회의까지는 이른바 '민력휴양民力休養, 경비절감9)이라는 과제를 내걸고 정부와 격렬하게 대립해 왔지만, 청일전쟁에 의해 양상을 완전히 바꾸어, 민당은 정부의

6) 빅토리아 여왕(Alexandrina Victoria Wettin, 1819~1901)의 호칭인 'Her Majesty'를 호시 도루가 '여왕폐하'로 번역한 것이 '불경하다'고 파크스가 항의를 제기하여, 호시는 2엔의 벌금을 물고 세관장에서 해임되었다.

7) 1881년 10월, 이토 히로부미 등이 개척사(開拓使)관유물불하 사건이 일어나자 여론의 동향을 감안하여 천황에게 1890년을 기해 국회를 개설한다는 공약으로 칙유를 발표하게 했다. 참의 오쿠마 시게노부는 국회개설, 헌법제정에 관한 급진적인 의견을 개진했기 때문에, 불하사건에도 관계가 있다는 이유로 하야하게 된다.

8) 입헌자유당, 개진당을 중심으로 하는 야당세력의 호칭.

9) 메이지 시대의 초기 제국의회에서 민당 측이 내건 공약. 산업진흥이나 군비확장에 의해 재정 팽창을 계속하는 정부재정의 불필요한 경비를 삭감(경비절감)하고, 그 삭감 부분에 상응하는 지조 등을 삭감해서 무거운 세금으로 고통받는 국민의 부담을 경감(민력휴양)하는 일.

전쟁정책을 지지하는 거국일치 체제로 변모한다. 자유당과 나중의 재건 자유당의 기반은 지주 및 산업부르주아다. 이 시기 노동자 계급의 힘은 약하고, 따라서 재건 자유당의 우회전은 다만 조타수역인 호시의 우회전을 의미할 뿐 아니라, '국민'의 압도적 다수의 우회전을 의미하고 있다.

그런데 청일전쟁 전후기 호시의 조선 인식을 보고 싶다. 김옥균 암살 직후인 4월 17일자의 『중앙신문』에 「기차 안의 정한론(이타가키와 호시 도루)」이라는 것이 있다. 이타가키가 지론인 정한론을 연설하는 것을 듣고, 호시는 "만일 조선을 정벌해야 한다면, 반드시 제국도 병탄할 결심을 가지고 하지 않으면 안 된다"고 말했다고 한다. 호시에게는 조선약탈은 바로 열강의 간섭을 초래한다는 통찰력이 있었던 것이다. 그러면 청일전쟁 직전 6월 8일 자유당은 당수 이타가키나 호시도 참가하는 4인의 정무위원에 의해, 「우리 당의 대한 결의」 3항에서 시찰원의 조선파견 등을 결정하고, 6월 10일에는 「지방당원에게 격함」이라는 한 문장을 보낸다. "조선 동학당의 병란, 지금 바야흐로 급하다"고 촉구하고, "우리 당의 인사는 의용을 가지고 마음을 고무하고, 서둘러 가서 바로 국난에 나갈 준비를 하자"고 맺고 있다.

8월 대청 선전조칙의 발포를 받고, 자유당은 8월 15일자 『당보』에 「선언」을 발표한다. 그 가운데에서 "조선의 일에 관해 우리나라는 청국과 난을 준비하고, 이미 군대를 보내 싸움을 선포하고, 동양의 형세는 이로부터 더욱 급하게 되려고 한다. 외환이 여기에 닥쳐오고, 내분을 가지고 정권의 쟁탈을 일삼는 때가 아니다. 전국이 일치하여 공수의 어려움에 임하고, 몸을 죽이고 재산을 던져 국민의 본분을 다할 때다"라고 한다.

자유당은 여기에 정부의 전쟁정책에의 협력 자세를 보다 한층 명확하게 제기한 것이다. 이 시기에서 일본 관민의 청일전쟁에 대한 대의명분의 주요한 것은 '조선의 독립'이다.

'내정개혁'을 강요

즉, 조선을 청국의 영향에서 분리하여 일본의 영향 하에 둔다는 것이다. 그러면 호시 도루의 청일전쟁 개시 직후의 조선 인식은 어떠한 것이었을까?

호시는 12월 23일 간다神田 금휘관錦輝館에서의 연설회에서, 「청일사건에 대한 소감을 말함」이라는 제목으로 연설을 했다. 그는 여기서 스스로 4항목의 문제를 두고 스스로 대답한다.

제2항 '지나는 이 전쟁을 어디까지 계속할 것인가'에서 "싸움을 연 뜻은 곧 조선의 독립"이므로, "이른바 동3성흑룡강성, 길림성, 봉천성, 즉 구 만주, 일본군이 취하고 있는 저 금주金州 등은 모두 일본의 영지로 이 지나와 조선 사이에 일본의 영지를 두고, 지나로부터 바로 조선에는 간섭을 하지 못하도록 해야 한다"고 했다. 그 위에 일본이 장래, 동양에서 패권을 부르짖으려면 "타이완을 양보 받지 않으면 안 된다"고 말하여, 박수갈채를 받고 있다. 그것도 호시의 무서운 것은 "유럽의 여러 대국이 방관하지 않고 천천히 하거나 빠르게 나올 것이다"라고 하여 이듬해의 삼국간섭을 예언하고 있는 것이다. 그의 현실감각과 분석력의 확실함에 놀라게 된다.

호시는 이 연설회의 3일 후 조선에 건너간다. 무슨 조선 시찰행이었을까? 요인은 네 가지를 들 수 있다. 첫째는 일본 정국의 변화다. 전쟁에 의해 정치논쟁은 중지되고, 호시는 자신만만한 뛰어난 수완을 휘두를 자리를 잃었다. 둘째는 자유당 내에서의 호시의 지도력 저하다. 셋째는 금후 처신을 어떻게 할 것인가 하는 것. 넷째는 조선의 현실을 우리 눈으로 확인하여, 국민 최대의 관심사인 조선의 처리 방법을 찾으려는 것이다. 당시의 조선공사는 이노우에 가오루다. 전임공사 오토리 게이스케는 청일개전 후 조선의 유동화한 정정에 대처하지 못하여, 일본 정부는 거물 공사 이노우에를 보낸다. 그의 마음은 조선 영유화다.

1895년메이지28 1월 5일 한성에 도착한 호시는 2일 후 이노우에와 만났다. 이노우에가 외무대신 무쓰 앞으로 보낸 서간이 있다. "호시씨도 정당도 가망이 없기 때문에…, 곧 법무아문의 고문관이 미정이므로, 이것을 본래의 직무로, 그 외 정부의 리걸 어바이저법률고문에 있으니까 충분히 진력할 수 있습니다." 즉 호시는 조선 정부의 법률고문으로서 조선에서 일을 하게 된 것이다. 호시는 십 수 일만에 귀국하고, 1월 25일에는 자유당 본부에서 「조선의 실황」이란 제목으로 강연을 했다. 이 강연에서 호시는 조선의 현황을 6항으로 나누어 분석하고 있는데, 도저히 10일 정도의 체재라고는 생각되지 않는 예리한 분석이다.

"조선의 금일의 상태라는 것은 실로 그 상상 밖…, 거의 나라의 자격이 없는 것과 같은 상태"라고 말하고, 그 근거를 여러 각도에서 구체적으로 지적한다. 다소의 오해도 있지만, 서구적인 근대화된 눈으로 보면 그럴 것이라고 생각된다. 일례를 들어보면, 왕실과 정부의 구별이 없고, 관청과 자택의 구별이 없다. 돈의 사용방법도 구별이 없으므로 왕실의 돈을 정부가 사용하거나, 정부의 돈을 왕실이 사용하거나 한다. 관청 안에 관기를 두고, 거기에 이불을 가지고 가서 잔다. 게다가 "왕의 명령이 법률, 그러므로 행정이나 사법이나 또는 입법이라는 구별이 없다. … 그 근본이 되는 것은 왕의 뜻은 곧 법의 뜻, 명령은 곧 법률이라는 것이다"라고 하는 것을 비롯하여, 조세의 규율이 없고, 왕실도 정부도 지방의 감찰사도 각각 마음대로 세금을 걷고, 그 장부조차 없다고 한다. 병대는 20만 명이 있다고 하는데, 실제 수는 알 수 없고 통솔은 되어 있지 않다. 기타, 재판은 뇌물에 의해 죄의 유무가 정해지고, 민사, 형사의 구별도 없다. 또 중앙정부의 명령은 지방에서도 행해지지 않는다 등등이다. 그 원인은 "인민의 무기력이 하나의 원인, 그리고 또 인민이 전혀 무지"하기 때문이라고 한다. 기타 여기서는 소개할 수 없을 정도의 많은 지적이 있다. 그러면 조선의 개혁은 가능한가? 일반 민중에게는 활발한 사람이 있으니까, "일본인이 그것을 도와주면 개혁은 가능하다"고 한다. 그리고 이 "개혁에 가장 필요한 것은 인간과 돈이다"고 단언한다. 재미있는 것은 호시가 조선인의 일본인관에 언급하고 있는 것이다. "도무지 조선인의 우리나라에 대한 감정은 좋지 않다" 그러나 "우리나라가 성심성의를 가지고 조선을 도우면…, 해주는 것에 의하면 조선인의 일본에 대한 감정은 고쳐질 것이다"라고 한다.

호시는 같은 해 3월 조선에 건너가 법무고문이 되고, '근대적' 법령의 개혁에 착수하는데, 실질은 이노우에 공사를 보좌하여, 이른바 조선에 '내정개혁'을 강요하고 일본의 지배권하에 두는 정책에 협력한 것일 뿐이다. 이윽고 삼국간섭이 일어나게 된다. 이 계획은 이노우에의 귀국으로 실패하고, 미우라 고로공사가 부임하게 되어, 명성황후 암살사건이 일어난다. 이 암살사건에 호시는 관여하지 않았지만, 이것을 계기로 호시는 귀국한다. 호시의 법무부 고문기간은 반년이다.

이후의 호시는 1896년메이지29 4월 주미공사에 임명되고, 오쿠마 외상에게 하와이 점령을 구신하거나 귀국해서 다시 위원이 되어, 이토 히로부미에 협력해서 입헌정우회를 탄생시킨다. 제4차 이토 내각에 체신대신으로 입각하고, 도쿄시청 내에서 자객 이바 소타로伊庭想太郎에게 암살되는데, 이것은 본고와는 직접 관계가 없다.

그러나 그의 조선 인식과 조선에의 관련은 메이지 정권 내에서 일관되게 조선침략에 계속해서 관련해 온 사람들과 다른 차원에서, 즉 호시가 자유민권운동이라는 민주주의적 요구를 내건 자유당의 핵심간부였다고 보면, 그의 변질과정이야말로 근대 일본의 양질 부분의 변질과정과 겹치는 의미에서 큰 책임을 지고 있는 것이 된다.

27. 시가 시게다카

다면적인 얼굴을 가진 국수주의자
조선·중국을 철저하게 폄하

　시가 시게다카志賀重昂, 1863~1927는 지리학자, 정치가, 저널리스트, 교육가라

는 다면적인 얼굴을 가진 국수주의자로서 세상에 알려져 있다. 그의 아시아

문제, 조선에 관한 언급이 세인에게 끼친 영향은 실로 대단했다. 아버지 주쇼

쿠重職는 미가와三河 오카자키岡崎 번사로 번교의 유학교사였는데, 시게다카

가 어릴 때 갑자기 사망했기 때문에 그는 외가댁에서 양육되었다. 커서 공옥

사攻玉社,[1] 도쿄대 예비문[2]에 진학하고, 1880년메이지13 9월 삿포로농학교에

전학하여 졸업한다. 시가가 세상 사람에게 이름을 알려지게 된 것은 1887년

메이지20 3월에 『남양시사南洋時事』를 간행했을 때부터다. 그 전년도에 시가는

군함 '쓰쿠바筑波'를 타고 동남아시아, 남양제도, 호주, 사모아, 하와이 등을

거쳐 귀국했는데, 거기서 식민지 경영의 실정을 시찰하고 크게 분개했다.

그리고 이 때 청과의 연대 자세도 보인다. "요컨대 백인종은 우등 인종이고,

황, 흑, 동색, 말레이의 여러 인종은 열등 인종"이라고 하여, "우리 황인종은

당연히 금일에 이르러 백인종과 경쟁하고, 그것을 방어"하기 위한 대책을

1) 고교쿠사. 1863년 곤도 마고토(近藤眞琴)가 연 난학주쿠(蘭學
塾). 서양 근대의 수학·항해술·측량술의 기초를 확립하고 일본
근대화의 비전을 제시하여 많은 인재를 길렀다.
2) 도쿄제국대학의 예과(舊制 제일고등학교) 수학기간은 3년이다.

강구하지 않으면 안 된다고 하여, '지나' 즉 중국과의 연대를 역설한다. 그리고 "세상 사람들이 지나인을 가지고 돼지 꼬리처럼 노예시 하지 말기를 청한다"고 까지 단언했다.

시가는 1888년메이지21 4월 미야케 세쓰레이三宅雪嶺, 1860~1945, 스기우라 주고杉浦重剛, 1855~1924, 이노우에 엔료井上円了, 1858~1919 등과 정교사政敎社를 만들고, 잡지『일본인』을 창간하여 '국수보존지의國粹保存旨義'를 주장했다. 정교사의 국수주의는 정부의 서구화정책에 대한 반대나 비판에도 힘을 쏟았기 때문에, 여론의 지지를 크게 받게 된다. 시가는 이 잡지에 많은 논문을 발표하는데, 유럽열강이 점차 동양을 지배할 위기에 대해서도 '일본지의旨義'만 말하고, 아시아 제국, 특히 청과의 연대 사상이 없는 것이 특징이다. 그것도 1889년메이지22 6월에 출판한『남양시사 부록南洋時事附錄』에는 오쿠보 도시미치 정권이 1874년메이지7에 '타이완을 정벌'한 사실을 언급하여, "오쿠보 도시미치는 지금 어디엔가 있다. 아아 우리 일본이 그때 타이완을 점령하지 못했다면, 이것은 영원히 한스러운 일"이라고 쓰고 있는 것이다. 연대는커녕 침략으로의 전환이다.

1894년메이지27 10월 시가는 청일전쟁이 시작되고 얼마 안 된 시기에『일본 풍경론』을 간행했다. 당시 이 책의 반향은 놀랍게도 베스트셀러가 되었다. 시가는 이 책에서, 화산암이 많은 일본의 산과 그 풍경에 의탁하여 일본의 미에 대해, 그의 지리적 학식의 풍부함과 옛 사람의 시, 노래 등을 많이 인용해서, 이른바 국수주의적으로 노래했다. 이 책은 당시 일본인의 풍경관, 등산관을 변화시켰을 뿐 아니라, 그 정신세계에도 큰 영향을 가져왔다. 여기서는 메이지기 지식인의 좋게 말해서 느긋하고 대범함, 나쁘게 말해서 무관심이 여기저기 보인다. 즉 일본의 미를 칭찬하는 나머지, 조선이나 중국의 풍경을 폄하는 것이다. "국수보존론의 제기자 시가 씨는 순수한 일본인이고, … 목하 우리의 원수인 지나 본토에 대한 그의 적개심이 얼마나 강렬한가"라는 당시의 내셔널리스트 우치무라 간조의 서평의 한 구절이다. 시가는 이즈음부터 실제 정치활동에 착수하게 되고, 대외강경파 의원들과 교제하여 정당에도 참가했다. 또 마쓰가타 오쿠마 내각1896년 9월에서는 농상무성 산림국장이 되거나 이토 히로부미의 입헌정우회에 참가하여, 1902년메이지35에는 중의원 의원에 당선되기도 한다.

시가의 조선에 대한 언급은 적지 않지만, 그것이 집중적으로 나오는 것은 『대역소지大役小志』라는 1909년메이지42 10월에 간행한 책이다. 이 책은 1370쪽의 방대한 내용의 책으로 '러일전쟁 관전기의 백미'라고 하여, 지금도 여전히 '명저'라고 한다. 이 책은 러일전쟁 중의 조선과 전후 보호국이 된 조선에 관한 시가의 실제 견문기가 300쪽 가깝게 쓰인 귀중한 자료다. 예를 들면 이 시기를 그린 문학작품 등은 일본의 국력을 무비판적으로 긍정한 것이 적지 않다. 일본이 청일·러일전에 이겨, '언덕 위의 구름'을 목표로 하고 올라갔을 때, 그 발아래에는 유린당한 조선과 그 민족이 있는 것과 그 민족의 고통을 언급한 작품은 거의 없다. 문학작품은 아니지만 『대역소지』에서 조선에 대해 언급한 것은 그 아픔을 맨발로 밟은 전형이라고 말할 수 있다.

시가는 1904년메이지37 6월 12일부터 40일간, 해군어용선 만주환滿洲丸으로 조선을 중심으로 여행했는데, 그 제1장이 「만주환」이다. "한인이란 자는 무심한가 무기력한가, 아니면 무아인가"7월 8일자 『동몽선습』 중에 "중화인이 이것을 칭해서 소중화라고 한다"고 되어있는 곳을 읽고, "한인은 어릴 때부터 이와 같이 사대주의를 가지고 고취시킨다. 두뇌 중에 독립심이 없는 자, 과연 그렇다"7월 9일자 또 「여성적 국민」이라고 제목을 붙여 "조선 남자가 여성적인 것은 품성이 나약한 소치, 조선인은 모름지기 스스로 경계하고 스스로 분발하여, 여성적인 것을 없애지 않으면 안 된다"라고 쓴다. 다시 「한국사업의 곤란」에서는, "한국의 인민은 유치하다"고 하고, 「한국의 성질」에서는 "요컨대 그들은 게으르지만, 한편으로 돈에는 탐욕스럽다"라고 한다. 한인을 고용하는 데 대해서는 "한인은 도적 근성이 많아, 시종 그 동작에 주의하지 않으면 안 된다. … 노동을 싫어하고, … 대체로 태만하고, 요령부득"임을 알지 않으면 안 된다고 한다.

이 책의 마지막 장은 「전후의 한국」과 「현재의 한국」이다. 전자는 1907년메이지40 6월부터 7월에 걸친, 후자는 다음 1908년메이지41 4월부터 2개월간의 한국 내 강연 여행 중의 견문기다. 당시 그의 조선관, 즉 조선 식민지화 정책에 대해서 한 점의 의심도 가지지 않는 일본의 대 지식인의 벗은 모습을 보는 생각이 드는데, 이것을 소개할 여유는 없다. 다만 두 가지만 지적해 두고 싶다. ① 그는 조선 각지의 급격한 일본인 진출을 일본 국력의 신장으로 솔직하게 기뻐한다. ② 의병투쟁을 '폭도'라고 부르고, 조선인의 침략에 반대하는 독립투쟁의 의의에 완전히 장님이라는 것이다. 이것은 지금도 변하지 않는 일본인의 느긋함, 방자함의 모범일까?

28. 오카쿠라 덴신

'조선은 원래, 일본의 영토' 라고 주장
침략에 눈이 어두워진 어리석은 자화상

오카쿠라 덴신岡倉天心, 1862~1913은 메이지기 일본 미술계의 리더로서, 또 당시 굴지의 국제인으로 모르는 사람이 없는 유명인이다.

덴신은 당시 유럽문화 앞에 머리를 숙이고 있던 일본인에게 일본 미술과 문화의 우수성을 역사적으로 예를 들어 증명하여 크게 계몽에 힘쓰고, 또 미술 문화를 통해서 국수주의를 고취한 인물이기도 하다. 그러나 여기서 간과할 수 없는 것은 덴신의 일본 미술 및 문화의 우수성을 증명하는 논지가 조선 민족에 대한 멸시와 조선·일본관계사에 대한 심한 왜곡을 토대로 해서 성립하고 있다는 사실이다.

후쿠이福井 번사인 아버지 가쿠에몬覺右衛門, 어머니 고노의 차남으로서 요코하마에서 태어나 본명은 가쿠조覺三. 아버지는 후쿠이 번의 요코하마 상관商館의 데다이手代, 지배인으로서 요코하마에서 살았다. 개항 직후의 막말, 그리고 메이지 초기의 요코하마다. 덴신은 7, 8세에 영어를 처음 접하고 서양인의 영어 사숙에 다니면서 영어 실력을 닦았다. 이 시기 덴신은 장연사長延寺에 맡겨져, 주지 현도화상玄導和尚에게 한문 서적을 철저히 공부했다. 1875년메이지8 도쿄의 개성학교에 들어가는데, 2년 후 개성학교는 도쿄의학교와 합병하여 도쿄대학이 된다. 다음 1878년메이지11 미국인 페노로사Ernest Francisco

Fenollosa, 1853~1908가 고용외국인으로 도쿄대학의 교수로 초빙되어 내일하고, 정치학, 철학 등을 담당했다. 그는 미술연구가로서도 유명하고 특히 일본 미술 연구에 주의를 기울였다. 덴신이 그에게 영향을 많이 받은 것은 말할 여지도 없다. 1880년메이지13 덴신은 19세의 젊은 나이로 도쿄대 문학부를 졸업한다. 졸업논문은 「국가론」이었는데, 부인과의 싸움으로 불타버려, 2주간 만에 「미술론」으로 바꿔 쓰게 되었다고 한다. 졸업 후 문부성에 취직하고, 이후 각지의 옛 신사와 사찰을 방문한다. 특히 페노로사의 통역사로써 교토·나라奈良의 옛 신사와 사찰을 탐색하고 이후 그와 교우한 것은 그의 미술사가로서의 지위를 탄탄하게 만들었다. 1884년메이지17 6월 덴신은 교토와 오사카 지방의 옛 신사와 사찰 조사를 명받는데, 이 때 호류지法隆寺의 유메도노夢殿의 문을 열고, 비불秘佛이라고 하는 구세관음에게 절하게 된다. 덴신은 나중에 쓴 『동양의 이상』의 「아스카시대」라는 문장 중에서, 일본의 불교가 서력 552년, 조선에서 정식으로 전래했다는 기술부터 시작하는 장이면서, 조선, 혹은 조선인의 손에 의한 미술품에 언급할 경우, 단지 객관적으로 기술하거나, 혹은 일단 얕보는 기술을 하고 있는 것이 특징이다.

1893년메이지26 7월에 청국 출장을 명령받소 중국 미술을 조사했을 때, 도중 배에서 내려 조선을 방문한 후 기록한 것이 있다. 7월 29일자에 "오전 부산포에 들어가다. 산색이 마르고 늙은 것 같다." 30일자에는 같이 배를 탄 사람 '한공사 권재형權在衡'에 대해서, "권, 글을 잘 쓴다. 배 안에서 한시를 주고받았다. 권은 자못 동방의 근심을 안고 있다"고 썼다. 7월 31일자에 인천 도착, "인천부 및 화도花島를 향해 가다"라고 되어 있고, "① 산의 모습이 평온하여, 나라奈良와 비슷하다. 이 주변의 조선은 산수가 좋고, 고대의 묘와 같은 분위기를 느낀다. 야마토와 비슷한 분위기가 있다. ② 조선은 중류사회가 없기 때문에 쇠하는 것이 아닌가. 납작한 집을 보는데 견딜 수가 없다"(『지나여행일지』)라고 있는데, 여기에는 동정은 있지만, 멸시관은 없는 것으로 생각한다.

조선은 유사 이전부터 일본의 식민지

그의 추문醜聞을 포함한 경력상의 문제는 여기서는 생략하고, 정통으로 덴신의 조선관의 핵심에 대해 언급하고 싶다. 『동양의 이상』, 『동양의 각성』 등에 있지만 『일본의 각성 The Awakening of Japan』은 1904년메이지37 11월에 뉴욕 센추리 사에서 출판되었다. 그 책의 10장은 「일본의 평화」라는 제목인데, 내용은 조선·일본관계사다. "조선반도는 아마도 유사이전을 통해 원래元來 일본의 식민지가 되어 있었던 것이라 생각된다. 조선에서 고고학적 유적은 우리나라의 원시적 고분류와 정확히 같은 것이다. 조선의 언어는 금일이라도 모든 아시아 언어 가운데, 우리의 언어에 더욱 가깝다. 우리나라의 최고 전설은 우리 천조대신天照大神의 동생 스사노오노미고토素戔嗚尊가 조선에 정주했다고 전하고 있다. 그리고 그 나라의 초대국왕 단군은 어느 역사가의 생각에 의하면 그의 자식이었다고 한다."

단군이 스사노오노미고토의 자식이었다는 것은 드물게 듣는 진기한 설로서 웃어 던지다고 해도, 조선이 유사이전부터 일본의 식민지였다, 이하의 설명은 역사 왜곡은커녕, 역사의 역전이다. 그 위에 신공황후의 조선정벌 이후, "우리 연대기는 8세기까지 [즉 500년간] 식민지 보호의 기록으로 채워졌다"고 되어 있다. 또 히데요시 군대의 조선원정은 13세기의 몽골의 일본 침략을 조선인이 인도한 것에 대한 보복조치였다고 하여, 에도시대의 조선통신사는 도쿠가와 쇼군을 임명할 때 마다, "조공하는 국왕으로서 경의를 표하기 위해 사절을 파견해 왔다"고 한다. 그리고 "조선반도를 어딘가의 적국이 점령한다면, 일본에 육군을 용이하게 보낼 수 있는데, 그것은 조선이 비수와 같이 일본의 심장을 향하고 있기 때문이다"라고 한다. 즉 정치적으로도, 경제적·군사적으로도 일본이 조선을 소유하지 않으면 안 되지만, 그것은 "조선이 본래 일본의 영토였기" 때문이라고 강변한다. 인용은 전부 평범사 『오카쿠라 덴신 전집』

"아시아는 하나" 『동양의 이상』의 첫머리라는 덴신의 명문구는 유럽의 아시아 침략에 대해서, 아시아는 하나가 되어 대항해야 한다는 의미에서 발표한 것이지만, 그 때에도 "조선은 일본의 영유 아래에 있어야 한다"는 논리적 모순을 눈치 채지 못했다. 나중에 '일본의 지배하에 아시아는 하나'라고 야유를 받았지만, 본래 덴신 자신에게 그 사상적 토양이 있었다는 것이다. 일본을 대표하는 국제적 대지식인이 침략에 눈이 어두워진 바보 같은 자아상이 여기에 응축되어 있다.

29. 이토 히로부미

정한사상의 실현자
조선의 외교권을 빼앗고 식민지화를 이끌다

이토 히로부미伊藤博文, 1841~1909는 사이고, 오쿠보, 기도가 죽은 뒤 메이지 전기를 통한 최고의 거물급 정치가다. 메이지 정권은 발족과 동시에 이른바 국시로서 정한을 제기하고 정한이 완료되면서 종언하지만 이토는 메이지 전 시기를 조선침략의 중요한 위치에서 계속 관계하고, 그의 생명을 종료하여 이 '사업'을 완결한다.

히로부미는 모리 번령毛利藩嶺 스오쿠니周防國, 야마구치 현의 소백성小百姓3)의 아들로 태어났다. 아버지 주조十藏는 쇼야庄屋, 촌장의 부하 등을 맡아 가난했지만, 아시가루足輕 이토 모某에게 신용을 받아 그의 양자가 되어 일가의 생활도 안정되었다. 히로부미는 운이 좋게도 지도자를 만났다. 조슈 번 중의 준걸, 구루하라 료조來原良藏의 인정을 받은 것이 세상에 나올 계기가 된다. 구루하라는 우인 요시다 쇼인에게 히로부미를 소개하고 지도를 부탁하여, 누이의 남편 기도 다카요시에게도 그 인물을 추천한다. 히로부미는 쇼가손松下村 주쿠에서 쇼인으로부터 직접 가르침을 받게 되어, 유신 전후의 동란을 번내 제1급 인물들의 교원 밑에서 활동했다. 그리고 기도의 수족이 되어 제국의

---

3) 고뱌쿠쇼. 쌀로 준 녹봉의 수량(持高)이 적은 하층 농민.

지사와 교제하고, 경격輕格, 낮은급이지만 번내에서 어엿한 청년활동가로서 두각을 나타낸다. 조슈 번이 청년 5명을 영국에 유학시키게 되었을 때, 이토는 이노우에 가오루와 함께 파견되었다. 그러나 다음해 런던에서 조슈 번이 외국선을 포격해서 무력충돌사건을 일으키고 있는 것을 알자, 유럽을 보고 힘의 차이를 실감하고 있던 이토와 이노우에는 바로 귀국하여, 영·미·프·네 4국 연합함대의 시모노세키 포격을 중지시켜야 함을 필사적으로 쌍방 모두에게 설득했다. 드디어 연합함대의 시모노세키 포격으로 양이의 선두에 서 있던 조슈 번이 개국으로 전환하고, 유신으로의 움직임이 본격화한다.

유신 후의 그의 앞길은 일사천리로 진행된다. 특히 1871년메이지4의 이와쿠라 사절단의 해외파견 때, 같은 부사인 오쿠보 도시미치에게 접근한 것은 커다란 정치적 자산이 되었다. 1878년메이지11의 오쿠보 암살 후에는 그의 후계자로 간주되어, 메이지 정계의 제1인자로서 확고부동한 존재가 되고 이후의 일본의 내정외교 전반을 이끌어가게 된다. 이토에게 압도적인 사상적 영향을 준 것은 구루하라, 쇼인, 기도이지만, 특히 조선침략사상의 계보로 말하면, 쇼인이 제창하고 기도가 실현을 도모하여 이루지 못한 것을, 이토가 계승하여 완성시킨 것이다. 즉 이토는 막말·메이지기에서 정한사상과 그 실천의 통일적 완성을 이룬 인물이다.

청일전쟁과 명성황후 암살 때의 총리

그러면 이토는 어떻게 계속해서 조선에 관계했는가. 먼저 그는 막말의 인격이 형성되는 시기에 스승 쇼인, 기도에 의해 강렬한 정한사상의 세례를 받고, 메이지 초기, 기도·오쿠보 류의 정한론을 실무면, 정책면에서 뒷받침하고 있다. 이토가 사이고의 정한론에 가담하지 않은 것이 정한 그것에 대한 반대가 아니었다는 것은 강화도사건 때에 증명된다. 그러나 이토는 자신이 사이고의 정한론에 반대한 사실을 가지고, 평생 자신은 정한론자가 아니라고 선전했다.

다음에 갑신정변 후 청국에 가서 리홍장과 담판하여 천진조약을 맺고, 앞으로 조선에 출병할 때에는 사전에 통지한다는 항목을 넣어 조선으로의 출병권을 확보하고, 조선침략정책을 크게 전진시킨다. 이것은 뜻밖에도 청일전쟁을 예지하고 나서의 복선을 깐 것이 되었다. 그 후 이토는 내각제도를 받아들여 스스로 초대 내각 총리대신이 되고, 이하 모두 4차의 내각을 조직하여, 합계 7년 반이나 최고지도자로 군림하게 된다.

청일전쟁 때의 총리였던 그의 강인한 조선정책은 명성황후 암살 사건 등과 함께 강한 인상을 갖게 했다. 그러나 뭐라고 해도 조선 민족이 잊을 수 없는 것은, 러일전쟁 후 무력협박 아래 을사보호조약을 강제조인하고, 그 후 한국 통감으로 3년 반 사이에 실질적으로 병합을 완수한 이토의 조선침략정책의 추진일 것이다.

무장한 군대를 이끌고 강제적으로 조인시키다

그는 보호조약을 강제로 조인할 때, 주한군사령관 하세가와 요시미치長谷川好道, 1850~1924를 대동하고 입궐했다. 밖은 "용산에 주재하는 일본 보·기병의 일부를 입성시켜서 엄중한 경계를 더하고", 안은 일본군 "병사 칼의 손잡이 소리가 나는"도카노 시게오戶叶薰雄·나라자키 간이치楢崎觀一,『조선최근사』 가운데, 그것도 아무런 외교적 권한이 없는 이토가 한 사람 한 사람 대신을 지명해서 결심을 묻는 방식으로 외교권을 빼앗아 통감부의 설치를 정했다. 그리고 보호조약 체결 직후의 한성, 인천 관민 환영회에서는 "지금 한국인이 미개하다고 해도 그것을 모욕하고, 그것을 기만하는 것은 결코 우리 폐하의 마음이 아니다. … 지금 열국이 둘러싸고 보는 때이지만, 만일 그것을 모욕하고, 그것을 기만하는 일이 있다면 바로 우리의 국위를 잃고, 우리 국가의 불이익은 말할 수 없을 정도다. 그러므로 나는 신 조약의 수행에 주저하지 않음과 동시에, 한인의 경우에 대해서 진정으로 가슴 속, 많은 눈물을 금할 수 없다…"고 말했다. 이토는 보호조약 문제로 자기가 취한 언동과 그 결과에 대해서는 충분히 일의 중대함을 인식하고 있었던 것이다.

초대 통감으로는 이토가 임명되었다. 이토는 도쿄의 기자 초대회에서 "우리나라의 인구 증가는 이상하게 높은 비율을 보이고, 이 증가하는 인구가 한국을 향해 팽창해야 하는 것은 자연적인 운명이다"「이토공 연설 전집」라고 취임 포부를 말한다. 이렇게 이토는 군복과 흡사한 통감복을 착용하고 의기양양하게 한성으로 들어가, 점차 외교, 군사, 경찰, 재정권 등을 잡고 착착 병합으로의 실적을 쌓아 가는데, 그의 권력은 한국 황제를 훨씬 능가했다. 그는 헤이그밀사 문제를 구실로 고종을 강제 퇴위시켜, 차관을 비롯한 중요한 지위에 많은 일본인을 임명하고 한층 통감정치의 강화를 도모했다. 이토는 헤이그밀사 사건 이후 이토와 이완용을 조인자로 하는 「제3차 한일협약」정미7조약을 체결했다. 제1조는 "한국 정부는 시정개선에 관해 통감의 지도를 받을 것"이라고 하여, 법령의 제정, 고등관리의 임명권을 통감이 가지게 되어, 조선의 내정권은 이토가 완전히 장악한다. 또, 따로 「7개조 조약」이란 비밀취조서가 있어, 조선 군대의 해산 건이 들어 있었다. 즉 이 단계에서 확실해진 것은 보호조약으로 외교권을 빼앗고, 정미7조약으로 내정권과 군정권을 빼앗아버린 것이다. 이것으로 조선은 주권국가의 국가통치 3대 요소인 내정권, 외교권, 군정권의 전부를 완전히 잃은 것이다. 여기서 나중의 병합조약과 관련해서 말하면, 이 시점에서 조선은 주권의 실체인 3대 요소를 모두 잃어버리고 있었기 때문에, 외교 교섭권과 조약 체결권의 국제법적 자격을 잃어버리고 있었다는 것이다. 일본은 외교 교섭권도 조약 체결권의 자격도 없는 조선과 병합조약을 맺었다. 그러므로 병합조약 유효론은 성립하지 않는다.

일본인 가운데에는 이토를 병합반대론자였다는 설을 토로하는 사람이 있는데, 그는 일찍이 "특히 한인은 시기하고 의심하는 마음이 깊어, 자칫하면 일본이 한국을 병탄하려는 것을 의심하는 자가 많다. 이것 또한 지당하다. 누구도 자국의 병탄을 바라는 자는 없을 것이다. 나는 이점에 충분히 주의하여 노력하고 한인의 오해를 풀어 일본은 한국을 부식하고 개발하여 한·일이 함께 그 복리를 달성하려고 한다"라고 말하면서도, 실제는 그 반대의 일을 했다.

1909년메이지42 7월 6일 메이지정부는 내각회의 결정으로 한국병합을 결정했다. 이토는 3년 반의 통감 재임 중, 조선을 실질적으로 병합화하고 그 직을 그만두었다. 통감 사임 후, 이윽고 메이지 천황으로부터 한국 황태자 이은李垠의 보육輔育총재를 명받았다. 황태자를 동반한다는 형태를 취하고, 8월 1일부터 23일간 도호쿠東北, 홋카이도를 다니고, 가는 곳마다 반드시 일장 연설을 시도하여, 그 수가 11회에 달했다고 한다. 그 내용은 여러 갈래인데, 한국 황태자를 동반한 이상, 조선에 대해서는 개략적으로 언급하고 있다. 그 가운데 내용 대부분이 조선 문제라고 할 수 있는 연설은 1909년메이지42 8월 6일의 하코다테函館 환영회에서 한 것이다. "한국은 우리의 이웃나라로 일본제국과는 지금 공통적으로 이해를 도모하고 있다", "그들은 독립할만한 국력이 없음을 잊고, 일본의 정치지도政圖에 반하려고 하여 어쩔 수 없이, 작년에 제2협약을 체결하고, … 이에 이르러 한국의 정치는 거의 완전히 일본국의 책임으로 돌아갔다…", "한국 황태자는 참으로 어려서 불과 12세에 지나지 않는다. … 이에 상당한 교육을 하면 다른 날 한국의 명군주가 되고, 일본을 위해서는 중요한 근거지가 될 것을 믿고 있다."『이토공 연설 전집』

이미 1개월 전인 7월 6일에는 병합을 내각회의에서 결정했다. 즉 병합은 시간 문제였다. 그것을 "다른 날 한국의 명군주가 되고, 일본을 위해서는 아성"이 될 것이라고, 뻔뻔스럽게 말하는 것이다.

이토가 중국 동북부의 하얼빈 역 앞에서 안중근 의사의 권총 탄 3발을 맞고 처단된 것은 같은 해 10월 26일의 일이다. 안 의사의 총탄에는 이유 없이 나라를 빼앗긴 민족의 무한의 한이 담겨져 있다. 메이지정부는 이토의 장례를 히비야日比谷공원에서 국장으로 치루었다.

"노인, 어린아이, 베짜는 여자, 밭가는 남자도 애도하지 않는 이가 없"다고 일컬어지는 상황 가운데, 장례에는 내외의 귀빈 5000명이 참가했다. 정치가 한 사람의 죽음을 나라 전체가 애도해도 망국민 2000만의 곡성이 귀에 도달하는 일은 없었음에 틀림없다.

30. 데라우치 마사다케

'조선인은 복종할 것인가, 죽음을 택할 것인가'
무단통치로 악명 높은 초대 조선총독

데라우치 마사다케寺內正毅, 1852~1919는 제3대 한국통감, 이어서 초대총독으로 악명 높은 무단통치기의 책임자였다.

조슈 번사 우다다 마사스케宇多田正輔의 셋째 아들로 태어나, 데라우치 가문의 양자가 된다. 양가 모두 경격輕格, 낮은급 출신이다. 어릴 때 데라고야 등에서 소도쿠素讀(음독을 말함), 논어, 습자 등을 배웠다. 15세에 선배 시나가와 야지로品川弥二郎(요시다 쇼인의 제자)의 권유로, 조슈 쇼타이諸隊 중의 하나인 미다데다이御楯隊4)에 들어가, 막부의 제2차 정장전征長戰, 조슈정벌에는 공격군인 막부군과 싸웠다. 또 무진전쟁에서는 홋카이도에서 에노모토군榎本軍과 싸우고, 전후는 도쿄에서 신정부의 병부성으로부터 프랑스식 보병학 수업을 명받았다. 한 때 휴직도 했지만 점차 진급하여 1877년메이지10의 서남전쟁에서는 육군대위로 중대장으로 사이고군과 싸운다.

이 때 데라우치는 다바루자카田原坂에서 총탄을 맞고, 오른쪽 팔을 다쳐서 이후 그는 제일선에서 군졸을 지휘하는 것이 불가능하게 되었다. 주로 사관

---

4) 1864년의 긴몬(禁門)전쟁에서 패퇴한 자들이 결성하여, 1867년 군제개혁으로 고조다이(鴻城隊)와 합병해서 세이부다이(整武隊)가 된다.

교육, 군정전軍政畑, 군정에 관한 근무, 참모전參謀畑에서 그 지위를 높이고 세 차례 유럽에서 근무한 후, 1902년페이지35 중장으로 육군대신(제1차 가쓰라내각)이 되고, 육군대신의 입장에서 러일전쟁의 전국戰局에 관계한다. "제국의 무게를 한국의 보전에 두는데, 하루를 위해서가 아니다. … 한국의 존망은 실로 제국의 안위가 연결되는 곳"이라는 것은 천황의 선전포고 중의 한 구절이다. 이 때 조선 정부는 일본에게 러시아의 침략으로부터 지켜달라고 부탁하지 않았다. 그러기는커녕 국외중립을 선언하고 있다. 그것을 일본은 대 병력을 조선에 상륙시켜 중립선언을 무시하고, 군사의 압력 하에 반 보호조약적 성격을 가진 「한일의정서」를 조인시킨다. 무법적인 압력에 굴복한 조선의 위정자가 야무지지 못한 것은 논외로 하지만, 조선의 존망이 일본의 안위에 연결된다는 논리는 그 후의 조선 및 중국, 그리고 아시아 전역의 침략을 기도하는 일본의 행동을 관통하는 것이 된다.

현재 그 유효성이 당사국 조선(남북 모두)을 비롯해 국제적으로도 부정되고 있는 을사보호조약은 이토 히로부미에 의해 강제 조인되어, 거기에 근거한 통감부가 조선에 설치되었다. 이토는 초대통감, 2대째는 부통감이었던 조슈 출신의 소네 아라스케, 그리고 제3대 통감에 현직 육군대신인 상태로 데라우치가 취임한다. 육군대신 데라우치 통감의 임무는 분명하다. 보호지배를 완전한 영유로 전환시키기 위한 병합이 목적이다. 이렇게 조선은 1910년 8월 일본에 의해 완전히 군사점령 아래로 편입된다. 그가 현직 육군대신이었던 의미도 이해될 것이다. 의병투쟁은 수그러들고 있었지만, 전국에서 계속해서 치열하게 싸우고 있는 곳도 있었다. 데라우치가 총독으로서 한 일은 군사폭력 지배의 '무단통치'다. 총독은 일본 천황에게 직속하고, 조선에서의 입법, 행정, 사법, 군사력 행사 등에서, 무제한의 권력이 주어지고 있었다. 헌병과 경찰은 일원화되어 이 무력지배의 중앙에 경무총감부를 두고,

헌병사령관 아카시 모토지로明石元二郎, 1864~1919가 경무총감에 임명되었다.

데라우치는 "조선인은 복종할 것인가, 아니면 죽음을 선택하라"고 말했다고 전해져, 이것이 무엇에 근거하고 있는지는 알 수 없지만, "데라우치 백작의 자질과 성품은 민의 여론을 존중하는 입헌적 정치가라고 전해지기보다, 오히려 자기의 의지를 절대로 여기고, 자기의 명령을 절대로 하는 무단적 정치가다. 그 폐단은 자칫하면 전제로 흘러, 위압을 일삼게 되고, 편협 고루한데 기운다"『조선공론』다이쇼5년(1916) 6월호 또는 나카노 세이코中野正剛에게 '선의의 악정'이라고 평가받는 것을 보면, '복종인가 죽음인가'의 전설은 데라우치의 무단통치의 내실을 알아 맞춘 것이었다. 그의 정책은 ① 조선인의 일체의 정치적 자유를 빼앗고, 결사나 집회의 자유를 금지하고, 한편에서 민족을 배반한 친일 매국노에게는 우대조치를 강구하고, 그 육성과 온존을 꾀했다. ② 철저한 경제적 수탈을 자행했다. ③ 조선의 민족문화 말살. 무단통치기의 정책을 상론할 여유는 없지만, 요컨대 자유는 빼앗고, 조선의 경제를 일본 경제에 종속시켜, 일본 경제의 원자原資적 축적에 최대한으로 봉사하도록 재편성되었다. 그 위에 '교육령', '학교령' 등을 공포하여 일본 천황에게 충실한 일본인이 되도록, 고유한 역사의식과 문자, 언어의 소멸을 도모하고, 조선인을 식민지 노예로 만들어 바꾸려고 했다. 교사에게 검을 차고 수업을 하게 한 것은 상징적이라고 할 수 있다. 또 이 시기 문화재를 대량으로 약탈하고 있다. 그 행방은 지금도 알 수 없는 것이 많다. 데라우치의 전기에 의하면, 병합 때 자신 만만한 얼굴로 노래한 유명한 노래가 있다.

고바야가와(小早川), 가토, 고니시도 세상에 있다면, 지금 밤의 달을 어떻게 볼까.

고바야가와 다카카게小早川隆景, 1533~97는 모리 가의 대표, 그리고 가토 기요마사, 고니시 유키나가도 각각 한 쪽의 대장으로 히데요시 군대의 대표적 무장으로 조선을 침략했다. 그들이 할 수 없었던 것을 나는 해냈다고 하는 유치한 감정 중에, 임진왜란 이후 요시다 쇼인, 기도 다카요시, 오무라 마스지로大村益次郎, 이토 히로부미, 야마가타 아리토모, 이노우에 가오루, 가쓰라 다로라고 하는 조슈 전래의 조선침략사상이 헛된 집착으로 변하여 관통하는 계보의 흐름을 본다.

31. 아카시 모토지로

반일의병투쟁의 탄압 책임자
주한헌병대장으로서 일만 수천 명의 의병 살해

아카시 모토지로明石元二郎, 1864~1919는 이토 히로부미의 통감정치 때는 헌병대장, 데라우치의 무단정치로 일컬어지는 총독정치 때는 헌병사령관 겸 경무총장이었다. 즉 아카시는 무력행사의 책임자로서 이토, 데라우치에게 출사하고, 조선인에게 피의 대탄압을 가한 직후의 행위책임자다.

선조 아카시 야스마사明石安正는 우키다 히데宇喜多秀 가문을 따라 조선침략에 종군하고, 조선에서 죽었다. 그 후 아카시 가문은 대대로 후쿠오카 구로다黑田 번에 출사하여 천석을 받는 높은 문벌을 자랑해 왔다. 옛날 구로다黑田如水의 아버지가 아카시 가문의 딸을 부인으로 삼은 것을 보면, 번주 구로다 가문와 아카시 가문은 인척관계에 있었던 것이다. 아버지 아카시 스케구로明石助九郎의 차남으로, 나중의 후쿠오카시 덴진초天神町에서 태어났다. 아버지는 모토지로가 만 2세 때 '사정이 있어 할복'했다고 한다. 후쿠오카 번의 번칙에 16세 이하의 상속을 허가하지 않았는데, 형은 당시 6세였다. 2년 후에 메이지 유신이 일어난다. 일가의 고통이 그렇게 시작한다. 모토지로는 외가댁에서 어린 시절을 보내고, 친척집에도 신세를 지면서 소학교를 다녀, 12세 때 아카시 가의 알선으로 도쿄에 올라간다.

도쿄에서는 야스이 솟켄安井息軒, 1799-1876의 주쿠에 들어갔지만, 다음 해 육군유년幼年학교에 입학했다. 여기라면 학비는 걱정이 없었다. 이 해 서남전쟁이 시작된다. 4년 후 사관학교 입학, 약 3년 후 졸업, 육군소위로 임관하게된다. 만 19세 군인 아카시 모토지로의 탄생이다. 그 후 그의 군력은 부대소속이나 육군대학 졸업, 참모본부 소속, 거기에 유럽 제국에서의 공사관 무관등이 있다. 뭐니뭐니해도 러일전쟁 중에 유럽에서의 대러시아 첩보활동과조선에서의 의병운동에 대한 탄압 지휘가 가장 눈에 띈다.

아카시의 대러시아 첩보활동은 1901년에 중좌로 프랑스공사관 소속 무관을 명받았을 때부터라고 말할 수 있을지 모른다. 그는 다음해 러시아공사관의소속이 되고, 러시아 수도에서 러시아어와 러시아의 국내 상황에 대해서 열심히 연구를 거듭하고 있었다. 당시 일본과 러시아의 관계는 조선 및 만주 문제를 둘러싸고 서서히 긴장을 더해갔다. 그는 러시아의 수도에 근무하던 중대좌로 승진하고, 1904년 2월 10일 대러 선전포고가 되자, 그대로 그날 참모본부 소속을 명받게 된다. 아카시의 대러첩보·첩략 활동의 개시다.

공사관은 러시아에서 스웨덴의 스톡홀름으로 옮겨졌다. 아카시는 베를린, 파리, 런던 등의 정보 집중 도시에 출몰했다. 러시아의 망명정객이나 러시아에 압박을 받거나 영유되어 있는 폴란드, 아르메니아, 코카사스 등의 망명정객 등과 빈번하게 만나서 돈이나 무기를 알선하거나, 정치, 군사에 관한정보를 취하기도 했다. 이 때 망명중인 레닌과도 만났다고 한다. 그의 활동의실효 정도는 어쨌든, 러시아는 러일전쟁 중에 일어난 1905년의 제1차 러시아혁명으로 국내에서 혁명이 일어나는 위기에 직면했기 때문에 일본과의 강화에 응한 것은 사실이다. 아카시의 움직임은 충분히 1개 사단 이상의 움직임이라고 일컬어지는 것도 이유가 없는 것은 아니다. 나중에 일본 군부가 스파이양성기관 이른바 나카노中野학교를 창설했을 때, 모범은 아카시였을 정도로그의 평판은 이면공작에서 높았다.

아카시는 1907년메이지40 10월 육군소장이 되고, 이토 한국통감 하의 조선에 가서 헌병대장으로 이토를 도와, 조선 전국에 팽배하게 끓어오르고 있는 반일의병투쟁을 유혈로 탄압한다. 아카시를 주한헌병대장으로 발탁한 것은 육군대신 데라우치 마사다케다. 이토는 이토대로, 의병투쟁의 치열한 기세를 탄압해 주었기에 "육군의 비장인물을 데라우치에게 빌려달라고 명했기 때문에 아카시와 같은 쾌남아를 얻었다"고 기뻐했다고 한다. 이처럼 아카시의 의병탄압은 더없이 맹렬했다.

일본에 의한 통감정치는 이토 히로부미, 소네 아라스케, 데라우치 마사다케의 3대로 1906년 2월부터 1910년 8월까지의 4년 7개월이지만, 아카시는 병합 후도 헌병대장, 또 한국주차군 참모장의 직책으로 일관하여 조선인의 독립투쟁에 대한 군사적 탄압의 책임자로서 계속해서 군림해 왔다. 1913년 다이쇼2에 조선주차군사령부가 간행한 『조선폭도토벌지』에 의하면, 1906년부터 1911년의 6년간, 조선의 독립을 요구하여 일어난 '폭도' 1만 7779명을 죽이고 있다. '폭도'란 의병을 말한다. 일본은 한국병합을 "병사 한 사람도 피를 흘리지 않은 평화의 병합"(『아카시 모토지로』 상권)이라고 하지만, 그 거짓말을 1만 7000명의 의병의 죽음이 거꾸로 비추어 밝히고 있다. 아카시에 의하면 히데요시의 침략 때에 조선에서 죽은 선조의 원수를 잡고, 조상 전래의 정한사상을 실행할 속셈일지도 모르지만, 안중근 의사가 "다른 나라를 빼앗는 자가 폭도인가, 외적으로부터 자국을 지키는 자가 폭도인가"라고 예리하게 묻는 데는, 아마도 박식한 아카시도 답할 수 없을 것이다.

32. 하세가와 요시미치

조선에서의 무단통치정책의 실행자
3·1독립운동에서 반격을 받다

하세가와 요시미치長谷川好道, 1850~1924는 조슈계의 군인으로 나중에 원수가 되고, 군인으로서 최고의 자리에 오른 인물이다.

하세가와 요시미치는 조선에서 두 시기에 각각 매우 커다란 접점을 가지고 있다. 하나는 청일전쟁 이후의 한국주차군 사령관으로서 조선에 군림한 것이고, 두 번째는 데라우치 마사다케 초대 조선총독의 뒤를 이어 제2대 조선총독으로 문자 그대로, 조선인의 생사여탈의 권한을 잡은 것이다.

아버지는 조슈 번의 지번支藩 이와쿠니岩國 번사로 도지로藤次郎라고 하고, 번의 검술 사범이다. 요시미치는 어릴 때부터 검술에 숙달하여, 신동이라고 불렸다. 또 학문 쪽은 번의 유학자, 히가시 소이치東崇一에게 양명학을 배웠다. 어린 나이였지만 조슈 번의 정의대에 들어가, 무진전쟁에서는 도산도東山道 선봉으로 각지를 전전했다.

1877년메이지10 육군중좌로 서남전쟁에 참가하고, 1886년메이지19 소장, 청일전쟁에 출정하여 수훈을 세우고 남작을 수여받는다. 1896년메이지29에 중장이 되고, 러일전쟁에는 근위사단장으로 출정, 요양遼陽회전에서 공을 세워 대장으로 진급한다. 1905년메이지38 10월 중순에는 한국주차군사령관제2대으로 서울에 진입했다. "한국의 상하는 단지 멀리 장군의 위용에 전율하여 절하고, 엎드려 감히 우러러 보는 자가 없었다. … 한국 총독의 실권을 갖는 자로서, 한국이 살고 죽는 것은 오로지 장군의 심정에 있었다."잡지 『조선』 메이지42년(1909) 1월호고 평해진 것은, 절대 과장된 말이 아니다.

한국 군대의 해산, 경찰권의 박탈 등을 제언하고 실행

하세가와가 한성에 온 지 1개월 후에 이토 히로부미가 한성에 들어와, 저 악명 높은 을사보호조약을 불법 체결시키게 된다. 하세가와가 군사령관으로서 한성 시내는 물론, 조선 왕궁까지 총검을 가진 군대를 배치하여, 한국의 대신들을 군사로 위협하면서 일을 추진한 것은 너무나 유명하다. 그런 하세가와가 이토 내한에 맞추었다고 생각되는 1906년메이지38 11월에 작성한 의견서다. 하나는 「한국 경영소감」, 다른 하나는 「한국 경영기관의 수뇌에 대하여」『이토대사 한국왕복 일지』 사본, 조선대학교도서관 소장라는 제목이다.

「한국 경영소감」은 10항으로 나누어져 있다. "일반 민중은 우매하다. 대개 순종하여 제어하기 쉽다. … 그러므로 우리의 대한정책은 그 근본주의에서, 관리 및 준 관리 등에 대해서는 특히 준엄하게 하고, 그에 반해 일반인에 대해서는 이른바 일시동인一視同仁, 모든 사람을 평등하게 보아 똑같이 사랑한다의 정성을 가지고 여기에 임"하면 좋겠다고 한다. 또 "대한정책의 실행은 … 한인과 같이 시의심이 많고, 또 거의 선천적으로 궤변을 늘어놓고, 중상을 꾸미는 잡배를 상대"해서는 안 된다고 한다. 그 위에 "시기, 허구, 중상, 궤변은 한인 특히 정계에 넘치고 이로운 것만을 노리는 잡배들의 유일한 수단"이므로, 이것을 시정하기 위해 "충분한 보호 아래에 아주 큰 기관과 신문을 설치"해야 한다고 말한다. 이외에도 궁중과 정부의 별도의 확립, 한국 군대의 해산, 경찰권을 일본이 장악하는 것, 등등의 제안을 하고 있다.

또 「한국 경영기관의 수뇌에 대하여」에서는 "대한정책의 실행은 입으로만 하는 것이 아니라, 반드시 실력행사가 뒷받침되기를 기다린다"고 시작하여, 한국 국왕과 정부대신들은 구두 또는 문사文事로는 움직이지 않기 때문에, "병사와 말의 실권을 장악하는 무관으로 하여금 동시에 경영기관의 수뇌가 되게"하지 않으면 안 된다고 한다. "꿈틀거리고 어리석어 무기력한 일반 민중에 대해서는 문무관의 누군가를 기관의 수뇌가 되게 해도" 상관이 없다. 그러나 "성질이 용렬한 미개한 백성과 경계를 사이에 두는 것이 멀지 않은 그들에 대해서는 압력이 동반되지 않는 수단은 도저히 효과를 올릴 수 없다"고 한다. 그리고 조선통치에 대해서 마지막에 "무단적 수단을 원만하게 실현시키는 방법은 무엇인가, 한국 경영기관의 수뇌에 견주면 무관을 가지고 하는 것이 있을 뿐"이라고 맺는다. 무단통치의 선언이다. 중요한 것은 그의 의견은 거의 실행으로 옮겨졌다. 이것들의 구체적 시책의 근저에는 "인민은 어리석고 몽매하다", "오랑캐와 경계를 사이에 두는 것이 멀지않은 그들" 등의 모욕적인 말에 보이는 것처럼, 어쩐지 무섭기까지 철저한 조선 민족에 대한 편견과 멸시관이 가로놓여 있다.

그야말로 조선에서의 무단통치 정책의 창시자이고, 나중의 총독시대와 아울러, 명실공히 실행자다.

1907년메이지40 헤이그 밀사사건에서 고종이 퇴위하게 되고, 제3차 한일협약에서 이토 통감이 내정권을 일본 측에 빼앗았을 때, 하세가와는 억지로 조선 군대를 해산시켰다. 이로부터 군인들은 대거 의병운동에 참가하게 된다. "군대를 해산해서 폭도봉기의 대 원동력을 폭발시키는 어리석은 대책에 이르러서는 … 하세가와 장군 아주 굉장한 실책이다"「조선」 메이지42년(1909) 1월호 라고 한 것은 일본인 거류민으로부터의 비판이다.

1908년메이지41 12월 하세가와는 해임되어, 군사참의관, 참모총장을 역임하고, 1916년다이쇼 10월 데라우치의 뒤를 이어, 제2대 조선총독이 된다. 세상에서 데라우치, 하세가와의 조선통치 시대를 무단통치기라고 하지만, 하세가와야말로 그 기반을 만든 인물이다.

　이윽고 사람들은 알게 된다. 조선 민족에 대한 단호한 무단통치의 의견을 자세히 말하고, 스스로도 조선 민중에 대한 탄압을 열병적熱病的으로 실천한 하세가와 요시미치야말로, 3·1독립운동의 팽배한 혁명적 대중봉기에 의해, 몸으로써 그의 의견이 잘못된 것을 깨닫게 된 당시의 조선 총독이었던 것을.

33. 기노시타 나오에

투철한 조선 인식
다채로운 얼굴을 가진 선진적 사상가

기노시타 나오에木下尚江, 1869-1937는 신문기자, 사회운동가, 소설가, 평론가, 그리고 기독교적 사회주의자라는 다채로운 얼굴을 가진 선진적 사상가다. 기노시타를 깊이 연구한 야마기와 게이지山極圭司 씨의 정리에 의하면, 기노시타는 일본에서 보통선거운동, 사회주의운동, 평화주의운동, 천황제를 비판한 선각자라고 한다. 나는 여기에 조선론 및 조선 인식의 선진성을 더하고 싶다. 기노시타의 조선 인식은 동시대, 즉 메이지의 대표적 사회주의자 고도쿠 슈스이幸德秋水, 가타야마 센片山潛, 사카이 히코堺利彦 등의 조선 인식보다도 훨씬 투철한 것이었다. 메이지, 초기 사회주의의 시대, 사회주의자라고 해도, 조선 인식에서 멸시와 편견에 갇혀 정확한 조선상을 잇지 못하고 있던 때, 기노시타 나오에는 어떻게 그것이 가능했던 것일까? 작금의 조선을 둘러싼 여러 상황과 편견에 가득 찬 '여론'의 실정에 비추어도, 기노시타 나오에의 조선론 및 조선 인식의 소개는 따끔한 충고임은 의심할 수 없다고 생각된다.

예리한 정치, 사회, 전쟁비판

나오에는 1869년메이지2 지금의 나가노長野 현 마쓰모토松本 시에서 아버지 히데가쓰秀勝, 어머니 구미 사이에서 장남으로 태어났다. 기노시타 가문은 대대로 마쓰모토松本 번도다씨의 하급무사다. 8세 때 가이치開智학교에 입학, 아버지는 순사로 봉직했다. 9세 때 마쓰모토에서 자유민권운동의 연설회가 열렸을 때, 나오에는 조모에 이끌려 자주 연설회를 들으러 갔다. 그러나 이 시기는 도요토미 히데요시의 숭배자였다. 12세 때 메이지 천황이 순행으로 마쓰모토에 와서 가이치학교에 들렀는데, 이 때 천황제에 커다란 관심을 가졌다. 1881년메이지14 13세 때 마쓰모토중학교에 입학, 후쿠자와 유키치의 『학문의 권장』을 읽고 강한 감명을 받았다. 자유당 좌파의 이다飯田사건1)이 발각된 것은 1884년메이지17으로, 이즈음 16세인 그는 크롬웰의 업적에 깊이 감동했다. 크롬웰은 영국의 군인으로 정치가다. 1642~48년의 내란 때 크롬웰은 의회군을 이끌고 영국 국왕군을 무찌르고, 1649년에는 국왕 찰스1세를 재판에 부쳐, 단두대에 올려 사형시키고 공화제를 편 인물이다. 기노시타 나오에는 그런 크롬웰에게 감동한 것이다. 또 마쓰모토 재판소에서 재판받은 이다사건의 국사범들이 호송 중에도 당당한 모습을 보고, "만신의 피가 끓었다"고 한다. 나오에는 상경하여 도쿄전문학교나중의 와세다대학에서 법률을 배우고, 졸업해서 마쓰모토에 돌아가 그 지방의 신문기자가 되고, 변호사 시험을 쳐서 변호사가 된다. 그리고 현 의회 의원선거사건에 연좌되어 감옥에 들어가고, 도쿄에 호송되어 이윽고 무죄가 된다.

　1899년메이지32 31세의 2월 상경해서 시마다 사부로島田三郎의 『마이니치신문』의 기자가 된다. 기노시타 나오에가 가는 곳은 불가능한 일이 없다는 생각이 들게 하는 대활약이 드디어 시작된 것이다. 보통선거운동, 폐창廢娼운동의 본격적 대처는 물론, 아시오足尾 광독鑛毒 문제2)의 실지조사를 하고, 보고기사

---

1) 1884년 12월, 나가노(長野) 현 이다와 아이치(愛知) 현의 자유당원이 정부타도를 계획한 사건.

를 연재한다. 감격한 다나카 쇼조田中正造, 1841~1913는 마이니치 신문사의 나오에를 방문했다. 또 가타야마 센, 고도쿠 슈스이, 아베 이소오安部磯雄, 1865~1949 등이 설립한 사회주의협회에 입회하고, 사회주의자로서의 입장을 명확하게 한다. 그는 웅변가였다. 각지에서의 그의 열변은 청중을 매료했다. 때 마침 러일전쟁 직전기 러시아를 쳐야한다는 소리는 도쿄제국대학의 7박사의 의견서3), 대러동지회의 주전론 강하게 주장, 그리고 신문을 비롯한 전 언론계의 전쟁선동의 와중에서, 비전론의 『만조보』도 드디어 주전론자가 승리하게 되어, 고도쿠 슈스이, 사카이, 우치무라 간조內村鑑三가 퇴사하게 되었다. 기노시타 나오에는 『마이니치신문』에서 비전론의 논진을 펴고 있었다. 그러나 『마이니치신문』도 드디어 1903년메이지36 11월경 주전론으로 돌린다. 이렇게 일본의 언론계는 러시아를 쳐야한다는 주전론의 큰 소용돌이를 스스로 만들어내고, 국민을 대러전쟁에의 열광으로 이끄는 것이다. "전쟁을 찬미하지 않는 자는 사람이 아니라는 것 같은 여론의 열광 사이에 서서, 우리 소수의 동지자는 명백하게 비전론을 절규했다"참회라고 쓰고 있다. 『만조보』를 퇴사한 고도쿠와 사카이는 주간 『평민신문』을 창간하고, 비전운동 및 사회주의운동의 중심이 되었다. 나오에는 "마이니치신문사에서 밥을 먹고 평민사에 근무한다"고 할 정도 『평민신문』에 사력을 다하고, 예리한 정치비판, 사회비판, 전쟁비판 등을 전개한다. 한편에서 『마이니치신문』에 소설 『불기둥』, 『양인良人의 자백』 등의 문제작을 연재, 호평을 얻었다.

2) 군마 현에서 일어난 아시오 광산(古河, 광업)의 공해사건. 메이지시대 후기에 발생한 일본 공해의 원점이다.

3) 러일전쟁 직전, 1903년 6월 10일자로 총리대신 가쓰라 다로와 외무대신 고무라 주타로(小村壽太郎)에게 제출한 의견서. 도미즈 히론도(戸水寬人), 도미이 마사아키라(富井政章), 가나이 엔(金井延), 데라오 도루(寺尾亨), 다카하시 사쿠에(高橋作衛), 오노즈카 기헤이지(小野塚喜平次), 나카무라 신고(中村進午).

조선을 사회주의혁명의 국제연대의 대열에

그러면 기노시타 나오에의 조선론이다. 『평민신문』의 제1호부터 종간인 제64호까지의 적지 않은 조선론은 긍정적이거나 부정적으로 메이지 사회주의자의 조선이해에 대한 인식의 심도와 한계성을 보여준 것이 되었다.

여기서 나오에는 「경애하는 조선」이라는 제목으로 유명한 논설을 쓰고 있다(제32호, 1904년 6월 19일. 이 논설은 무서명이었기 때문에 오랫동안 고도쿠 슈스이가 필자라고 생각되었지만, 고간 도시후미後神俊文 씨와 다니구치 도모히코谷口智彦 씨의 이른바 공동 작업에 의해, 나오에의 글이라는 것이 판명되었다). 이 논설에서 나오에는 "어떻게 조선을 구해야 하는가"라고 설명하기 시작하여, "정치가는 말하기를, 우리들은 조선의 독립을 위해서" 청일전쟁, 러일전쟁을 개시하고 "정의의 전쟁을 칭하"지만 과연 그런가. "진정으로 이것을 조선 국민의 입장에서 관찰해보라. 이것은 하나 같이 일본, 지나, 러시아 제국의 권력적 야심이 조선반도라는 권력이 비어있는 지역을 지배하려는 경쟁에 지나지 않는"다. "금일의 조선은 필경 '승리는 곧 정의'라는 야수적 국제도덕의 희생에 다름 아니"라고 한다. 그리고 "조선은 일찍이 지나 및 인도의 학술, 기술, 도덕, 종교를 일본에 전한 최고의 대은인이다. 그렇지만 일본이 이를 향해 보답하는 것은 자고이래 다만 '침략' 하나가 있을 뿐이다"라고 한다. 또 "세상에 왕왕 조선인의 게으름과 교활을 꾸짖어서 도저히 노예 외에는 또 다른 일을 할 수 없다는 것은 우리가 실로 조선인을 위해 분개하여 그냥 둘 수 없는 바이다"라고 한다. 계속해서 "그들은 선천적으로 게으른 민족이 아니다. 또 교활한 백성이 아니다. 아니, 그들은 근면인내의 아름다운 특징을 가지고 있다"고 하여, 이 백성이 퇴화한 것은 백성이 부유한 것을 위정자가 알면 "바로 가혹한 세금으로 덮치게 되기 때문이다"라고 한다. 이렇게 조선에 대하여 당시로서는 깊은 이해를 보이면서도 "조선은 스스로 독립할 힘이 없기 때문" "초국가의 대사상을 가지고 이것을 이끄는 데 인류 동포의 대열정을 가지고" 하자고 한다. 기노시타 나오에의 크리스천으로서의 사상을 의탁한 생각이라고는 해도, 이 시기의 조선인에게 독립부인, 국가해소를 말하는 것은 조선인이 희구하는 것과는 배반하는 것이다.

기노시타 나오에는 『평민신문』의 후계지라고 할 만한 주간신문 『직언』에 몇 개인가의 서명 논문이 있는데, 무서명의 두 가지 문장은 주목할 만하다.

하나는 1905년메이지38 3월 19일자의 「포로 제군에게 고함」이다. 나오에는 "일본의 각지에 갇혀있는 러시아의 '포로 제군에게 고함'"이라고 호소하며, "동포의 정애情愛를 가지고 제군에게 한 마디"한다고 말하고, 전후 귀국 후의 헌법정치, 민주주의에의 투쟁을 기대하고, 또 러시아 본국에서 혁명운동의 발전과 의의를 말한다. 그리고 "제군, 20세기 초년의 러시아는 아직 19세기 초년의 프랑스와 같다. 서구제국의 혁명이 항상 프랑스의 신호를 기다리는 것 같고, 지금은 동양의 제 망국은 러시아혁명의 신호를 보고 부활하려고 기다리고 있다. … 지나를 보라, 조선을 보라. 우리 어찌 제군의 발분을 기도하지 않겠는가"고 맺는다. 나오에는 여기서 혁명적 국제연대의 대열에 조선을 넣고 있다.

또 하나는 같은 호의 「의전론義戰論, 정당한 전쟁론자에게 묻는다」다. 여기서 나오에는 러일전쟁의 진행과 함께 조선에 들어간 하세가와 요시미치 사령관 이하의 군대가 조선관민의 불만 불평의 표적이 된 것을 지적하고, 최익현이 "조선의 독립을 위험하게 하는 것이라고 개탄하고, 한일의정서의 파기를 상주"했다고 하여, "'조선의 독립' 이것이 다만 조선만의 문제가 아니다. … 의협심 있는 일본인은 조선인의 마음을 가지고 조선의 독립 문제를 보지 않으면 안 된다"고 쓰고 있다. 여기서는 「경애하는 조선」에서의 '초국가'의 설교는 없다.

1905년메이지38 『직언』이 발간 정지가 되고, 평민사는 해산된다. 기노시타 나오에는 이시카와 산시로石川三四郎, 아베 이소오와 함께 기독교 사회주의 월간잡지 『신기원』을 창간한다. 그 창간호1905년 11월 10일에서 나오에는 무서명으로 「지리지상의 조선」을 쓴다. 러일강화조약에서 러시아가 일본이 한국에서 정치, 군사, 경제상의 탁절한 우위를 승인한 것에 언급하여 "처음 독립국으로 조선을 세계에 소개한 일본은 2회의 전쟁을 거쳐 스스로 이것을 획득하고, 조선은 이젠 독립국이 아니다. 그녀조선의 이름은 단지 지리지상에만 오랫동안 남아 있다"고 처절하게 맺고 있다. 또 12월호에서는 「동양의 혁명국」에서 러시아혁명의 파동이 '지나에 조선에 혁명이 비화'한다고 예언했다.

그리고 1906년메이지39 1월 제3호에는 「조선의 부활기」가 쓰여졌다. 1905년메이지38 11월 17일 이토 히로부미가 서울에 진입하여 보호조약을 조인시킨 것에 관한 문장이다. "보라. 한국은 한 나라로서의 존재를 이젠 지구상에 보유하지 않는 것을, 한 나라로서 외교기관을 갖지 않는 것, 이것은 이미 나라가 아니다. 그러므로 한국은 망했다"고 써서, 신문에 실린 「경성통신」에 의해 조약의 조인 장면을 재현시켜, "협약조인 때 불평하는 한인 중, 파기를 부르짖는 자가 있었고, 그 형세가 자못 불온해서 남산 왜성대倭城臺 일대의 산에는 만일의 사태에 대비하기 위해 군대를 두었다. 또 17, 18 양일은 마침 옛 왕성 앞 및 종로 부근에서 보병 1대대의 연습이 있었다. … 보라. 한국민은 자국의 멸망을 결코 수수방관하는 것이 아니다"라고 한다. 그리고 조병세, 민영환 등의 분사憤死를 기록할 뿐 아니라, 마지막을 다음과 같이 맺는다. "아아 한국은 망했다. 영원한 멸망은 아니라고 해도 … 그러나 먼저 한국의 독립을 부르짖은 기탄없는 일본의 학자, 비평가, 지사, 인자는 지금 자국의 멸망에 분개하는 한국의 인사를 가리켜 '완명한 무리'라고 조롱한다. 우리는 일본의 여론에

서 위대한 국민의 동정심을 발견할 수가 없다." 참으로 훌륭한 문장이라고
말하지 않을 수 없다.

　그러나 이윽고 기노시타 나오에는 운동의 일선에서 물러나게 된다. 어머
니의 죽음을 슬퍼한 나머지, 탄압의 강화를 두려워한 때문이라고도 말해진
다. 일본의 크롬웰은 안타깝게도 스스로 생을 마감한 것이다.

34. 니도베 이나조

해박한 지식으로 식민지 지배를 뒷받침
'아이누보호법'에 관여, 이민족지배의 원형을 만들다

니도베 이나조新渡戶稻造, 1862~1933는 농학 및 법학박사, 교토제대 교수, 1고 교장, 도쿄제대 교수를 역임하고, 『무사도』를 집필해 국제적으로 널리 이름을 알린 인물로 5000엔 권의 초상에도 있다. 이러한 국제적 시야도 넓고 말할 것이 없는 윤택한 교양인, 그리고 그는 경건한 크리스천(퀘이커 교도)이기도 하다. 허나 일본제국의 조선을 비롯한 이민족 지배에 적극적으로 기여하고 있는 것을 보면, 오히려 일본인의 침략사상의 뽑을 수 없는 뿌리 깊음에 약간 종잡을 수 없는 생각을 금하기 어렵다.

이나조는 난부南部 번사의 아들로서 이와테岩手 현 모리오카盛岡에서 태어났다. 조부도 아버지도 번의 감정봉행勘定奉行을 근무한 사람인데, 아버지는 48살에 죽었다. 이나조가 만 4살 때였다. 9살 때 숙부의 양자가 되어 오타太田 성을 따르고, 도쿄에 나가 지쿠지築地 외인영어학교와 교칸共慣의숙, 도쿄영학교에서 배웠다. 15살에 홋카이도에 건너가, 삿포로농학교에 들어간다. 이 시기에 세례를 받고 교회에 입회했다. 졸업 후는 농상무성의 관리가 되거나, 농학교 예과에서 교편을 잡았다. 21살 때 다시 상경하여, 도쿄대학에 입학, 이듬해 미국으로 건너가 2개의 대학에서 경제학, 사학, 문학을 배운다. 체재 중 삿포로농학교 조교수가 되고, 다시 3년간 독일 유학을 명받는다.

1891년메이지24 일본에 귀국하여, 삿포로농학교 교수가 되어 농정, 경제학, 식민론을 강의하게 되는데, 이 사이, 니도베 성으로 회복하여 미국 여성과 결혼했다. 그는 선천적으로 성실하게 사람들과 접하고, 크리스천으로서 자기희생적인 봉사를 한 행위로 자주 사람을 감동시켰다. 특히 삿포로 시대 가난한 가정의 아이들이나, 배울 기회가 없었던 사람들을 모아 시작한 '원우遠友야학교'는 그 대표적이다. 1897년메이지30 이나조는 사회활동, 문장활동에서 무리하여 긴 보양생활에 들어간다. 그런 그가 미국에서 다 쓴 것이 『무사도』영문다. 이 책은 세계적으로 커다란 반향을 일으켰다. 각국어로 번역되기도 했지만, 특히 미국 대통령 루즈벨트Theodore Roosevelt, 1858~1919는 이 책에 감명을 받고, 수십 권을 구해 자제, 우인들에게 나누어 주고 일독을 권유했다고 한다. 러일전쟁 전에 나온 이 책이 루즈벨트의 대일 친교에 기여하고 있는 것은 의심할 수 없다.

조선은 '유사이전의 백성' 이라고 멸시

또 니도베는 동서고금에 통달한 해박한 지식과 전문지식을 통해, 일본의 이민족 지배에 크게 공헌하고 있다. 먼저 아이누 민족통치에의 관여가 있다. 홋카이도 개척은 에도막부 말기부터 에조지蝦夷地 문제로서 일본식민사의 원점이기도 하다. 정부는 1899년메이지32에 「홋카이도 구토인舊土人보호법」을 제정하는데, 이 구토인아이누보호법을 요약하면 '보호'를 명목으로 한 동화정책이다. 메이지정부의 아이누 정책이야말로 토지를 빼앗고, 이름을 빼앗고, 전통문화를 부정하고, 노예노동을 강요하고, 민족의 동화를 꾀하는 것이다. 즉 타이완과 조선에의 식민지 정책의 선구를 이루는 것인데, 니도베는 미국 인디언의 동화법인 '도즈법, 도스일반할당법'을 소개해서 '구토인보호법'

의 중개역할을 해냈다.

그는 타이완 총독 고다마 겐타로兒玉源太郎, 1852~1906나 타이완 총독부 민정국장 고토 신페이後藤新平, 1857~1929에게 설득당해, 타이완의 식산과장과 당무糖務국장이 되어, 「당업糖業의견서」를 제출하고, 타이완의 제당업을 왕성하게 하여, 일본의 타이완식민정책에 적극적으로 공헌했다. 그러나 이 시기는 일본에 의한 타이완 포학통치 제1기(1895~1915)에 해당하고, 살해당한 성민省民이 120만 명이라고 일컬어지는 무단통치기인데도, 그에게는 이것에 대한 문제의식은 없다. 그는 깊고 넓은 학식을 가진 인물이지만 침략에는 긍정적이다.

그는 러일전쟁 중, 보호조약이 강제조인되기 전 단계에서 "한국 처분의 문제는 우리의 주의를 끈다. 정치적 본능을 결하고, 경제적 상식에 부족하고, 지식적 야심이 없는 저 박약한 여성적 국민은 갈색 일본인의 무거운 짐이 되리라"「수상록」고 쓰고 있다. 또 통감부 설치 후 수원에서 쓴 「망국」이라고 하는 글에서 힘없는 민과 황폐해진 산하를 아파하기는 해도, 타 민족의 주권을 빼앗은 측의 죄는 물은 적도 없다.

같은 시기 전주에서 쓴 「고사국枯死國 조선」에서, "그들은 제20세기, 그렇지 않으면 제10세기의 백성이 아니다. 아니 제1세기의 백성도 아니며, 그들은 유사전기에 속하는 것이다", "다만 죽은 자와 과거가 상주하는 기념하에서는 조잡한 농부가 배회하고, 노작하고, 휴식하는 것만 있다. 그것을 기념하거나 상주하여 끝내 이것을 돌아보는 자도 없고, 그 교훈을 냉시한다. 그들은 분묘 위에 걸터앉아 점심을 먹고, 아이들은 그 옆에서 놀고 그들이 기르는 소는 풀을 먹고, 이름도 없는 조상의 두개골이 길옆에서 행인이 차는 곳이 된다"고 쓰고 있다. 그리고 조선 쇠망의 죄는 '사람'에게 있다고 하여, 망국의 죄를 조선인 자신에게 씌우고 있다. 조선인 자신이 주체적으로 이 문제를 논하는 것은 당연하지만, 다른 나라의 주권을 강탈한 나라의, 그것도 침략정책에 적극적으로 관계한 인간의 뻔뻔스러움에는 해야 할 말도 없다.

일찍이 니도베는 도쿄제대에서 식민정책을 강의하고 있었는데, 그 강의록의 마지막은 다음과 같이 매듭짓고 있다. "'Colonization is the spread of civilization', '식민은 문명의 전파다' 제군은 비전을 잘 보지 않으면 안 된다." 이 말을 긍정적으로 사용하고 있다는 것은 조선을 비롯한 식민지에 대한 그의 사상의 집약화이기도 하다.

조선통신사를 조공을 위한 사절로 인식

또 그는 『일본』이라는 저서에서 「조선 문제」라는 제목으로 다음과 같이 쓰고 있다. "일본은 그 역사의 초기에서, 조선과 얼마나 복잡하게 얽힌 관계에 있었는가는 이미 보았다. 일본의 태양은 국내의 번영이 해외에서의 계획을 허용하는 데 응해서, 반도왕국에 가라앉으면 떠오르고, 떠오르면 또 가라앉는다. 학문적인 역사가는 언제인가 일본의 조선 계획을 일본 국력의 성쇠의 지표로 볼 것이다. 가장 현저한 그러나 어중간한 정복의 시도는 히데요시가 거행했다. 그 이후 반도에는 손을 댈 수가 없었다. 그러나 일본은 동면중이었을 때조차, 조선이 잠시 그 속국이었던 것을 결코 잊지 않았다. 기억이 집요한 것은 일본인의 민족적 특성이라고 불러도 좋을 것이다. 그리고 일본에 일단 가해진 악과 모욕은 그 가슴 속에 몇 십 년 몇 백 년도 머물러 쑤시는 것이다"라고 하고, 그 위에 "일본 고대에서 반도에서의 모험은 절대적 성공이라고는 먼저 부르지 못하지만, 일본의 주장은 일단 훌륭하게 확립되었기 때문에, 1811년 이후 조선의 정기적 조공이 끝난 것은 도전적 행위라고 생각되었다. 그래서 70년대 초에, 국내사정이 대략 안정되자 바로 사무라이의 사이에서는 국내에서 판로를 거절당한 원기와 자랑이 아직 남아있었기 때문에, 조선에 징계의 병사를 보내는 문제가 전면에 나왔다. 개전파의 주장에는 조선은 조공을 게을리 했기 때문에 처벌해야 한다. 공물의 양이 아무리 거두기에 부족하더라도, 그것은 일본의 종주권을 인정하고 있는 표시이므로, 라고 하는 것이었다." 말할 것도 없이 고대, 중세 이래의 특히 메이지 초기의 정한론에 대한 적극적 평가다. 조금 긴 인용이 되었지만, 이 부분은 현재, 지금의 일부 정치가나 복고적 경향을 갖는 일본인의 조선 인식으로 훌륭하게 통용되는 것과 같다고 생각한다. 한편 조선의 정기적인 조공이란 에도기의 조선통신사의 일이다. 확실한 것은 니도베는 조선통신사를 조공을 위한 사절이라고 인식하고 있었다는 것이다.

병합 직후 그는 「일미의 관계」라는 제목의 글에서, "일찍이 한국에 미국인 헐버트라고 있다. 그의 심사가 천하고 혐오하고 경멸할 정도다"고 공격했다. '태평양의 다리'를 자인하는 니도베가 일본의 조선침략의 비열함을 폭로하는 미국인을 천한 말로 매도하는 것도, 침략의 욕심에 눈이 어두워진 일본 대지식인의 이기적 국익주의의 함정일지도 모른다.

35. 오쿠마 시게노부

'한국 경영은 인자의 일'
'민중정치가' 의 조선 인식

오쿠마 시게노부大隈重信, 1838~1922는 메이지기에 1회, 다이쇼기에 1회, 두 번 총리대신이 된 적이 있는, 근대 일본정치가 중의 거물이다. 오쿠마의 만 84년 생애를 짧은 글로 표현하는 것은 긴 정치적 경력과 파란에 가득 찬 인생 및 그의 복잡한 성격 등을 생각하면 쉬운 일은 아니다. 오쿠마는 항상 이토 히로부미와 함께 일컬어져, 이토와 같이 직접 조선 민족의 운명에 심각하게 관계한 기록은 없다고 해도 그의 직책상, 또는 그의 정치적 지위에서 말하자면 음으로 양으로 조선 문제에 관계했다. 가끔 신문, 잡지에 발표되는 그의 조선관은 민중에게 커다란 영향을 미친 것이다.

오쿠마는 규슈 사가佐賀 현에서 태어났다. 집안은 대대로 나베시마鍋島 가문의 가신으로, 아버지는 노부야스信保, 어머니는 미이코三井子다. 확실히는 모르나 오쿠마 가문의 원조는 스가와라노 미치자네菅原道眞라는 구전이 있는 것 같다. 나베시마 번은 1641년간에이18 이래, 후쿠오카 번과 일 년 교대로 나가사키長崎의 경비警備를 명받고 있었다. 아버지 노부야스는 집안 대대로 내려오는 이시비야 도진石火矢頭人(옛 대포 우두머리), 砲術長으로 나가사키의 수비를 맡았다고 한다.

오쿠마는 7세에 번교 홍도관에 입학했다. 여기서 철저하게 한학을 배웠다.

홍도관의 기본적 교육 내용은 유학(주자학)과 나베시마의 독특한 '하가쿠레葉隱'교, 거기에 난학이다. 오쿠마는 후년, '하가쿠레'교에 비판적으로 대하고 있지만, 그의 삶 자체가 '하가쿠레'적이었던 것은 다소 아이러니다.

젊은 오쿠마에게 사상적으로 큰 영향을 준 것은 에토 신페이와 같은 홍도관 교수 에다요시 신요枝吉神陽, 1824~63의 존왕사상이다. 신요는 국학에 조예가 깊고, 난코楠公, 구스노키 마사시게 공 부자 숭배에 따른 의제동맹을 주재하고, 친동생 소에지마 다네오미, 에토 신페이, 오쿠마, 오기 다카도우大木喬任, 1832~99 등, 즉 나중의 사가 출신의 유신 공신들을 존왕사상으로 교육했다. 여기서 오쿠마는『고사기』,『일본서기』를 비롯한 고대의 역사서, 법제서 등을 배우고 있다.

오쿠마는 바로 난학료에 들어가, 난학에 정진한다. 그리고 5, 6년 후 난학교관이 되지만, 간닌마루咸臨丸의 귀국에 따라 미국 문명이 높은 것을 알고, 오쿠마는 나가사키에서 영어를 배우게 된다.

막말, 나베시마 번도 예외 없이 존왕양이의 사상에 지배되었지만, 유럽열강의 정세를 알게 되면서 양이의 무모함을 알고, 에토, 오쿠마 등의 선진분자는 점차 존왕개국론에 기울어졌다. 결국 오쿠마는 탈번해서 교토로 상경하여 막부의 대정봉환을 획책하지만, 이 일로 번명에 의해 번으로 돌아가게 된다. 번법으로 할복해야 할 것을 번주 나베시마 간소鍋島閑叟의 특지에 따라 근신 1개월로 풀려난다.

이윽고 도쿠가와 막부는 무너지고 메이지유신이 된다. 메이지정부의 초기 구성은 천황에 가깝던 공경公卿과 사초도히薩長土肥의 인물들이다.

이젠, 오쿠마의 경력과 업적을 좇는 것은 그만두고 싶다. 그러나 1873년메이지6의 정한론이 끓어오르던 때 참의라는 정부대신의 중직에 있던 오쿠마가 어떠한 생각으로 이 문제에 대처했는가는 알 필요가 있을 것이다.

외교를 이유로 비정한의 입장에

그는 1895년메이지28 청일전쟁의 한가운데 와세다의 사저에서 「석일담昔日譚」
을 구술하고 필기시켜 『유빈호치신문』에 연재하고, 5월에 1권의 책으로 발
간했다. 제목을 『오쿠마백 석일담大隈伯昔日譚』이라고 하였고, 이 책에서는
당시의 '정한론'의 경위에 대해서 깊이 논하고 있다. 적어도 정한론을 논하려
는 사람에게 이 책은 실로 중요하다. 중요한 첫째는 정한론의 유래와 구체적
경위를 오쿠마 나름대로 밝힌 것과, 다음에 당시의 참의들의(정한파도 비정
한파의 인물들도) 정한에 대한 생각과 그 정치적 동기와 의도 및 생각을 오쿠
마 나름대로 냉정하게 분석해 보인 것이다. 셋째는 하여간 오쿠마 자신의
비정한파로서의 입장과 반대의 이론적 근거를 스스로 밝힌 것이다.

"신대의 전설에 의하면 한일 양국은 원래 순수한 하나의 나라였던 것 같다.
… 신공황후 때에 이르러, 구마소熊襲의 변이 또 일어나서 황후는 스스로 군대
를 인솔하고 이를 정복하여, … 바다를 건너 깊이 한지에 들어가, 한 번에
그 군민을 우리에게 굴복시켰다. … 이래 거의 300년, 삼한의 땅은 완전히
우리에게 신복하여 조공 방문의 예를 빠지지 않았다"라는 것은 당시의 정한
론자와 같은 인식이지만, 진짜로 정한의 군대를 일으키면 어떻게 될지는,
"한의 나라는 가난하고 백성은 약하고, 필경 우리의 적수가 아니라는 것은
본래 물을 필요도 없는 것이지만, 강역이 상접하고 교통이 항상 끊이지 않는
청국이 항상 아버지 나라로서 여기에 임하고 있어, 패심覇心이 무성하고, 침략
의 야욕이 끝없는 러시아가 오랫동안 군침을 흘리고 남하하려고 하고 있다.
우리나라에서 한 번 무기를 움직여 한의 땅에 군림하는 데 있어서는, 청국
러시아 양국이 일어나 우리와 서로 싸우려할 것이다. 청이 일어나고 러시아

가 일어나면, 영국도 움직이고, 프랑스도 움직이며, 독일, 미국도 역시 움직일 것이다." 그렇게 되면 "외교상에 수습할 수 없는 일대 사변을 일으킬 것은 이때까지 추측하기 어렵지 않다"고 하는 통찰력이다. 오쿠마는 메이지정부 안에서의 정한논쟁에서 비정한파의 오쿠보 도시미치 밑에서, 이토 히로부미와 같이 좌우의 손발이 되어서 오쿠보를 돕고, 끝내 사이고, 이타가키, 에토 등의 정한파에게 승리했지만, 그 비정한의 논리는 '내치우선'론의 오쿠보나 이와쿠라 등과도 크게 달랐다고 할 수 있을 것이다.

정부에서의 정한론에 진 사이고는 1877년메이지10 서남전쟁을 일으켜서 패하여 죽고, 비정한파의 총수인 오쿠보도 1878년메이지11 출근 도중, 정한파 사족 시마타 이치로島田一郎 등에 의해 암살당한다. 그리고 오쿠보 사망 후의 메이지정부의 실권은 자연, 오쿠보의 손발이 되어 움직이고 있던 오쿠마와 이토의 두 사람이 장악하게 된다. 이 두 사람의 이른바 정치상의 역학관계를 보면 유신 직후기부터 '메이지 14년 정변'에서 오쿠마가 정권의 자리에서 추방되기까지는 항상 오쿠마가 이토의 상위에 있었다. 그러나 이 위치 관계는 14년 정변으로 완전히 역전되어, 이토가 죽기까지 계속하게 된다. 오쿠마의 마음속에서는 나는 이토의 형뻘이라는 생각이 맴돌고 있었다. 오쿠마는 14년 정변에서 사쓰薩, 구로다 기요타카 죠長, 이토 히로부미파에 쫓기자, 다음 1882년메이지15 3월 개진당을 결성하여 총리가 되고, 9월에는 와세다대학의 전신인 도쿄전문학교를 창립한다. 그는 정당 활동을 통해서 민중을 계몽하고, 교육 사업을 통해서 인재를 양성하는 데 착수한 것이다. 본래 종국의 목적은 정치권력의 자리다. 그 후의 오쿠마는 1888년메이지21 정적이었던 이토내각의 외무대신이 되고, 이듬해 조약 개정 문제로 폭탄을 맞아 한쪽 다리를 잃는다. 또 1896년메이지29 마쓰가타 마사요시松方正義를 수상으로 하는 쇼와이松隈 내각에서 외무대신으로 되살아나지만, 1898년메이지31 드디어 이타가키와 함께 와이한隈板 내각을 만들고 수상 겸 외상이 된다. 전후 어느 평론가가 오쿠마를 "권력에 홀린 일생"이라고 평한 이유다.

한국 경영은 나약함을 돕는 인자의 일

그만큼 권력에 집착하는 모습을 보인 오쿠마지만, 일면 '민중정치가'로도 일컬어져 국민 사이에 인기가 있고, 때에 따라서 발표되는 그의 발언은 널리 국민의 공감을 얻은 것도 사실이다.

그리고 그 중에는 적지 않게 조선 관련 발언이 있다. 예를 들면 1905년 11월의 을사보호조약의 강제 체결 직후에는, "이토공이 견한 대사의 대명을 받음과 동시에 대한정책의 활동을 하여, 공이 경성에 들어간 이래 며칠 되지 않아, 형세가 걷잡을 수 없을 만큼 급작스럽게 전개되어 구체적 종주권의 확립을 보기에 이르렀다.… 유래, 한국 황제는 00주의의 태도였다. 자칫하면 일본에 대해서 면종복배面從腹背, 겉으로 복종하는 체하면서 내심으로는 배반하다의 경향이 있는 분이었다. … 사람이 혹은 한국 상하의 면종복배를 염려할지 모르지만, 한국을 위해 도모해서 말하면, 면종복배는 쓸데없이 그 왕위를 위험하게 할 뿐이다"『오쿠마백 백화大隈伯百話』 라고 설명한 것이다.

오쿠마는 다음 1906년메이지39 3월 재한일본인 상업대표들에 대해서「한국 경영 의견」이라는 제목의 담화를 행하고 있다. "이토후가 금번 한국통감으로서 도한했다. … 원래 약한 자를 도와준다는 것은 이른바 의자義者의 일이다. 불쌍하고 불행한 인간을 구한다는 것은 이른바 인자의 일이다." 이것은 어이없다. 이토가 통감으로 한국에 간 것은 약한 나라를 도와주고, 불쌍하고 불행한 조선인을 구하기 위한, 의자, 인자의 역할을 하기 위해서라고 말하는 것이다.

또 다음과 같이 말한다. "(한국인의) 선조는 우리들과 같다. 일본의 역사에서 말하면, 한국은 상고 일본의 식민지다. 혹은 한국의 역사에서 말한다면, 일본의 국토는 한국의 식민지였다고 말할지도 모른다. 일본의 고대사에서는 의심 없이 한국은 일본의 식민지다. 그렇다면 동일한 인종이다."

'일본은 지주, 조선은 데다이手代'라고 말하다

이 시기의 다른 사람들의 발언과 다소 다른 것은 한국의 역사에서 보면, 일본은 한국의 식민지일 것이라고 말하고 있는 것이다. 또 "장래의 조선은 어떻게 되느냐 하면, 일본인이 지주가 되고 자본가가 되고, 조선인은 반도蕃頭, 현장책임자, 데다이대리인,[4] 우리코賣子, 점원다. 제조라면 노동자, 토지라면 소작인이라는 방식이 될 것이다"라고 말한다. 당시라고 하여도 이 정도 노골적으로 일본, 조선의 우열관계를 말해치운 고관도 없다. 얼마 안가서 조선은 일본에 의해 강탈당한다. 병합 직후 오쿠마는 「조선합방을 어떻게 볼까」에서 "조선은 빈약하다거나 황폐하게 되어 있다고 말하지만, 이것은 실로 이쪽의 바라는 바로 이것이 부국이어서 부력이 많이 개발되어 버린 것이라면, 이쪽에서 손을 댈 곳이 없게 된다"「오배吾輩의 사회관」고 말하는데, 이것은 역시 정직한 본심의 토로다. 오쿠마는 잡지『조선』의 메이지 43년1910 11월호에 「대한정책 및 소감」이라는 문장을 투고하여 "조선을 통어統御, 거느리고 지배해 가는 데는 회유주의를 취하는 것이 옳은가, 혹은 위압주의를 택해야 하는"가, 라고 모두 스스로에게 묻고, "회유주의도 쓸데없이 한민의 안색을 살피거나" 하는 것으로는 안 되고, 위압주의도 "한민의 복종하지 않는 자를 모두 잡아

---

4) 에도시대 중기 이후 군다이(郡代)·다이칸(代官) 등의 하역으로 농정을 담당한 하급역인.

사형에 처해버려서"는 안 된다고 말한다. 여러 가지 제안을 한 뒤 "대한정책도 대한경영책도 그 기본 문제는 그 땅에 야마토 민족을 발전시키는 데 있다"고, 다른 민족 정복의 기본에 논을 귀착시키는 것이다. 또 잡지 『조선』이 메이지 44년1911 1월호에서 「조선인을 어떻게 교육시킬 것인가」라는 특집을 짰을 때, "조선에는 원래 역사라는 것은 없다"고 단언하고, "요는 일본어를 그들에게 보급하면 좋다. 일본어가 가능하게 되고 나서 조선인은 일본인이 되는 것이다"라고 말한다. 이것은 일본의 식민지 당사자가 오로지 그대로 한 것으로, '민중정치가'라는 평판을 얻은 오쿠마 시게노부지만, 1914년다이쇼3 제2차 오쿠마내각을 조직하여 수상이 되고, 「대화對華 21개조 요구」를 중국에 들이댄 침략적 체질을 폭로한 것과 같이, 그 본질은 전혀 바뀌지 않았다.

오쿠마 시게노부는 긴 메이지의 정계에서 제1인자가 되려고 하여, 결국 이토 히로부미를 벗어나지 못한 비운의 사람이라고 말할 수 있다. 이것이 그의 조선정책에 잘 나타난다. 여러 가지를 발언하지만, 결국은 이토의 노선을 뒤좇아 갔다.

36. 고도쿠 슈스이

반침략으로 전환하자 대역사건을 맞이함
사상의 심화와 함께 반침략으로

　고도쿠 슈스이幸德 秋水, 1871~1911, 본명 덴지로(傳次郞)는 메이지기에서 초기 사회
주의를 대표하는 선구적 인물이다. 슈스이는 메이지천황의 암살을 계획했
다는 이른바 대역사건으로 검거되고, 교수형에 처해졌다. 이 사건은 세상에
큰 충격을 주었다. 한편 검거는 조선병합 3개월 전이고, 처형은 병합 5개월
후라는 배경도 있어, 적지 않은 사람들은 정부의 '조선 문제에 관계하지 말라'
는 경고로 받아들인 면도 있었던 것 같다. 정말로 슈스이는 메이지정부를
화나게 하는 조선 인식을 계속해서 보인 것일까. 그 슈스이의 조선관, 조선
인식에 대해서 생각해보고 싶다.

　슈스이는 고치高和 현 나카무라中村 시에서 아버지 가헤이지嘉平次, 어머니
다치코多治子의 차남으로 태어났다. 생가는 약종업의약품판매, 주조가를 하고
있었기 때문에, 상당히 유복하다고 할 수 있지만, 아버지는 슈스이가 한살도
되지 않은 때에 급사했기 때문에 적지 않은 변화가 있었다고 한다. 1876년메이
지9 나카무라中村소학교에 들어가고, 3년 후 한학숙 슈메이칸修明館에 들어가
한문서적으로 된 책을 배운다. 1881년 나카무라중학교에 입학했다. 이 해는
이른바 '메이지 14년 정변'의 해로, 메이지 23년1890을 국회개설의 시기로 한
다는 조칙이 발표되어, 자유민권운동은 일대 앙양기를 맞이한다.

메이지 18, 19년1885, 86 경 향리 도사 출신의 '천하의 명사' 하야시 유조林有造를 알게 되고, 또 이타가키 다이스케가 왔을 때 "나도 같이 참석함으로써 처음으로 자유의 태두가 되는 자를 만났다"고 했다. 이 자리에서 소년 슈스이는 환영의 '축사를 낭독'했다. 그의 감격이 어떠하였을지 추측할 만하다. 1887년메이지20 슈스이는 상경하고, 하야시 유조의 서생이 되어 영학관에 통학하지만, 그 해 12월 보안조례공포로 나카에 조민中江兆民 등 570명이 도쿄 밖으로 퇴거 명령을 받았을 때, 슈스이도 17세로 영장이 집행되었다.

1년 후 다시 상경하기 위해 오사카에 머물고 있을 때, 친구 소개로 생애의 스승, 나카에 조민의 학복學僕5)이 된다. 나카에 가가 도쿄에 돌아왔을 때, 동행하여 나카에 가의 집에 임시로 거쳐했다. 1892년메이지25 자유당의 기관지『자유신문』에 영자신문의 번역을 시작으로, 한 때『히로시마신문』,『중앙신문』,『단단진문団団珍聞』의 사원이 되었다. 슈스이는 1898년메이지31 2월『만조보』에 입사하여 본격적 언론활동을 시작한다. 시기는 청일전쟁에서부터 러일전쟁까지의 근대 일본에 있어 격동의 10년간에 해당된다.

메이지정부와 하나가 된 조선 인식

고도쿠 슈스이의 조선 인식을 알아보자.

슈스이는「러일의정서를 읽음」을『만조보』의 메이지 31년1898 5월 14일자에 발표했다. 러일의정서란 러일 양국이 한국의 주권과 독립을 확인하고, 한국에 내정간섭을 하지 않는다는 것을 약속한, 이른바 '니시 - 로젠협정'의 일이다. "여기 조선의 전도前途는 아직 요원하다. 이것을 손을 잡고 지도하고

---

5) 스승이나 글방의 심부름꾼이 되어 학문을 닦는 사람.

도와서 완전독립을 시키는 것은 일본이 일찍부터 스스로 그 임무로 하는 것으로, 본래 청일전쟁의 목적이 아닌가. 지금 러시아가 스스로 그 손을 거두는데 일본이 자기의 손발을 묶는 것은 무엇이냐"고 일본 정부의 저자세를 비난하는 것이 되었다. 슈스이의 지인은 청일전쟁 때, 슈스이가 청한 양국에 대해서, 매우 침략적이었다고 하지만, 「러일의정서를 읽음」은 그 인식이 조금도 변함이 없음을 보여주고 있다.

1900년메이지33 7월 슈스이는 잡지 『일본인』에, 「청국문제와 터키문제」를 발표했다. 이것은 지난해 청국에 의화단이 일어나고, 다음 1900년 6월 베이징의 각국 공사관이 포위당해, 각국 병사가 의화단과 교전한 것과 관련해서 쓴 것이다.

"우리나라가 조선의 부도扶導를 표방하고, 청국의 보전을 주장하여 동양의 평화를 부르짖는 이유는 실로 이것슈스이는 정의와 인도라는 의미로 말한다 때문이 아니냐. 우리는 청국의 동란을 진정시키기 위해서 대병을 보내야 하고, 그리고 출병의 경비는 보상해야 한다."

슈스이가 몇 년인가 뒤에 중국의 혁명가와 연대할 당시의 조선·중국 인식은 이렇게 침략적이다.

또 메이지 33년1900 8월 3일자 『만조보』에 「러일의 관계(조선 문제)」라는 논설을 발표한다. "조선 문제는 현재 및 장래에 동양 문제의 쐐기가 될 것이다", "러시아가 조선의 한 항구만이라도 얻게 된다면, 이것은 일본을 위해서 아니 동양 전체의 평화를 위해서 일대 독침을 찌르는 것과 같다. … 러시아가 이것을 강하게 주장하고 실행하고자 한다면, 즉 동양 신흥의 강국과 감히 일대 결전을 할 각오를 하지 않을 수 없다." 이 때 슈스이는 조선영유권을 둘러싸고 러시아와 일대 결전을 할 생각이었던 것이다.

이렇게 침략적이고 호전적인 슈스이가 단 4일 후에 같은 『만조보』에 평화주의에 입각한 「비전쟁주의」라는 논설을 발표하고, "평화론자, 비전쟁주의자는 어째서 다수 병사의 고통을 말하지 않는가", "어째서 군인 유족의 비참을 말하지 않는가"라고 전쟁의 비참과 사람들의 고통을 논했다. 그리고 같은 해 8월 23일자 『만조보』에 「조선의 동란과 일본」이라는 제목의 논설을 발표, 논설 중 "우리 일본이 조선의 독립을 부식扶植하고 평화를 보존하는 데 힘쓰는 것은 [메이지] 27, 8년[청일전쟁]이래의 국시로 하는 것으로 이것은 우리 국가의 존립을 위한 필요조건이다. … 만일 조선의 한줌의 흙이라도 다른 열국의 손에 의탁하는 것은, 실로 장래 제국의 위험이고 그리고 동양평화의 위험이다. 우리 일본은 금후의 위기에 직면하여 가령 조선 정부의 희망이 이것이 아니라고 해도 맹연히 스스로 나아가 그들을 도와, 평화보존의 일에 임해야 한다."

당시의 고도쿠 슈스이에게는 조선인의 존재는 물론 조선 정부의 주권 그 자체도 안중에 없고, 있는 것은 멸시와 메이지정부와 일체감을 가진 침략의 야심뿐이었다.

제국주의를 비판하면서도 조선영유론에는 무비판

1901년메이지34 4월 고도쿠 슈스이는 『20세기의 괴물 제국주의』를 간행했다. 이 저서에서 슈스이는 제국주의는 애국심을 경經으로 하고, 군국주의를 위緯로 한다고 하여, 애국심과 군국주의를 비판했다. 그러나 슈스이는 일본의 애국심과 군국주의의 결정인 조선영유화정책에 대해서는 완전히 비판하고 있지 않다. 오히려 「천하의 어리석음」메이지34년1901 5월 3일자, 『만조보』이라는 글에서 이토 히로부미를 비판하여 "그가 요동(반도)를 환부하는 것도, 조선에서 우리의 권리이익을 상실하는 것도, … 그가 우유부단한 결과"라고 그의 저자세를 공격했다. 또 같은 신문 5월 12일자의 「방해와 복수」에서는 야마가타 아리토모의 당파와 이토의 당파와의 싸움에 언급하여, "서로 질투하고 방해하고 배제하여, 복수는 복수에 버금가는 참사를 연출하는 것이다. 아아, 이것은 바로 조선인의 정쟁이 아닌가"라고 했다. 이 조선멸시와 영유화구상은 만 2년 후의 「일본의 동양정책」『만조보』메이지36년1903 5월 17일자에서 더욱 노골화한다.

이 논설은 「모 외인의 서신」을 소개하는 형식을 취했지만, 이것은 완전히 슈스이의 생각이었다. "오늘날 일본의 급무는 조선 경영에 있다. … 인구과잉에 고민하는 일본은 저 넓은 조선의 옥토를 가지고 어째서 바로 일본 농민의 쟁기 아래 두지 않는가. 만약 다수의 인구로 하여금 조선의 땅에 살도록 하고 그 부원 富源을, 그 농공을 전부 일본인의 손에 들어오게 하면, 이것은 조선으로 하여금 사실상 일본의 보호령으로 만드는 것이 아닌가." 이 정책은 2년여 뒤 조선이 보호국화 되었을 때, 그대로 실시되었다.

같은 해 6월 19일자의 『만조보』에 「개전론의 유행」이라는 슈스이의 글이 실린다. 러시아와 개전해야 한다는 의견이 일본 사회에 충만하고 있는 현상에 "병사는 흉기다. 전쟁은 죄악이다. 다수 생민의 평화와 진보와 행복을 사랑하는 자는 어디까지나 이것에 반대하지 않으면 안 된다"고, 비전론을 내걸기 시작한 것이다.

같은 해 7월 7일자 「전쟁론자에게 고함」에서 '한 병졸'의 이름으로 조선에서 희생되는 것은 "모두 가난한 사람의 자제"라고 하여 전쟁에 반대했다. 그러나 이 때 슈스이의 비전론, 평화론은 곧 비침략론이 아니다. 그것을 증명하는 같은 해 8월 28일자의 「포기냐 병탄이냐」라는 논설이 있다. "지금의 문제는 어떻게 조선의 독립을 부식扶植할 것인가의 문제가 아니고, … 답하는 길, 다만 하나일 뿐, 하나는 포기다, 다른 하나는 병탄이다", "포기, 만약 인류를 이롭게 하려면 포기하라, 병탄, 만약 인류를 이롭게 하려면 병탄하라",

"하와이의", "필리핀의", "류큐의", "타이완의 독립은 부식扶植하지 않으며 왜 홀로 조선의 독립을 부식하지 않으면 안 되는 이유가 있는가" 참으로 무서운 슈스이의 조선론이다.

『평민신문』 창간 후, 반침략의 입장에

슈스이는 1903년메이지36 7월 사회주의협회에서 「비개전론」이라는 제목의 연설을 행했다. "전쟁은 결코 선동할 것은 아니다. 가까운 예는 청일전쟁이다. … 그 전쟁은 … 조선의 독립을 도와주고, 지나의 폭동을 징계하는 것이 목적으로 이른바 인의의 전쟁이고, 세상 사람이 찬양한 것이었다"고 한다.

또 같은 해 8월 잡지 『일본인』192호에 「비전론」이라는 글을 보내, "우리 국민이 조선에서 경영의 기초가 아직도 확립하지 않는 것은 러시아인의 방해 때문도 무엇 때문도 아니다. 일본이 가난하기 때문이다. 줏대가 없기 때문이다"라고 했다. 사회주의를 논하고, 비전론을 말해도 조선침략은 긍정하고 있다.

그런 슈스이는 『만조보』사내가 개전론으로 뭉쳤기 때문에 사카이 도시히코堺利彦, 1871~1933, 우치무라 간조와 함께 『만조보』사를 퇴사하고, 슈스이와 사카이 두 사람은 평민사를 세워, 주간 『평민신문』을 창간하고, 여기에 따라 비전론과 사회주의를 호소하게 된다.

주간 『평민신문』의 제1호부터 종간인 제64호까지 슈스이가 정면에서 조선을 취급한 논설은 없다. 다만 하나 「조선병탄론을 평함」이라는 것이 있는데, 이것은 도쿠도미 소호와 에비나 단조海老名彈正의 한국론에 반대한 것이다. 슈스이는 소호가 『국민신문』사설에서 두 번에 걸쳐 한국 경영에 대해서 썼지만, 제1회의 결론은 한국을 "우리나라의 보호하에"라고 하고, 제2회의 결론은 일본의 "한국 경영의 첫째 착수로서 먼저 군사적 경영을 권고"했다고 하여 통렬하게 비판했다. "영토보전이란 분명히 영토병탄의 일이다. 여기에 이르러서는 독립도 보호도 있었던 것이 아니다. 세상의 의전을 말하는 자, 세상의 '한국의 독립부식'을 말하는 자는 과연 이것을 읽고 무엇을 느꼈을까"라고 썼다.

또 에비나가 잡지『신인』사설에서 "조선 민족의 운명을 보고서 한일합동설을 장설奬說, 격려하면 말하다함"을 쓴 것을 비판한다. 즉 합동이란 합병, 병탄이 아닌가, "지금의 합동을 말하는 자도 영토보전을 말하는 자도, 같이 일찍이 한국의 독립부식을 말한 것을, 그러면 곧 장래의 일까지 알지 않아서야 되는가"라고.

여기서 우리들은 안다. 이 평론에서 슈스이는 조선 문제에서는 1년 전과 전혀 다른 입장, 즉 반침략이라는 바른 입장에 섰다는 것을.

슈스이의 조선영유론에서 반침략으로의 전환은 왜 일어난 것일까. 생각건대 주간『평민신문』에 의하면, 다른 사회주의자들 특히 기노시타 나오에木下尚江의 투철한 조선론에 계발된 것이 아닐까. 또 자신의 사회주의론의 심화가 있었던 것으로 생각된다.

그런데 슈스이는 「안중근초상 그림엽서繪葉書에 제목을 붙이다.」이라는 시를 남기고 있다. "사생취의舍生取義, 살신성인殺身成仁, 안군일거安君一擧, 천지개진天地皆振"목숨을 버리고 의를 취하며, 몸을 죽여서 인을 이룬다. 안군의 단번의 행동에, 천지가 모두 떤다 직접 행동론으로 알려진 고도쿠 슈스이가 안중근의 의거에 대해서, 온몸으로 칭찬을 한 것이라고 말할 수 있다.

일본에서 처음으로 마르크스와 엥겔스의『공산당선언』을 사카이 히코와 공역하고, 각종의 사회주의 문헌을 정력적으로 소개한 선구적 사회주의자 고도쿠 슈스이는 최후기에 이르러 겨우 조선이 보인 것이다.

37. 가타야마 센

코민테른의 지도자, 부정확한 조선관
'조선인은 일본인이 되라'고 말함

가타야마 센片山潛, 1859~1933은 메이지 초기 사회주의의 선도자의 한 사람으로, 나중에는 코민테른제3인터의 중앙위원이 되고, 국제공산주의운동의 지도부에 있어 각국의 공산주의운동에 커다란 영향을 끼친 인물로 알려져 있다. 가타야마의 조선 인식과 조선관에 관한 문제를 살펴보자.

가타야마는 1859년안세이6 현재의 오카야마岡山현 구메久米군 구메난초久米南町에서 아버지 구니히라國平, 어머니 마치의 차남으로 태어났다. 집안은 대대로 본백성本百姓[1]으로 쇼야庄屋, 촌장였다. 5세에 유학자 오무라 아야오大村綾夫에게 한문을 배우기 시작했다. 1872년메이지5 마을에 소학교가 생겨서 다니기 시작했는데, 통학 백여 일 만에 그만두었다. 학비가 없어, 어머니를 도와 주로 농업에 종사하여 빈농의 고난을 맛보았다. 1880년메이지 13 21세로 오카야마 사범학교에 입학하고, 보다 높은 학문에 뜻을 두고 도쿄로 나간다. 도쿄에서는 인쇄소의 문선사文選士가 되거나, 오카 후모토岡麓, 1877~1951 문하 주쿠의 급사가 되어서 일하면서 배우는 생활을 계속한다.

1884년메이지17 도미한 친구의 서신에 의해 "미국은 가난해도 공부할 수 있

---

1) 혼뱌쿠쇼. 에도시대 전답·대지를 가지고 연공, 제역을 부담하여 겐치초(檢地帳, 토지대장)에 등록된 농민.

는 곳"임을 알고 도미를 결심하고, 11월 요코하마를 떠나 12월 샌프란시스코에 상륙하여, 미국 생활을 시작한다. 접시 닦기, 요리사, 농업노동, 급사 등의 밑바닥 생활로 생활비, 학비를 벌고, 예일대학 등 3개 대학을 졸업한다. 그리고 1986년페이지29 1월 "햇수로 13년 만에 귀국"을 했다. 발군의 영어실력, 풍부한 유럽적 소양, 기독교 그리고 사회주의에의 심취가 몸에 익숙해 있었다. 그는 미국에서 러셀전을 읽고, 사회주의자가 되었다고 한다. 이듬해 간다神田에서 킹슬레관을 개설하고, 그의 왕성한 노동운동, 사회주의운동을 시작한다. 연설회, 언론활동의 매일이다. 특필할만한 것은 철공조합을 만들고, 일본 최초의 노동운동의 기관지 『노동세계』를 창간하여, 그 주필이 된 것이다. 이후의 가타야마의 활동에 대해서는 대폭으로 생략하지만, 요컨대 초기사회주의의 선구자로서 노동운동, 조합운동을 통해서 사회주의운동의 발전에 크게 기여했다.

고도쿠 사건의 여파, 정권에 알랑거리는 제언

가타야마의 조선 인식, 조선관에 대해 알아보자.

유감이지만 이 시기 가타야마의 체계적인 조선론은 전혀라고 해도 좋을 정도로 없다. 훨씬 나중에 「걸어온 길」이라는 글에서, 청일전쟁 전후기에 언급한 것이 있다. "1894년 봄 조선의 자유주의파 지도자의 한 사람으로 일본에 살고 있던 김옥균은 속아서 상하이로 불려가, 보수파의 앞잡이에게 살해되었다. 제2의 지도자 박영효는 일본에서 모살되었지만[죽지 않았다] 범인은 체포되었다. … 이 해 조선에서 동학당이 만들어지고 폭동이 일어났다. 5월에 봉기군은 전라도를 손에 넣고, 나아가 충청도를 점령하려고 했다. 일본 내부의 정쟁을 지켜보던 청국은 때는 왔다고 생각하여 조선의 식민지화를 계획하고, 조선을 향해 군대를 움직였다"에서 보는 것처럼 가타야마의 조선 이해는 부정확하다.

1903년메이지36 말 가타야마는 두 번째 도미를 한다. 그리고 미국에서 러일전쟁이 일어났다는 소식을 듣는다. 8월 암스테르담의 제2인터내셔널[2] 제6회 대회에 일본사회주의자 대표로 러시아측 프레하노프Georgij Valentinovich Plekhanov, 1856~1918와 악수하고, 반전을 맹세한 것은 유명한 이야기다. 가타야마는 그 후 두 번 더 도미하는데, 1917년 11월 러시아혁명에 전면적으로 찬동하고 코민테른이 결성되자, 가타야마는 지도적 지위에서 일본을 비롯한 아시아 제국의 공산주의운동에 관여하게 된다.

그런 가타야마에게 1924년 6월에 발표된 「일본에서의 조선인 노동자」라는 논문이 있다. 일본에 이주한 조선인 수나 생활 상태와 조선인의 교육수준, 또는 재일조선인의 독립운동, 공산주의운동 등에도 언급하고 있다. 또한 "이번의 지진 중에 이른바 조선인 폭동이 날조되어, 그것이 6000명의 조선인의 무참한 학살의 구실이 되었다"고 말한다. 이 논문은 몇 개의 부정확한 기술은 있지만, 일본의 사회주의자가 재일조선인 문제를 처음으로 계통적으로 논한 것으로서 의의가 있다.

같은 해 7월 가타야마는 코민테른 제5회 대회에서 '민족·식민지 문제에 관한 토론'에 참가하고, 조선 문제에서 발언, "조선에 관해서는 현재 3개의 사정을 고려해야 한다"고 하고, "첫째로 조선에는 대중운동이 발생하고 있다"고, 그 내용에 언급했다. "둘째로 여러 개의 공산주의 그룹을 하나의 강력한 조선공산당으로 통합하려는 경향이 분명히 나타났다"고 하고, 분파투쟁의 해를 지적했다. "셋째로 일본에 있는 조선인 사이에, 일본공산당의 지도하

---

2) 사회주의자의 국제조직으로 1889년~1914년까지 활동했다.

에 있는 강력한 공산주의 단체가 있다"고 하여 그 내용을 소개하고, "우리들은 일본의 공산주의자가, 진정한 국제주의적 정신에서 조선인의 혁명운동을 촉진할 것이라는 것을 확언한다"고 말한다. 금일의 수준으로 본다면 문제가 없다고 할 수 없는 면도 있지만, 그러나 당시 가타야마 센이 진정한 국제주의적 정신에서 이 발언을 한 것만은 의심할 수 없다.

그런데 신체의 어디엔가 가시가 찔린 것 같은 글을 하나 소개하고 싶다. 가타야마 센이 발간하고 있던 『사회신문』의 메이지 43년1910 9월 15일자의 「일한병합과 우리의 책임」이라는 글이다. "한일병합은 사실이 되었다. 이것의 가부를 운운할 때는 아니다. (중략) 조선인에게 꼭 주지 않으면 안 되는 것이 하나 있다. 이 하나를 주면 그들은 우리에게 화가 될지 모른다. 혹은 짐이 될지도 모른다. 그 하나란 무엇일까. 다름 아닌 일본제국 신민으로서의 독립심이다. (후략)" 인용문은 전문의 4분의 1에 지나지 않는다. 전문 모두 조선인은 '미개의 인민'이므로 일본인이 되라는 설교다. 이 글은 서명이 없다. 그러나 발행 겸 편집인은 가타야마 센이므로 책임은 저절로 분명하다. 이 글은 '대역사건'의 고도쿠 등의 체포로 두려운 '합법주의자'가타야마 자신의 말가 메이지 권력에, 조선을 미끼로 해서 아양을 떤 단막극으로 봐도 틀림이 없다.

38. 우치다 료헤이

친일 앞잡이를 움직여 '병합'을 획책
도야마 미쓰루에 버금가는 일본 우익운동의 두목

우치다 료헤이内田良平, 1874~1937는 도야마 미쓰루頭山滿, 1855~1944에 버금가는 일본 우익운동의 거물이다. 그는 후쿠오카 번의 경격輕格, 낮은 급 무사의 셋째 아들로 후쿠오카시에서 태어났다. 무예자인 아버지 료고로良五郎는 권력에서 멀어지게 된 불만에서 초기의 메이지정부에 반항적이고, 정한론에 패해 하야한 에토 신페이가 사가佐賀 정한당수가 되어 거병했을 때, 후쿠오카 정한당을 만들어 여기에 합류할 것을 획책했다. 나중에 사이고 거병 때에는 후쿠오카의 정한파와 함께 여기에 참가했다. 아버지의 동생, 즉 숙부 히라오카 고타로平岡浩太郎, 1851~1906는 하코다 로쿠스케箱田六輔, 1850~88 도야마 미쓰루와 더불어 현양3걸玄洋三傑로 일컬어져, 초대 현양사玄洋社 사장이 되었다. 일본 우익운동의 출발점이 된 현양사는 "뜻을 청한淸韓에 펴려고 생각하는 데 가장 주요한 곳이다"『현양사사』라는 것처럼, 그 주의는 내정에 없고 오직 외정, 특히 정한征韓·정청征淸에 있었다. 결사명인 현양은 현해탄을 말한 것이다.

료헤이는 이러한 열렬한 정한론과 국위의 신장국권론, 그리고 근황론이 만들어진 때부터 들으면서 자랐다. 이것이 지쿠젠筑前, 후쿠오카이라는 조선에 가까운 풍토와 자신의 모험을 좋아하는 성격에 왕성한 실천력이 상승해서, 드디어 현양사의 도통道統, 학문의 계통을 이어받아 흑룡회3)를 일으키고, 일본 우익의 주류로서 일본 정부의 대외침략정책에 깊이 개입하게 된다. 그 사상적 토양은 여기에 있었다.

정규 학력은 소학교 졸업뿐이지만, 사람들은 그의 해박한 지식에는 놀랐다고 한다. "정규 교육을 받지는 않았지만 필요한 것은 필사의 각오로 독학했다. 료헤이는 이 한 자, 이 한 구절을 잊어버리면 목이 달아난다는 마음가짐으로 책을 읽었다"『국사 우치다 료헤이전國士內田良平傳』고 말하고 있다. 나중에 스승을 따라 『고사기』, 『일본서기』, 『사기』 등의 일한日漢의 학문을 배우고, 동시에 궁·검·유술柔術을 열심히 배워 허약하고 예민한 몸을 근육질로 개조했다. 그는 완력을 인정받고, 숙부 히라오카가 경영하는 아카이케赤池탄광에서 갱부를 상대하는 거친 일도 했다. 이윽고 상경하여 소에지마 다네오미副島種臣, 1828~1905의 동방협회가 경영하는 동양어학교에 들어가 러시아어를 배웠다. 동시에 강도관講道館에서 유도를 힘써, 그 나름대로 훗날의 '웅비雄飛'를 준비하고 있었다. 그런데 그 기회가 의외로 빨리 왔다.

갑오농민전쟁에서도 모략 활동

1894년 조선에서 갑오농민전쟁이 시작되었는데, 일본은 사실 이전부터 동학당의 움직임에 주목하고 있었다. 가장 깊은 관심을 보낸 것은 육군참모본부의 가와카미 소로쿠川上操六, 1848~99 차장이었다. 지난 해 동학당의 움직임이 있었을 때 조선에 건너가 실지로 보고 알고 있었지만, 이번에는 현양사의 마도노 한스케的野半介에게 '불쏘시게 역할'이 필요하다고 흘려, 모르게 그 실

---

3) 1901년 설립된 우익단체. 청일전쟁 후의 삼국간섭에 분개한 현양사의 일부가 대륙에서 활동하기 위해 우치다 료헤이가 중심이 되어 설립했다. 흑룡회는 대러주전론을 주장하고 한일합방론을 전개했다.

행을 촉구했다. 이것을 단서로 이른바 천우협天佑俠이 조직재일한국인을 포함해 14명되어 우치다 등은 불쏘시게 역할로 조선에 건너간다. 후일 그들은 동학당을 도와 조선 민중을 돕고, 또 동학당에게 친일적 성격을 끼쳤다고 각종의 출판물을 통해서 대대적으로 선전했다. 우치다의 전기에도 '전봉준과의 회맹'이라는 것이 있는데 '척왜양창의'일본·서양을 물리치고 의를 부르짖는다를 기치로 한 농민군이 일본인과 만났을 리가 없고 만난 흔적조차 없다. 그런데 전기의 이 내용에, 협도俠徒, 의협심이 많은 무리의 한 사람이 "백인의 침략에 대항하기 위해서는, 한일 양국의 제휴를 굳게 하는 것 외에 없다" 등이라고 말하자, 전봉준 등이 "모두 감사, 동감의 뜻을 표했"다고 하는데, 거짓도 이 정도까지 되면 분노보다는 기가 막힐 뿐이다. 이 천우협의 장에서 유일하게 사실이라고 생각되는 것은 경천敬天의 땅에서 우치다가 민중과 충돌하고, 생명의 위기를 만난 것 정도다. 그 후 우치다는 러시아에 가서 블라디보스토크에서 시베리아를 횡단하여 수도 페테르부르크에 체재하는데, 이것은 명백히 첩보활동이었다. 그는 귀국 후 손문孫文과 만나고 필리핀의 독립운동을 지원하기도 하고, 1901년 2월 흑룡회를 창설한다. 서구의 정보전문가 중에서 현양사·흑룡회를 일본 정부의 해외 정보기관으로 파악하는 경향도 있는데, 보다 본질적인 그들의 역할은 일본 정부가 대외침략정책을 수행할 때 추진하는 역할이다. 정부나 군부가 공공연하게 할 수 없는 것을 막대한 기밀비를 보상으로 해치웠다.

'한일연방'을 노리고, 고종을 '퇴위'시키다

창립 이래의 흑룡회의 움직임이 그것을 증명하고 있지만, 조선에서 잊을 수 없는 것은 병합 전후의 우치다의 움직임이다. 이토 히로부미가 한국통감이 되었을 때, 현양사의 스기야마 시게마루杉山茂丸가 이토를 방문하여 우치다를 추천했기 때문에, 이토는 우치다를 불러 통감부 촉탁이라는 직명으로 한국 국정조사의 임무를 주었다. 우치다는 한성에 가서, 정치인·군인 가운데 일본에 협력적인 이용구, 송병준 등의 일진회 수뇌와 서로 마음을 터놓고 사귀어 일진회의 고문이 된다. 양자의 의견이 일치한 것은 '한일연방'으로, 이 구상의 장애가 되는 고종의 폐위도 합의를 보았다. 여기서부터 이면의 획책을 계속하여, '한일합방' 공작이 국왕폐위를 초점으로 진행된다. 그리고 우연히도 헤이그 밀사사건이 일어나, 이것을 절호의 기회로 이토, 송병준, 이용구, 우치다 등은 앞뒤에서 협박해서 드디어 '퇴위'시킨다. 그런데 병합이라는 데서, 이토와 우치다 간의 미묘한 차이가 생긴다. 이토는 좀 더 법적으로 정비하고서 라는 생각이 있는데 대해서, 우치다는 「한성사연漢城私研」이라는 논문을 써서, 야마가타 아리토모, 가쓰라 다로, 데라우치 마사다케 등의 즉시결행파에게 보냈다. 이 논문에 그의 어린 시기 이후의 정한사상이 집약되어 있는 느낌이 있다. 그는 일본이 개항 이래 조선을 위해서 사용한 돈이 30억이라고 하고, "이것은 국방관계로 어쩔 수 없"는 것으로, 국방문제야 말로 "대한정책의 근본취지"라고 단정한다. 또 한국에 대해서 '세력부식의 길'은 정권을 취하는 것이라고 말한다. 그리고 "정권에 두 종류가 있다. 직접통치와 간접통치가 이것이다"라고 말하고, "내가 행할 것은 직접통치뿐이다"라고 이것 역시 단호한 것이다. 그 위에 금번의 한황제의 '양위위정讓位委政'은 직접통치와 비슷하지만, 실은 간접통치로 돌아갔다고 탄식했다.

그리하여 그는 통치권을 행하는 3종의 요건이 되는 것을 제시하고 "정치의 근본을 일본의 국방에 두지"않는 통감정치는 "이름만 있고 실속은 없다"고 하여, "이토공은 … 우리의 대한 경영을 잘못했다"「일한합방비사」 하권고 이토를 비판한다. 이 우치다의 사상이 현재의 일본인에게 흐르고 있는 것을 아는 것은 어렵지 않다. 하여간 이 논문에 나타난 우치다의 조선관, 조선인관은 '모멸'이라는 한마디로 족하다. 얼마 안가서 우치다는 이용구, 송병준 등 일진회의 주구들로 하여금 흑룡회 간부 다케다 노리유키武田範之, 1863~1911가 기초한 「합방건의상주문」을 제출하게 하고, 민족 내부에서 병합을 바라는 것처럼 연출하지만, 이것은 사토 시노부佐藤信淵를 도요토미 히데요시에게 필적하는 영웅으로 본 우치다 료헤이의 정한사상, 조선침략사상의 총결산이기도 했다.

39. 다카하마 교시

조선의 풍속이 다름을 멸시
'피정복자를 불쌍히 보고, 일본인을 감탄하여 칭찬'

　다카하마 교시高浜虚子, 1874~1959는 하이쿠俳句와 소설을 쓰는 작가다. 와가
和歌·하이쿠를 포함한 시가 혁신을 부르짖은 마사오카 시키正岡子規가 1902년
메이지35 죽은 뒤, 시키를 형으로 모시고 있던 교시는 실질적으로 그의 뒤를
이어, 이후의 메이지 후반기, 다이쇼, 쇼와 전반기에 걸쳐서 일본 하이쿠계에
엄연히 군림하고 있던 인물이다. 전후 문화훈장을 받았다. 그런 다카하마
교시는 생애 4번 정도 조선을 여행했다. 이 글에서는 최초로 조선을 여행한
후 집필한 소설 『조선』을 기초로 그의 조선 인식을 보기로 한다.

　교시는 이요 마쓰야마伊予松山시에서 아버지 이케우치池内庄四郎政忠, 어머니
류의 넷째 아들로 태어났다. 본명은 기요시淸다. 아버지는 마쓰야마松山 번의
검객으로 서기를 담당하고 있었다. 9세 때 조모가 죽자, 그의 가계를 이어
다카하마 성이 된다. 마쓰야마 번은 좌막파였기 때문에, 유신 후 구 번사들은
생활에 쫓겼다. 아버지도 그 예에서 벗어나지 못했다. 교시는 지칸智環소학
교, 이요伊予심상중학교, 교토의 3고현교토대학, 나아가 센다이의 2고현도호쿠대학
를 거쳐, 도쿄전문학교현 와세다대학에 다니다가 중퇴했다. 중학생 때 친구 가와
히가시 헤키고도河東碧梧桐, 1873~1937의 소개로 마사오카 시키를 알고, 시키로
부터 교시라는 호를 받았다. 이후 시키 아래에 모이는 많은 하이진俳人[4]들과

사귀지만, 그중에서도 당시 마쓰야마중학교의 영어 교사 나쓰메 소세키夏目
漱石, 1867~1916와 알게 된 것은 교시에게 큰 지적 재산이 되었다. 1898년메이지30
야나기하라 교쿠도柳原極堂, 1867~1957가 마쓰야마에서 『호도도기스ほととぎす』
를 발간했지만, 경영이 곤란하게 되어, 교시가 이것을 도쿄에 인수하여 배지
俳誌 『호도도기스』를 시키의 협력도 얻어 발간하게 된다. 이후 교시의 이름은
'호도도기스'로 세상에 알려지게 된다.

그런데 다카하마 교시의 조선 인식이다. 1911년메이지44 4월~5월 사이, 교시
는 조선에 가, 그 견문을 기초로 소설 『조선』을 『오사카마이니치大阪每日』와
『도쿄니치니치東京日日』의 두 잡지에 연재했다.

배가 부산에 도착했을 때, 항구에 있던 조선인을 보고 "'한 사람 한 사람
모두, 담뱃대를 물고 있군'이라거나, '모두, 씨름꾼 같은 머리를 하고 피한다'
거나, 우리들 곁의 사람은 이야기하면서 웃고 있었다"고 말했다. 또, 해안
길을 걸으면서 "도로변에 물건을 팔고 있는 많은 조선인 중에는 여자도 있었
다. 그들은 양쪽 다리를 벌리는 것같이 쭈그리고 앉아서, 앞에 커다란 널빤지
를 두고, 그 주위에 모여 있는 조선인에게 하나하나 무슨 물건인가를 주고
있었다"고 했다. 씨름꾼, 양쪽 다리를 벌리고 물건을 파는 여자 등등은 객관적
으로는 단순한 풍속의 다름으로 가벼운 문화 충격에서 끝날 문제이지만, 이
것은 멸시감의 표출이다. 또 부산정거장에서 조선인 어린아이와 일본인 부
부가 주고받는 말도 흥미를 끈다. 지게물건을 등에 지고 나르는 기구로 무거운 짐을
등에 지고 간 조선인 아이에게 남자는 5전 백동화 동전을 주었지만, 아이는
"모자랍니다"라고 말하고 손을 빼지 않는다. 남자는 "없어 없어"라고 말하고
아이를 밀어버리려고 하지만, 아이는 듣지 않는다. 분명히 10전의 약속으로

4) 하이쿠를 짓는 사람.

무거운 짐을 운반하게 하고, 반값으로 내쫓으려고 하는 것이다. 부인 쪽이 보다 못해 5전 백동화를 더 주지만, 이 악랄한 식민자의 행위를 작품의 주인공은 "나는 동포의 이 천하고 야비한 거동을 자신의 일같이 부끄럽게 느꼈다"고 했다.

교시가 목격한 이 이야기의 본질은 일본 식민자의 조선 민중에 대한 비열한 행위로, 식민지 지배에 기인하는 보편적인 의미를 가진 것으로 파악될 수 있겠지만, "자신의 일처럼 부끄럽게 느꼈다"고 자기 자신 안에 귀납시켜 버리고 만다. 즉 교시의 조선 인식의 한계성이 일찍부터 나타난 것이다. 일본 식민자의 악랄함은 주인공 자신이 대구에서 처의 사촌 여동생으로부터 5엔도 하지 않는 가짜 도자기를 30엔에 사도록 당한 것에서 실감한다.

다음 흥미를 끄는 것은 소설 『조선』에 그려진 조선 및 조선 인상이다. 시기는 병합 직후의 1911년메이지44이다. 소설에는 홍원선이라는 인물이 나온다. "홍원선군은 당년의 지사. 보라, 저 이는 모진 고문을 받아 전부 빠져버린 것이다"라고 소개되지만, 그 인물은 지금은 일본 식민자에 기생해서 생활하고 있다는 설정이다. 또 소담이라는 이전, 궁중에도 출입하고 있던 유명한 기생도 나오지만, 그 여성의 취급은 상당히 미묘하다. 그녀가 안중근의 엽서를 소지하고 있는 것으로, 아직 마음속으로는 일본의 식민지 지배를 긍정하지 않는 조선인의 존재를 암시시키고 있다. 소설 『조선』의 마지막은 평양을 중심으로 이야기가 진행된다. 주인공 등 일행은 모란대, 을밀대에 올라, 눈 아래 대동강의 경치를 바라보면서 '절경'이라고 부르짖는다. 물론 이 부근을 청일전쟁시의 옛 싸움터라고 소개하고, 대동강에서 뱃놀이도 한다. 다른 날 대동강에 크고 작은 두 척의 배를 띠우고, 작은 배는 기생배로 하고, 만경대까지 저어 내려간다고 하며 이야기가 전개된다. 아마도 일본의 문학작품 중 최초로 만경대의 이름이 등장했을 것이다. 이 작품에서 만경대는 "모란대의 이야기가 나오자 곧 상대적으로 나오는 이름"이다. 즉 명승지다. 그 "만경대에 배를 댄 뒤, 그곳의 백성집에서 밥만 짓자"라고 하지만, 쌀이 없기 때문에 실현하지 못했다. 그러나 이 작품에는 1911년이라는 시점에서의 만경대가 무심한 붓으로 그려지고 있는 것이다. 교시는 일본인의 배와 기생 배를 비교해서 "그들과 우리 일본인 사이에는 도저히 융화할 수 없는 무엇인가 있는 것 같이 보였다"라고 쓰고 있다. 작중에서 주인공은 '내지'에 있을 때, 일본의 해외발전에는 관심이 없었다. 그러나 한 번 해협을 건너자 쇠망의 국민을 불쌍히 여기는 마음이 일어남과 동시에, "피정복자를 불쌍히 여기면서도 동시에 이 발전력이 위대한 국민을 찬미하는 마음가짐으로, '과연 일본인은 위대하다'라고 처음으로 이를 이룰 수 있는 민족으로, 자기도 그 민족의 일원으로서의 누를 길 없는 자랑을 느끼는 것이었다"고 생각한다. 침략을 긍정하는 다카하마 교시의 조선 인식의 본심일 것이다.

40. 나쓰메 소세키

『일기』에서 보는 조선에 대한 동정
작품에 각인된 멸시관

나쓰메 소세키夏目漱石, 1867~1916, 본명 긴노스케(金之助)는 근대 일본 문학 가운데 최고의 소설가다. 영어 교사, 영문학자로서, 일부의 사람에게만 그 존재를 알렸던 나쓰메가 1905년메이지38 배지俳誌『호도도기스』에 「나는 고양이소이다」를 발표하고, 일약 작가로서 명성을 떨치게 된다. 그리고 다음 해 마쓰야마 중학교 시대의 체험에 근거한『도련님坊っちゃん』과『풀베개草枕』등을 써서, 당시 문단에서 지배적이었던 자연주의 문학과 대치하는 존재로서 우뚝 선다. 계속해서 몇 개의 문제작을 세상에 던지고, 동시대의 모리 오가이森鷗外, 1862~1922 외, 고다 로한幸田露伴, 1867~1947, 시마자키 도손島崎藤村, 1872~ 1943, 다야마 가다이田山花袋, 1872~1930, 도쿠다 슈세이德田秋聲, 1872~1943 등의 대작가 대열에 끼면서도, 단연 다른 사람을 압도하는 존재였다. 그런 소세키의 조선관을 엿보기로 한다.

때는 조선 식민지화 과정의 완성기다.

소세키는 1867년게이오3 지금의 신주쿠 우시고메牛込에서 아버지 고헤에小兵衛, 어머니 치에千枝, 후처 사이에서 5남 3녀의 막내로 태어났다. 집안 대대로 마치부교町奉行 지배하의 정방명주町方名主[1])다. 소세키는 태어나고 얼마 안 있어 사토코里子[2])나 양자로 보내져, 어릴 때 세상의 비정함을 체험했다. 소학교를 나오고 부립1중에 진학했는데, 좋아하는 한학을 배우기 위해 니쇼가쿠샤二松學舍로 전학했다. 그러나 '국가유용'의 학으로서는 영문학을 배워야 한다고 하여, 세이리쓰가쿠샤成立學舍, 대학예비문, 1고를 거쳐 도쿄제국대학 영문과에 들어간다. 1893년메이지26에 졸업하고, 도쿄고등사범의 교사를 지낸 뒤, 시코쿠四國의 마쓰야마중학교에, 그리고 1896년에 구마모토 5고의 교수가 되고, 이 때 결혼한다. 아내 교코鏡子는 귀족원 서기관장, 나카네 주이치中根重一의 장녀다. 1900년메이지33 문부성으로부터 영어 연구를 위한 영국 유학 2년을 명받아, 그는 2년 4개월 런던에 체재했다. 소세키는 영국인 학자와 만나 그 실태를 알고 환상에서 벗어나, 거의 독학으로 영문학을 깊이 연구했다.

1903년메이지36 1월 귀국하여 1고, 도쿄대학에서 영문학을 강의하고, 전술한 「나는 고양이소이다」를 『호도도기스』에 연재하여, 작가로서 세상의 주목을 받게 된다. 이윽고 소세키는 1907년메이지40 3월 교토제대, 도쿄제대로부터 교수로 초빙 받았으나 사양하고, 오사카 마이니치신문사에 입사하는데, 여기서 『아사히』를 기반으로 한 왕성한 작가활동이 시작된다.

그러면 소세키의 조선관이다. 소세키의 조선 인식을 나타내는 것으로는 『만한 여기저기滿韓ところどころ』가 있지만, 그 전에 소세키는 소설 『산시로三四郎』에서 일본의 조선 영유의 결정타가 된 러일전쟁에 대해서 차안에 있는 어떤 할아버지에게 "자신의 아들도 전쟁 중 군대에 징집되어서, 끝내 그곳에서 죽어버렸다. 도대체 전쟁은 무엇 때문에 하는지 모르겠다. … 귀한 자식은 죽고, 물가는 오르고, 이런 바보 같은 짓이 어디 있나. … 모두 전쟁 때문이다"

1) 마치가타나누시. 에도 마치부교의 관할 하에 있는 11개의 마치(町)를 다스리는 관리.
2) 위탁받는 아이.

라고 말하고 있다. 또 히로다 선생이 "러일전쟁에 이겨서, 일등국이 되어도 소용없지요"라고 말하는 것을 듣고, "그러나 지금부터는 일본도 점점 발전하겠지요"라고 변호하자, "'망할 짓이요'라고 말했다"고 한다. 즉 소세키는 훗날 어느 인기작품을 쓴 작가의 메이지, 쇼와의 단절론이 아니라, 역사의 연속성 위에서서 아직 보지 않은 쇼와의 패전을 예견하고 있었다.

『만한 여기저기』는 우인 만철총재 나카무라 제코中村是公의 청으로, 만주와 조선을 왕래한 1909년메이지42 9월 2일부터 10월 17일까지 생긴 사건을 통해 본 것이다. 그러나 이 글에서 중국인과 조선인은 멸시와 편견의 대상이다. 중국인에 대해서 멸칭 '찬', '찬찬'이라고 하고, 조선인에 대해서 그는 "해성[개성]이라는 데서 고려의 고적을 보는데" 조선인 차부가 끄는 인력거에 타고 난폭하게 당했다고 하여, "나중에 조선인의 머리를 한 방 때려주고 싶었다"고 쓰고 있다. 무엇인가 당시의 일반 일본인의 멸시적 중국·조선관을 염두에 두고 대중의 인기를 노린 『도련님』류의 아첨하는 모양이지만, 소세키는 런던 유학 중, 영국의 욕은 써도 그 식민지주의에는 입을 다물고 있던 사실에 대응하는 기술이기는 하다. 그런 그에게 귀국 후 10월 말에 쓴 「만한시찰담」이라는 글이 있다. 그 맺음말에서 "이번에 여행을 하고 깊이 느낀 것은 일본인은 진취적 기상이 풍부해서, 가난한 세대이지만 격에 맞게 어디까지나 발전해 간다는 사실과 여기에 따르는 경영자의 기개였습니다"라고 쓰고 있다. 이것은 식민지 지배층과 '애국적' 독자에의 아첨하는 글이다.

그러나 놀라지 말라. 소세키의 다른 작품 『일기』에서 보이는 그의 조선 인식은 공표된 것과 같은 문장의 뜻과는 전혀 반대인 것으로 생각된다. 9월 29일자에서 평양 대동강을 바라보며 '부벽루에서 쉴'때, "절벽 아래, 빨간 글자를 새긴 곳에 일본의 직인기술자 세 사람이 싸움을 하고 있다. 한 사람은 짧은 소매의 메리야스에 배두렁이, 힘이 센 남자 한 사람은 3척에 벗은 몸,

모두 오사카 사투리다. 언제까지 서있어도 끝이 없다. 고상하고 멋있는 조선인이 갓을 쓰고 손을 잡고 그 아래를 지나간다. 실로 모순의 극치다"라고 했다. 세 사람의 일본인 직인과 조선인과의 대비로, '우수 민족'과 '열등 민족'이라고 생각하고 있는 일본인에게 그 대비의 묘미를 살짝 나타내서 "실로 모순의 극치다"라고 쓴 소세키. 10월 4일자, 경성에서 각처를 구경한다. "오후, [창]덕궁에 가다. 내각이라는 이름이 붙은 곳을 지난다. 왼쪽으로 꺾어서 비원을 본다. 산이 있고, 계곡이 있고, 소나무가 있고, 실개천이 있다. 태어난 이래 아직 이러한 정원을 본 적이 없다"고 쓴다. 10월 5일자에는 "야노가 말하기를, 종래 이곳에서 성공한 것은 위조 백동화 도둑과 OO[금화]이다. 그 예를 든다. 기한을 정하고 돈을 빌려주고, 기일에 갚으려고 하면 외출했다고 거짓말을 전하고 다음날 저당을 가로챈다. … 나는 한인이 불쌍하다고 생각한다"고 한다. 소세키는 일본인 식민자의 악랄한 처사에 "한인은 불쌍하다"고 말했다. 통감부시대의 일본의 침략정책에 대한 비판은 빠져 있지만, 여기서 멸시관도 편견도 없는 것 같이 생각된다.

『만한 여기저기』는 만주 부분만 쓰고 한국에 대해서는 쓰지 않았다. 연재가 해를 넘기는 것을 소세키가 싫어했기 때문이라고 하지만, 나는 『일기』에 보는 소세키의 조선 동정과 조선 문화에 대한 깊은 통찰이 일본인의 일반적 상식과 달랐기 때문에, 계속해서 쓰는 것을 주저하게 한 것이 아닐까 생각한다.

왜 『만한 여기저기』의 연재가 중단되었는가에 대해서는 수많은 소세키 연구자의 연구에도 나와 있지 않다. 나는 조선 인식의 괴리에 원인이 있는 것 같은 생각이 드는 것은 어쩔 수 없다.

41. 도쿠도미 소호

통감정치를 '유일절대'라고 주장
전쟁수행과 국책익찬의 대일본 언론보국회 회장에

일본에서 큰 기자로 불리는 몇몇의 신문언론인이 있다. 메이지시대의 후
쿠자와 유키치가 그 대표격이지만, 메이지, 다이쇼, 쇼와 3대를 통해서 조선
침략과 관계를 계속한 저널리스트로서는 소호蘇峰 도쿠도미 이치로德富猪一郞,
1863~1957가 큰 기자로 일컬어진다.

소호는 규슈 구마모토 출신이고, 생가는 대대로 소조야惣庄屋, 촌장연합의 장,
동시에 대관代官1)도 근무한 호농이었다. 어릴 때 가토 기요마사의 조선침략
때의 이야기를 듣고 자랐다. 또 가네사카 시스이兼坂止水, 1832~1901의 주쿠에서
한학사서오경 등을 배우고, 나중에 구마모토 양학교와 교토의 동지사同志社 영학
교에서 배웠다. 이 시기 소호는 신문기자를 지원하고, 유키치의 저서나 후쿠
치 오치福地櫻痴(源一郞)의 논설에 심취했다. 에도기의 문화인으로 그가 사랑한
것은 아라이 하쿠세키新井白石의 문장과 라이 산요賴山陽, 1780~1832의 시문이다.
그는 당시의 사조를 받아 향리 구마모토에서 자유민권운동에 참가하고 있었
다. 1886년메이지19 『장래지일본』을 출판하여 세상에 알려지고, 다음해 도쿄
에서 민우사를 설립하여 잡지 『국민지우』를, 그리고 1890년메이지23에는 『국

---

1) 다이칸. 군주 대신에 임지의 행정·작사(作事)를 맡아보던 직무
를 담당한 자.

민신문』을 창간했다. 설명하는 바는 평민주의. 소호의 이른바 평민주의는 자유민권주의의 흐름을 이어받는 것이다. 메이지정부의 군비증강에 반대하고 국권론적 대외확장론을 비판하여, 자유평등한 평민사회의 건설이야말로 국가부강의 기초라고 했다. 민중의 이익과 생활을 지키는 입장에 서서 관비절감·민력휴양을 말한다. 이것은 현재도 훌륭하게 통용되는 민주주의적 진보적 주장이다.

청일전쟁을 계기로 권력중추에 다가감

그런 소호가 조선약탈을 목적으로 하는 청일전쟁 전후부터 정치적 입장을 완전히 바꾼다. 정부의 침략전쟁정책을 지지하고, 후쿠자와 같이 국민을 향해서는 관민협조를 소리 높게 외친다. 이 경향은 삼국간섭에서 더욱 높아지고 그의 제국주의 지향은 드디어 메이지 권력에 접근하여, 제2차 마쓰가타松方 내각1896년 9월 설립에서는 내무성 칙임참사관으로서 권력중추에 들어간 것이다. 그의 신문은 완전히 어용 신문으로 변하고, 그 자신도 권력 어용기자로 추락한다. 과연 여론은 엄격하여 '변절자'라고 비난하는 소리가 그에게 집중했다. 러일전쟁 때의 소호의 인식은 "저 러시아가 만주를 취하는 것은 조선을 취하려는 이유다. 조선을 취하는 것은 일본의 독립을 위험하게 하는 이유다. … 조선 문제는 곧 일본의 독립 문제다"「의분론」라는 것으로, 조선과 중국 대륙은 일본의 '독립', 즉 국력팽창을 위한 것이라고 한다. 이것은 메이지정부, 특히 이토 히로부미의 "일본은 자위상, 실로 어쩔 수 없이 한국을 보호국으로 했다"고 하는 통감시대의 발언과 같다. '자위'를 위한 군비증강, 다른 민족에 대한 침략은 지금 시작한 것이 아니다. 소호는 이토 등 권력층과 친하게 교제했다. 일본은 조선에 통감부를 두었을 때, 아다치 겐조安達謙藏의 『한성신보』와 기쿠치 겐조菊池謙讓의『대동신보』를 매수 합병하여, 침략정책의 대변지로서『경성일보』를 창간했다. 소호는 데라우치가 1910년 조선에 부임했을 때, 데라우치에게 초대되어『경성일보』의 경영에 크게 기여했다. 그는 이른바 단순한 언론인으로서의 침략 지지에서 그 언론의 내실과 행동으로, 일본 정부의 이민족 통치를 직접 지탱하는 역할을 담당한 것이다. 병합 직후인 1910년 10월, 그는 서울에서 「조선통치의 요의要義」라는 제목으로 글을 썼는데, 여기에 당시 소호의 조선관이 들어나 있다.

"조선인에 대한 동정은 배척하라" 고 말하다

"조선의 통치는 고금을 통하여 미증유의 성대한 일이다"로 시작하는 이 글은 조선병합을 '불가항력'이라고 강변하고, '통치의 3요건'이라는 것을 제시한다. "첫째, 조선인으로 하여금 일본의 통치가 어쩔 수 없음을 단념시키는 데 있다. 둘째, 일본의 통치가 자기에게 이익이 있다고 생각하게 만드는 데 있다. 셋째, 통치에 만족하고 통치에 기뻐 복종하도록 하여, 통치를 즐거워하도록 하는데 있다"고 하지만, 이것을 성공시키는 데는 "다만 힘이 있어야 할 뿐"이라고 단언한다. 또 "조선을 통치하기 위해서는 먼저, 조선을 이해해야 한다"고 하고, 조선의 근본적 병원病源, 병의 근본적인 원인을 "정치적 훈련과 확실한 교육을 가지고 실시하여, 그 생활과 사상을 개선해야 한다"고 말한다. 나아가 영국의 식민통치를 예로 들어 "조선통치를 곤란하게 하는 것이 있다면, 그것은 조선인보다도 오히려 일본인에게서 들려오는 터무니없는 거짓말에 있다"고 말한다. 당시의 소호에게는 통감정치와 그 탄압정책이야말로 유일하게 바른 통치였다. 가령 조선식민지 용인론에서 나온 것이라도, 조선인에게 동정적인 의견은 배척해야 한다는 것이었다. 나중에 그는 100권에 이르는 『근세일본국민사』를 쓰고, 그 외에 문필활동과 아울러 전전 일본의 사상계, 역사학회에 거대한 영향을 주었다. 1942년에는 침략전쟁 수행과 국책익찬을 위한 대일본언론보국회의 회장에 취임했다. 때문에 그는 패전 후 A급 전범 용의자로 지명되지만, 진정하게 물어야 하는 것은 그의 이민족 통치사상, 특히 조선침략사상에 대해서였다고 말할 수 있다.

42. 하라 다카시

'문화정치'로 동화를 도모
'양민보호'라는 이름으로 3·1운동을 탄압

해외팽창을 진행한 '평민재상'

하라 다카시原敬, 1856~1921는 일본의 근대 정치사상 드문 존재다. 그 까닭은
번벌을 배경으로 한 오쿠보 도시미치, 구로다 기요다카, 마쓰가타 마사요시
사쓰마나 이토 히로부미, 야마가타 아리토모, 가쓰라 다로조슈 등과 달리, 메이
지유신의 패자 난부南部 번 출신의 '평민재상'이라는 점에 있는 것이 아니다.
그들 절대주의적 구세력과 협조를 취하면서, 급속하게 팽창 발전하는 대일
본제국의 전 자본의 의지를 정치적으로 대변하고, 또 근로자층도 상당히 구
워삶고 있던, 이른바 전체를 포위하는 거대한 존재성이다. 동북 난부 번 가로
家老의 집안에서 태어나 어릴 때 한문 서적, 나중에 프랑스어를 배우고, 천주교
도로서 세례도 받고 패잔한 동북인에 대한 조소에도 견뎌냈다. 세상에 나와
서는 신문기자, 관리천진영사, 파리주재 서기관, 참사관, 대신 비서관, 외무성 통상국장, 외무차관,
조선의 전권공사, 신문편집 총리, 정우회 간사장, 대신, 수상 경력의 40년간 임원
·대신은 25년, 그 외는 정당인으로서 제국주의 일본의 내적 충실과 해외팽창
에 기여했다. 그런 탁월한 정치적 자질과 역량을 가진 자는 동시대인에게
거의 없었다.

그런 하라가 조선 문제로 크게 부상하는 것은 수상재임 중의 3·1운동과 그 후의 '문화정치'와의 관련이다. 병합 후의 일본 통치는 한 마디로 무단정치라고 불리는 군사지배로, 교원의 대검수업검을 차고 수업에 임함에 상징되는 헌병경찰정치의 포학상은 셀 틈도 없다. 그런 의미에서 3·1독립운동의 밑바탕은 충분했다. 3·1운동은 천도교·불교·기독교의 대표자 33인의 호소로 시작된 후 전국적으로 전 민중이 봉기했다. 총검에 의한 철저한 탄압이 이루어지고, 또한 이른바 문화정치라는 것이 실시되었다. 무관 전임이었던 총독의 문관 임명도 가능하게 하고, 헌병경찰제도를 보통경찰제도로 바꿨다. 또 관리·교사의 대검을 없애고, 언론, 집회, 결사에의 통제를 완화하고, 신교육령을 실시해서 교육의 보급을 도모한다는 것이었지만, 새로 단장을 해도 식민지 지배는 오히려 그 하나하나의 정책수행에서 보다 철저하게 교묘하고 합리적으로 행하도록 계산되어 있었다. 결론부터 말하면 총독의 문관 취임은 규정에도 불구하고 8·15 일본의 패전까지 한 번도 없었고, 경찰제도의 개정은 약 50%의 경관 대증원과 기구 강화를 가져왔다. 그리고 민족독립을 부르짖는 자의 탄압을 더욱 강화하여, 규제가 완화된 부분에는 민족개량주의 분자를 구워삶아서 전형적인 식민지적 당근과 채찍 정책을 행했다.

『하라 다카시 일기』를 읽으면, 이 문화정치의 기만성의 조작을 잘 알 수 있다. 하라는 사건 직후, 조선 총독에게 "이번의 사건은 내외에 대해서 극히 경미한 문제로 할 필요가 있다. 그러나 실제에서 엄중한 처치를 취하고 다시 발생하지 않도록 기약하라"『하라 다카시 일기』 제8권고 훈령한다. 또 내각회의에서 다나카 기이치田中義一 육군대신의 조선에 대한 증병발표 문안을 보고 "단지 토벌의 의미처럼 해석되므로 나는 묘안이 아니라고 생각해, 일부 불령의 무리가 폭행해서 양민이 불안해하기 때문에"같은 책, 제8권라고 발표시킨다.

조선의 외세의존은 '선천적 특성'

육군대신은 군인답게 한마디로 '토벌'이지만, 하라는 '일부 불령한 무리의 폭행'이라고 해서 민족 내부를 분열시키고, 민족적 봉기를 탄압하는 것을 양민 보호를 위한 파병이라고 한다. '문화정치'와 그 후의 식민지 지배의 성격이 잘 표현되어 있는 것은 아닌가. 그것도 하라는 내방한 재조선 미국인 선교사 윌치에게 "요전에 군대를 증원, 헌병도 보냈다. 이것은 조선정벌을 위해서가 아니고 소란이 가라앉게 되길 희망하기 때문이다"고 했다. "나의 생각으로는 조선인을 내지와 같게 대우하는 것에 있고, 영·미가 인종, 종교, 언어, 역사를 달리하는 인민을 통치하는 것과 같은 방침을 가지고 조선을 통치하는 것은 잘못이다. 일본과 조선은 완전히 동일한 나라가 되면, 동일한 방침으로 통치하려고 한다"고 말하여 상대를 납득시키고 있지만, "이 선교사는 원래 우리나라에 동정 있는 자이기 때문"^{같은 책, 제8권}이라고 하고 있다. 같은 굴속의 너구리, 이해도 빠르다. 그리고 하라는 방문한 총독부 야마가타 이사부로_{山縣伊三郎, 1858~1927} 정무총감에게 진압 후의 처치에 대해서 "문관본위의 제도로 개정할 것, 교육방침은 그들과 우리가 동일한 방침을 취할 것, 헌병제도를 바꿔 경찰제도로 할 것 등의 방침을 내시하고, 요컨대 내지의 연장이라고 인정하여 조선을 동화할 필요가 있다고 훈시했"다고 하지만, 이것이 '문화정치'의 기본방침인 '동화정책'이었다.

하라를 신용하고 관계_{官界}에 들어가게 한 것은 이노우에 가오루로, 이노우에는 그의 양녀 사다코_{貞子, 나카이 오슈(中井櫻洲)의 딸}를 출가시켰다. 하라는 천진영사 때 갑신정변 후의 천진조약 교섭을 위해 천진에 온 이토 히로부미에게 침착하고 강하며 유능한 인상을 준 모양으로 이후 이토의 대우를 받는다. 그러나 누구보다도 하라에게 영향을 준 것은 무쓰 무네미쓰로 동시대인으로 하라의 냉철한 비판을 면한 자가 없지만 무쓰만은 예외였다. 하라는 청일전쟁 후, 조선침략에 모든 것을 기울인 외무대신 무쓰 아래에서 통상국장으로 표리일체가 되어 종횡 수완을 휘둘렀다. 하라의 조선침략사상의 형성과 조선 문제의 현실적 대처방법도, 이 세 사람의 직접적 영향 아래에서 크게 개화했다는 것을 이해할 수 있다.

그의 기본적인 조선 인식은 다음과 같다. "조선의 역사는 거의 근린 강국을 섬긴 기사로 채워진 감이 있다. 그리하여 조선인의 사상에는 거의 독립 관념이 없고, 항상 이웃나라에게 의뢰하는 마음으로 가득찬 감이 있다. 그러므로 청국에 의지하지 않으면 일본에 의지하고, 일본에 의지하지 않으면 러시아에 의지한다. 이것은 그들의 선천적 특성이라고 해도 틀리지 않다."『하라 다카시 전집』상권 그는 조선에 대한 왜곡된 역사적 파악에서 새로운 식민지 정책인 동화정책을 전개해 간다. 그의 생애를 통해서 조선관과 그 구체화한 침략정책의 근저에 이 조선 인식이 깔려 있음을 쉽게 읽어낼 수 있을 것이다.

그렇지만 조선인은 외세 의존 체질이 강하다고 하는 하라의 지적은 자기의 침략성을 합리화하기 위한 지적이므로 반발하고 싶지만, 하라의 지적을 완전히 부정할 수 있을까 라고 생각하게 하는 것이 있다. 1921년다이쇼10 11월 4일, 하라는 도쿄역에서 청년 나가오카 곤이치中岡艮一가 찌른 단도에 절명했다. 나가오카는 역전의 파출소에 끌려갔다. 형사는 나가오카의 모자를 벗기고 첫마디를 했다. "너는 조선인이 아니냐." 나가오카는 답한다. "일본인이다. 도사土佐의 나가오카다."『철창13년』, 나가오카 곤이치이 형사의 한마디에 당시의 조선·일본 관계가 보기 좋게 응축되어 있다.

43. 우치무라 간조

정신의 밑바탕에 잠긴 조선관의 굴절
근대 일본사상사상의 거인

　우치무라 간조內村鑑三, 1861~1930는 근대 일본사상사상의 거인이다. 성서연구를 통해서 깊어진 신앙은, 때로는 권력과 세상의 움직임에 초월하는 단단하고 높은 의지의 구현자로서 세상사람 앞에 모습을 드러내고 있다. 그 정의감에 기초한 예리한 사회문제에 대한 선구성은 동시대, 또는 현대의 지식인에게 여전히 커다란 사상적 영향을 준다고 해도 과언이 아닌 존재다. 그러나 그의 조선관에는 상당히 굴절이 있어서, 평가를 하기에는 좀처럼 정하기 어려운 측면이 남아 있는 인물이다.

　1861년 조슈上州 다카사키高崎 번의 에도 공관 안에서 50석을 받는 우치무라 노부유키內村宜之의 장남으로 태어났다. 그가 5세가 되던 해에 집이 다카사키로 이사 가고 유신 후는 아버지를 따라 아버지의 임지 이시노마키石卷에 가는데, 2년 후 다카사키로 돌아와 번교에서 영어를 배우게 된다.

　이윽고 도쿄로 가서 아리마有馬 영학교, 이어서 도쿄외국어학교나중의 도쿄대학 예비문에서 영어를 배우고, 만 16세에 삿포로농학교의 생도모집에 응하여 제2기생으로 삿포로에 간다. 관의 장학생이다. 유명한 클라크William Smith Clark, 1826~86는 떠난 뒤였지만, 클라크가 남긴 「예수를 믿는 서약」에 서명한 제1기생은 손꼽아 우치무라를 기다리고 있었다. 그리고 억지로 기독교에 입신시켰다. 우치무라는 수산학을 전공하고, 졸업 후에는 홋카이도 개척사의 이원吏員[1]이 되어 어업 및 수산조사 일에 종사하고, 수산관계의 논문을 전문지에 많이 발표했다. 이 후 우치무라는 결혼하지만 약 반년 만에 파경을 맞이하여, 상심과 죄의 고민에 괴로워하다 미국으로 건너가 면학에 힘쓴다. 그는 미국에서 이상화된 기독교국 미국 사회의 퇴폐와 인종차별의 실정을 알고 실망한다.

3년 반 후 귀국하여 여러 학교에서 교편을 잡게 되고 재혼한다. 그러나 1891년메이지24 1월, 1고高[2]의 촉탁교원이 되고 4개월 후에 1고 불경사건이 일어난다. 이 사건은 1고에서 '교육칙어' 봉대식장에서 하사된 칙어의 메이지천황 서명에 '머리를 숙이지 않았다'는 것으로, 불경한 국적國賊, 나라를 어지럽히는 역적이 되어 천하의 '식자'들에게 떠들썩한 비난을 받은 유명한 사건이다. 당연히 실직한다. 불행은 겹쳐서 오는 것일까, 재혼한 처는 병으로 죽는다. 얼마 안 있어 오사카의 태서학관泰西學館 나중의 구마모토 영학교에서 가르치다가, 이것도 그만두고 교토로 옮겨서 문필활동에 들어가고, 이 사이 3번째 결혼을 한다. 이 시기의 우치무라 간조의 생활을 도와준 것은 민우사의 도쿠도미 소호德富蘇峰다. 때마침 청일전쟁도 시작된 시기로, 간조는 소호의『국민신문』과『국민지우』지에 청일전쟁에 관한 논문 등의 문장을 기고하고, 그 문명을 크게 높였다.

그런 우치무라 간조를 삼고의 예를 갖추어 맞이한 것은『만조보』의 구로이와 루이코黑岩淚香다. 간조는 필력을 높이 인정받아『만조보』영문난의 주필로서 논설을 담당했다. 러·일의 풍운이 급해져서, 국내에서 모두 '러시아를

---

1) 지방 공무원.
2) 현재의 도쿄대학의 전신의 하나가 된 제일(第一)고등학교를 말함.

쳐야한다'고 주전론이 크게 높아진 시기였다. 『만조보』에 자리 잡은 우치무라 간조, 고도쿠 슈스이, 사카이 등의 비전론은 바야흐로 천하의 장관으로, 근대 일본 양심의 이상적인 상태를 더할 나위 없이 명료하게 나타냈다는 점에서 일본이 세계에 자랑할 만한 것이다.

이때의 비전론에서 우치무라의 그것을 고도쿠, 사카이의 비전론과 비교한다면, 고도쿠, 사카이의 비전론이 계급사관에 기초한 것인데 비해서, 우치무라의 비전론은 모세의 십계명 중의 "살인하지 말라"에 기초를 둔 종교적인 절대적 비전론이라는 점일 것이다. 그러나 국내에 끓어오르는 주전론의 큰 파도를 받아 사내는 주전론파가 압도적인 우세를 보여, 사장 구로이와 루이코도 이것을 따르게 되었기 때문에, 세 사람은 퇴사하지 않을 수 없게 된다.

우치무라 간조에 대한 평가는 일본의 지성을 대표하는 친구들, 연구자, 제자뻘 되는 사회의 지도자층에 있는 사람들로부터 여러 가지 논의가 있지만, 필자는 우치무라 간조는 위대한 모순이 있는 사람이라고 생각한다. 이론상으로는 확신을 가지고 인식하고 언동도 그것에 따르지만, 그것이 현실의 국가권력, 특히 천황제 권력, 또는 천황제 권력을 지지하는 이데올로기와 이 권력에 영합하는 여론과 정면으로 대할 때, 한 걸음 뒤로 물러나고 마는 것이다.

한 때는 침략논리를 대변

우치무라에게는 유명한 '두 개의 J'라는 문제가 있다. 1881년메이지14 삿포로 농학교 졸업 할 때, 우치무라는 동기 니도베 이나조, 미야베 긴고宮部金吾, 1860~1951와 세 사람이 삿포로 가이라쿠엔偕樂園에 가서 서약했는데, 우치무라 자신은 "우리가 사랑해야 하는 이름은 천상천하 단지 두 가지 있을 뿐입니다.

그 하나는 예수입니다. 다른 하나는 일본입니다. 이것을 영어로 말하면 첫째는 Jesus이고, 둘째는 Japan입니다"「실망과 희망」라고 말하고 있다. 생각하건대 우치무라 간조의 모순은 이 '두 개의 J' 서약이 상징적으로 나타내는 것이다.

불경사건 때 기노시타 히로지木下廣次, 1851~1910 1고 교장이 서간으로 천황에 대한 경례와 신앙은 다른 관계이므로 경례를 의뢰했을 때, 우치무라는 "천황에 대한 존경의 마음은 변함이 없다"고 동의를 하고 있다.

청일전쟁 때, 우치무라는 일본의 전쟁은 의전義戰, 의를 위한 전쟁이라고 크게 필진을 폈다. 개전직전 1894년메이지27 7월 27일의 『국민신문』에 「세계역사에 근거해서 일지日支의 관계를 논함」을 발표했다. 2500년 전의 소 그리스와 대 페르시아의 전쟁 예를 가지고 와서, "일본을 칭하여 19세기의 그리스라고 한다"고 하고, 이 전쟁은 "이웃 나라 5억만의 민중을 구하기 위해서 신문명을 동양 전체에 보급하려고, 우리들은 이 의전에 종사하기를 원하는 것이고, 우리의 목적이 어찌 일개 조선의 독립을 유지하는 데 그치겠는가"라고 쓰고 있다. 이어서 개전 직후 잡지 『국민지우』 8월 23호에서 "Justification of the Korean war"라는 제목의 영어 논문을 쓰고, 다음 9월 3일호에 그 번역문으로 「청일전쟁의 의」를 발표했다. 그는 여기서 구미인을 겨냥해서 이 전쟁의 의의를 설명한다. "청일전쟁은 우리에게는 실로 의전이다. 그 의는 법률적으로만 의로운 것이 아니고 윤리적으로 역시 그렇다"고 한다. 또 조선을 언급하여, "메이지15년1882 이후 지나가 우리나라에 대해 어떠한 행위를 했는가, 조선에서 항상 내치에 간섭하고, 우리나라의 이에 대한 평화적 정략을 방해하고, 대면적으로 우리에게 능욕을 가해, 그치지 않고 우리는 조선을 열려고 하는데 그들은 조선을 닫으려고 하고, 그들의 만주적 제도를 가지고 조선에 부과하며, 길게 속방으로 이것을 유지하"려고 하고 있다고 말하고 있다. 김옥균 암살사건을 언급하며, "인정을 가진 자로서 몇 사람인가 요즈음 조선인

김모 씨에게 가한 포학을 참을 수 없다. 그는 오랫동안 일본 국민의 손님이었는데, 지나 본토에서 지나 제어 아래에 있는 조선 정부의 교사教唆로써 암살당했다. 그의 사체는 암살자와 함께 지나제국의 군함으로 조선국에 호송되어, 사체는 육형肉刑, 육체에 과하는 형벌을 거쳐 널리 국내에 폭로되고, 암살자는 모든 영예를 쓰게 되었다"고 한다. "청의 병사의 막사를 아산에 펴는 데 있어, 우리 병사가 바로 한성에 들어가는 것에 대한 변명을 요구하는 자가 있다면, 우리가 과거의 경험에 의해서 청국의 정치가를 신용할 수 없다는 것을 안다면, 여기 기만하는 무리에 대한 정당방위에 대비한 것이라고 답할 뿐이다"라고, 일본군의 조선 출병을 정당방위라고 강변하는 것이다. 여기서는 '두 개의 J'가 우치무라 간조의 몸 안에서 하나가 되어 결정結晶하고 있는 것을 실감하지만, 단적으로 말해서 제국주의 일본의 침략논리를 대변하고 있다.

우치무라는 그 위에 같은 잡지 10월 3일호에 「청일전쟁의 목적 여하」를 발표하여, 침략론을 강조하고 있다. 그는 청일전쟁의 목적으로 다음의 3항을 들고 있다. "① 조선의 독립을 확정하는 데 있다. ② 지나를 징계하고 다시 머리를 들지 못하게 하는 데 있다. ③ 동양에 문화를 베풀고, 평화를 오래 도모하는 데 있다." 그러나 이것만이 아니다. 다음과 같은 것도 말하고 있다. "우리는 아세아의 구세주로서 이 전장에 임하는 것이다. 우리는 이미 반은 조선을 구했다. 이로부터 만주 지나를 구하고, 남쪽의 안남 미얀마에 미쳐, 마지막 인도의 성지가 구라파인의 압제로부터 벗어나게 하여, 비로소 우리의 목적은 달성하는 것이다." 이 논리를 상세하게 설명할 필요는 없다. 나중의 아시아 침략시의 '대동아공영권' 논리의 전개다. 그러나 우치무라는 1년 후, 자기의 논리가 잘못된 것을 안다. 미국인 친구 앞으로 보낸 서간 가운데 "'의전'은 변하고, 어느 정도, 해적적인 전쟁이 되었다. 그 '정의'를 쓴 한 예언자는 지금은 치욕 중에 있다"고 쓰고 있는 것으로 알 수 있다. 이 때 간조는 '의전'이 아니고, 약탈전이라고 인식한 것이다.

이것이 러일전쟁 시의 비전론으로 살아나게 되지만, 고도쿠와 사카이가 『만조보』를 퇴사한 후 『평민신문』에 근거하여 반전을 관철하고 있는 데 대해서, 우치무라는 안에 틀어박혀서 『성서지연구』에 매진한 것이다. 우치무라가 퇴사할 때 구로이와 사장에게 건넨 서신이 있다. "국민 모두가 개전을 결정한 이상, 소생이 이것에 반대하는 것은 인정상 견딜 수 없다"라고 했다. 간조는 제국주의적 전쟁을 옳다고 하는 여론이라는 '현실'에 굴복한 것만이 아니고, 실제로, 조선의 지배권을 다투는 강도의 논리에 굴복하여, 한 발 뒤로 뺀 것이다. 이것이 이 시기 그의 조선관의 구현이기도 하다.

우치무라 간조가 조선에 대하여 완전히 냉혹했다고 말할 의도는 아니다. 오히려 반대인 예증도 많이 있다. 명성황후 암살 때의 비판, 한국병합 때의 동정, 병합 후의 조선인 청년 지식인에 대한 접근방식 등은 동시대 일본 지식인의 수준을 훨씬 넘었다고 해도 좋다. 그러나 필자는 간토대지진 때의 조선인 학살에 대한 간조의 언동에는 실망을 금할 수가 없다. 그는 대지진을 "신이 이 허영의 거리를 멸하셨다고 해도, 잔인 무자비를 갖고 그들을 책망할 수는 없다"고 한다. 그의 천견론 같은 철학관의 시비는 별 문제로, 이 시기의 조선인 학살에 단 한 번도 언급하지 않고 지난 사실은 경탈할 뿐이다. 또 한달 반 체재한 센다이仙臺 사단의 병사가 떠났을 때 "민에게 평안을 주기 위한 군대라고 생각하면, 존경하지 않을 수 없다, 사랑하지 않을 수 없다"(일기, 9월 22일자)라고 쓴다. 알고 있는지 모르는지, 군대출동은 '조선인폭동'을 진압하기 위한 계엄령에 의한 것이다. 이것에 감사하고 있는 것이다. 또, 자신도 '조선인 폭동'을 막기 위한 자경단에 들어가, 야경을 서고 있다.

'두 개의 J' 서약은 특히 대조선 문제에서 우치무라의 모순을 두드러지게 하는 것으로 생각된다.

44. 미즈노 렌타로

'조선인 폭동'을 이유로 계엄령
군대동원, 대량 학살로

미즈노 렌타로水野錬太郎, 1868~1949는 전형적인 관료정치가로 조선에의 식민
통치기에는 정무총감으로서 놀라운 솜씨를 발휘하고, 간토대지진 때에는
내무대신으로서 조선인 대학살의 레일을 깐 장본인이다.

집안은 대대로 아키다秋田 사다케佐竹 번사로 렌타로는 1868년게이오4, 이 해는
메이지 원년으로 개정된다 에도 번저에서 태어났다. 어릴 때는 데라고야에서 논어
등을 배우고 1884년메이지17 대학예비문 나중의 1고에 들어갔다. 1892년메이지 25
도쿄대를 졸업하고, 일단은 시부사와 에이이치의 제일은행에 들어가지만,
이윽고 농상무성, 이어서 1894년메이지 27 내무성대신은 이노우에 가오루에 들어간
다. 그의 일생을 관통하는 내무관료 생활의 시작이다. 내무관료로서 그가
모신 인물은 이노우에 가오루, 이타가키 다이스케, 고다마 겐타로兒玉源太郎,
하라 다카시, 고토 신페이後藤新平, 1857~1929 등등이 있는데, 하라나 고토의 경우
는 차관으로서였다. 이 사이 그는 대학에서 강의도 하고, 법률 공부를 위해
유럽에서 유학도 했다. 일본 최초의 저작권법 제정 때의 입안자이고, 학위도
가지고 있다.

그런 그에게도 정치적으로는 내무관료로서의 공적으로 귀족원 의원이 되
지만, 하라 다카시가 권유하여 정우회에 들어가는 빈틈없는 행동도 보이고
있다. 그는 데라우치寺内 내각 때 쌀 소동이 일어나자 내무대신으로서 군대를

출동시켜 수많은 일본인을 탄압했다. 이 민중 탄압의 수완을 인정받아서인지, 그가 조선에 직접 통치자로서 임하는 것은 3·1운동 이후, 하라 수상의 이른바 '문화정치'를 실시하기 위한 사이토 마코토 총독을 보좌하는 정무총감으로서 조선에 부임한 때였다. 그가 사이토 총독과 함께 의기양양 경성에 입성한 것은 좋았지만, 강우규 의사가 차에 폭탄을 던져 혼비백산해 버린 전설을 남기고 있다. '문화정치'의 본질은 노골적인 무단적 통치방식의 정돈을 계기로 명목은 차분한 것으로 변경하면서, 실질은 무단통치기보다도 효과적으로 엄하게 실시한다고 하는 교활한 기만적 통치다. 예를 들면 헌병경찰제도를 고쳐서 보통경찰제도를 취한 경우에도 경찰서를 증설하고, 경찰관을 증원해서 오히려 전보다 무력 탄압기관을 강화했다.

미즈노의 조선통치관은 1921년 경성의 관저에서 기초하여 수상 하라에게 제출한 「조선통치사견」에 분명하다. 조선은 "일국의 체면을 유지하는 힘"이 없었기 때문에 "우리 제국정부는 한국 정부와 협정해서 한국을 우리 제국의 보호 하에 두"고, "메이지 43년1910 메이지대제의 성지에 기초하여, 우리 정부는 한국 황제와 협정해서 양방 병합의 대의를 결정한"것이라고 강변한다. 신 개혁도 "병합의 취지를 발양하고 시세에 순응시켜서 이로써 한층 그 철저를 도모"한다는 것이므로, 명목상의 통치정책 교체는 조선 민족의 독립심을 부정하고, 일본의 이민족 통치의 효과를 올리는 것을 목적으로 한 것이다. 잘잘못을 역으로 흑백을 전도한 논리의 전개다.

대지진 때, 조선인에게 군중의 분노를 보내다

미즈노는 3년간 조선에 있었는데, 하라 암살 후의 가토내각에 내무대신으로 들어가, 가토 사후 후계 내각이 결정되지 않은 운명의 날, 9월 1일에 간토대지진이 발생했다. 미즈노 내상이 최초로 취한 행동은 궁중 알현이다. 대지진, 대화재로 고생하는 군중을 걱정하기보다 천황 및 쇼와천황의 기분이 어떠한 지를 문안했다. 내무성 경보국장 고토 후미오後藤文夫, 1884~1980, 경시총감 아카이케 아쓰시赤池濃, 3·1독립운동시의 조선총독부 경무국장도 같은 행동을 취했다.

　나중에 아카이케는 적고 있다. "돌아가는 길에 사방의 광경을 보고 나는 매우 많은 생각을 했다. 이 재해는 지극히 크고 지극히 악한, 또는 불상사를 일으킬 수도"있다고. 아카이케는 쌀 소동과 같은 일본인 군중의 폭동화를 두려워한 것이다. 그리고 다시 궁중에 가서, "고토 경보국장에 부탁해서 계엄령 발포를 내무대신에게 건의했다. 그것은 아마도 오후 2시경이었다"(잡지 『자경自警』)고 한다. 계엄령은 전쟁에 의한 외적 침입이나 내란의 요건이 없으면 선포할 수 없다. 이 지진은 외적 침입이나 내란이 아니다. 그래서 이 요건을 채우기 위해서 조선인 폭동을 생각했다. 다름 아닌 미즈노의 증언이 있다. "다음날 아침이 되자, … 조선인 소동까지 일어났다. … 결국 계엄령을 시행하는 것 외에 없다는 것을 결정했다."『제도부흥비록帝都復興秘録』 아카이케는 조선인 소동이 전혀 없을 때에 계엄령을 요청하고, 미즈노는 조선인 소동 때문에 계엄령을 선포했다고 한다.

　즉 미즈노 등 치안 트리오는 일본인 군중의 식량 대폭동 등을 미연에 방지하는 구실로 조선인 폭동이라는 것을 만들어내서, 군대동원을 전제로 하는 계엄령을 발포했다. 이렇게 해서 군대, 경찰만이 아니고, 자경단이라는 이름의 일반 일본인이 6000명을 넘는 재일조선인에 대한 일대 학살로 발전해 갔다. 지배층은 군중의 분노를 조선인에게 향하게 하고, 정부나 신문을 믿은 민중은 조선에 대한 편견을 증오로 전환시켜서 피를 탐하는 짐승으로 변했다. 그 첫째 책임자는 당시의 내무대신 미즈노 렌타로다.

45. 아쿠다가와 류노스케

간토대지진의 조선인 학살을 분개
일본 역사교과서 기술을 비판

아쿠다가와 류노스케芥川龍之介, 1892~1927는 근대 일본 문학을 대표하는 유명한 소설가다. 『나생문羅生門』, 『코鼻』, 『우죽芋粥』 등의 초기 작품에 보이는 일본의 고전에서 소재를 택한 것과 유럽, 중국에서 소재를 구하는 그 넓고, 깊은 학식은 젊어서부터 이미 정평이 있었다. 그는 계속하여 주목작을 발표하고 문운 한창이라고 막 생각하고 있었을 때, 35세의 생애에 스스로 종지부를 찍어 세상을 놀라게 했다. 그런 아쿠다가와에게 몇 개의 조선관을 나타내는 작품이 있다. 어떠한 조선관인가.

아쿠다가와는 도쿄 교바시京橋에서 태어났다. 진년辰年 진월 진일의 진시에 태어났기 때문에 류노스케라고 명명했다.[1] 아버지는 니이하라 도시조新原敏三이다. 1세가 되지 않았을 때, 어머니의 정신 이상으로 외가 아쿠다가와 가로 데려와, 얼마 안가서 양자가 된다. 아쿠다가와 가문은 대대로 에도성의 오쿠보쥬奧坊主[2]였다. 또 양어머니는 에도 말기의 대통大通, 통인(通人)의 으뜸가는 사람이라고 일컬어지는 사이키 고이細木香以의 조카라고 한다. 즉 아쿠다가와가 자란 환경은 성숙한 에도말기 문화의 향기와 자취에 쌓인 장소였다고 할 수 있다.

1) 진은 12간지의 하나로 후한의 왕충이 쓴 『논형(論衡)』 독편에 진위룡사위사(辰爲龍巳爲蛇)라는 기술이 있다.
2) 무가의 직명의 하나인 차보즈(茶坊主)로 차시츠·차세키의 관리, 다이묘 안내, 식사·의복·도검 등을 돌보는 역할을 했다.

1고를 거쳐 도쿄제대(영문과) 재학 중 동호인과 『신사조』제3차, 제4차를 발간하여 작품을 발표, 『코』가 나쓰메 소세키에게 격찬을 받는다. 1916년다이쇼5 대학을 졸업하고, 해군기관학교의 교원이 되고 2년여 만에 퇴직하여, 오사카 마이니치신문의 사원이 된다. 이 사이 문제작을 몇 개나 세상에 발표하고, 1923년다이쇼12 경은 확고부동한 자리를 차지한 대가였다.

그러면 아쿠다가와의 조선관이다. 아쿠다가와는 이 해 9월 1일의 간토대지진을 도쿄부의 다바타田端에서 맞이한다. 아쿠다가와는 대지진 관련 글이 10여 편이 있지만, 그 중에 몇 개인가 조선인 학살문제에 관한 것이 있다. 계엄령이 선포된 뒤, 그는 기쿠치 히로시菊池寬와 '잡담'을 교환했다. "그 안에 나는 큰 불의 원인은 00000000[불령선인의 방화다]라고 말했다. 그러자 기쿠치는 눈썹을 치뜨면서 '거짓말이야 자네'라고 일갈했다. 나는 물론 그렇게 말하면 '아마 거짓말일 것이다'라고 말할 수밖에 없었다. 그러나 다음에도 한 번, 모두 0000[불령선인]은 볼세비키의 앞잡이라고 말했다. 기쿠치는 이번에도 눈썹을 치켜뜨면서, '거짓말, 자네 그런 것은'이라고 꾸짖었다. 나는 또 '응, 그것도 거짓말인가'라고 바로 나의 말을(?) 철회했다. 다시 나의 소견에 의하면, 선량한 시민이라는 것은 볼세비키와 0000와의 음모의 존재를 믿는 사람이다. 만일 믿을 수 없는 경우는 적어도 믿고 있는 것 같은 얼굴을 하고 있지 않으면 안 되는 사람이다. 그렇지만 야만적인 기쿠치 히로시는 믿지도 않지만 믿는 시늉도 안한다. (중략) 더구나 선량한 시민이 되는 것은, … 아무튼 고심을 필요로 하는 것이다."「대진잡기大震雜記」

처음으로 이 글을 접했을 때, 약간 당황했다. 독특한 문체에 숨기고 있는 말하자면 그의 인간적 본질과 또 권력과 대치하는 그 독특한 비웃음을 느꼈지만, 아쿠다가와가 『문예춘추』다이쇼 2년1913 11월호에 쓴 『주유侏儒의 말』 중에 「어느 자경단원의 말」을 읽을 때는 정말로 놀랐다.

"자, 자경의 부서로 가자"로 시작하는 이글은 마지막에 이렇게 끝맺고 있다. "자연은 다만 냉정하게 우리들의 고통을 보고 있다. 우리는 서로 불쌍히 여기지 않으면 안 된다. 하물며 살육을 기뻐하다니, … 다만 상대를 목 졸라 죽이는 것은 의논에 이기는 것보다 손쉽다. 우리는 서로 불쌍히 여기지 않으면 안 된다", "우리는 서로 불쌍히 여기지 않으면 안 된다"라는 것은 일본인, 조선인 함께 라는 것이다. 모두 대지진의 피해를 받고 있다. 모두 불쌍히 여기지 않으면 안 되는데 피비린내 나는 대 조선인 사냥이 시작되고, 살인을 많이 저질렀음을 자랑하고 있다. "더군다나 살육을 기뻐하다니" 아쿠다가와는 일본인의 조선인 살육을 분노하고 있는 것이다.

교과서의 치우친 기술을 비판

또 하나 아쿠다가와에게는 조선을 소재로 한 『김장군』이라는 소설이 있다. 『김장군』은 1924년 2월호의 『신소설』에 연재된 짧은 소설이지만, 내용은 도요토미 히데요시 군대의 조선침략과 평양까지 침공한 고니시 유키나가의 목을 자르는 이야기와 관련된 것이다. 유키나가의 목을 자르는 것은 김응서장군이라는 설정이다. 김응서는 실재 인물로 임진왜란 때 별장으로서 명의 이여송군과 합류하여 평양성을 탈환했다. 조선시대의 전쟁소설 『임진록』은 김응서가 고니시 유키나가의 목을 베었다고 되어 있다. 더욱이 조선의 전승에서는 가토 기요마사도 진주의 기생 논개에 의해 죽은 것으로 되어 있다. 조선 민중이 침략의 상징인 고니시, 가토에게 가진 민족적 증오가 얼마나 깊었는지를 읽을 수 있는 이야기다.

아쿠다가와는 『김장군』에서 "유키나가는 물론 정한의 싸움의 전시에서는 목숨을 잃지 않았다. 그러나 역사를 분식하는 것은 반드시 조선뿐인 것은 아니다. 일본도 역시 어린아이에게 가르치는 역사는 … 혹은 어린아이와 큰 차이가 없는 일본 남아에게 가르치는 역사는 이러한 전설로 가득 차 있다"고 하고, 일본의 역사교과서는 한 번도 패전의 기사를 내건 적이 없다고 하여, 663년 일본군이 조선의 백촌강白村江에서 당군唐軍과 싸워 크게 패한 사실을 『일본서기』에서 인용했다. 그리고 마지막에 "어떠한 나라의 역사도 그 국민에게는 영광이 있는 역사다. 여하튼 김장군의 전설만이 한 번 웃을 수 있는 가치가 있는 것은 아니다"라고 썼다.

지금의 후안무치한 역사미화, 역사왜곡의 횡행을 생각할 때, 얼마나 아쿠다가와가 선견적으로 통찰력이 풍부한 인물이었는지를 알 수 있을 것이다.

46. 가시와기 기엔

안중근을 통해서 조선관이 바뀌다
그리스도인으로서의 깊은 신념과 투철한 사관

　가시와기 기엔柏木義円, 1860~1938은 현재 군마群馬현 안나카安中시에 있는 안나카교회의 목사다. 지방에 있으면서도 메이지, 다이쇼, 쇼와 3대에 걸쳐서 일본의 근대사상상에서는 큰 족적을 남긴 인물이다. 그의 78년 생애를 통한 사상, 행동의 걸음을 보면, 많은 정치가, 군인, 언론인, 역사가, 문인들이 칭찬해 마지않는 메이지의 제국주의 성장·발전기, 천황제 권력과 그 집행자, 그리고 많은 찬미자의 한복판에 있으면서도, 단호한 비판의 활을 쏘아온 드문 사람이라는 것을 알 수 있다. 그는 자신이 주재하는 『상모교계월보上毛教界月報』에 의하여 기독교인으로서의 깊은 신념과 투철한 사안으로 당시의 권력자와 그 추종자들을 철저히 논란하는 위대한 실천자, 행동자이기도 했다. 그리고 그의 조선 이해와 조선 인식은 초기에 약간의 이해부족을 보이지만, 어느 시기를 넘으면 확연하게 차이를 보이게 된다.

천황제 국가에 대한 비판의 활을 쏘다

　가시와기 기엔은 1860년만엔 원 3월 에치고越後 미시마三島군의 요이다与板 번내의 서광사西光寺, 정토진종에서, 아버지 도쿠엔德円, 어머니 야우의 장남으로 태어났다. 세 명의 누이가 있다. 아버지는 기엔이 생후 4개월이었을 때 사망했다. 선조 가시와기 하야토柏木隼人는 당시의 안나카 번주 이이 나오요시井伊直好, 1618~72에게 궁술弓術 사범 관리직으로 벼슬하고 있었다. 언젠가 번주의 사냥에 따라가 새끼와 함께 있는 원숭이를 쏘아 죽었다. 어미 원숭이가 죽자 새끼 원숭이가 슬퍼하는 것을 보고 무상을 느껴 삭발을 했다고 한다. 기엔의 사람됨을 생각해 볼 때, 이 선조의 결단과 어머니 야우의 우직하고 사려 깊음, 강한 생활태도와 연관이 없지 않다고 생각한다. 아버지와 일찍 사별한 그는 고생스런 생활 속에서도 불교 서적과 한문 서적을, 또한 16살에는 니가타 현 간바라 蒲原 군 스이바라마치水原町의 소학교에서 『자치통감』, 『일본외사』 서양사정, 수학 등을 배웠다. 아울러 나중의 도쿄제대 교수가 되는 호시노 히사시星野恒 사숙에서 한학을 배운다. 나중에 도쿄사범학교에 들어가고 졸업 후, 조슈上州, 호소노細野촌의 소학교에 부임한다. 얼마 안 있어 교토의 동지사에 입학하고 1년 만에 중퇴, 쓰쿠모九十九소학교의 교사가 되는데, 이윽고 다시 교토로 나가 동지사 영학교 보통과에서 배운다. 학자금은 동지사에서 한문을 가르치고 얻었다. 같은 반에 9살 아래 도쿠도미 로카德富蘆花가 있었다.

이 동지사에 재학 중인 1888년메이지21 4월부터 1895년메이지28까지의 『동지사문학』에는 그가 발표한 15개의 문장이 있다. 이 중의 「전쟁과 평화」, 「다시 전쟁과 평화를 논하고 아울러 선교사 제군에게 한마디 함」의 두 편은 나중의 철저한 평화주의론자, 가시와기 기엔의 글이라고는 생각되지 않는 청일전쟁 긍정론이다. 이때의 기엔은 일반론으로서도 침략주의를 긍정하고 있다. "침략주의 역시 어쩔 수 없다. … 우리는 오히려 침략주의를 미워하는 자다"라고 하면서도 "침략주의 역시, 때에 따라서는 온 천하 통일에 도달하는 길이다"라고 한다. 또 "조선의 독립, 지나의 진보는 동양의 평화를 촉구하기 위함"「전쟁과 평화」1895년, 메이지28 6월 1일이라고도 한다. 이 글은 청일전쟁 직전에 쓴 것으로, 여기서 말하는 '조선의 독립'이란 메이지의 위정자가 중국에 대신하여 조선의 지배권을 장악하려고 할 때의 기만적 슬로건이지만, 기엔은 이 사술에 걸린 자각이 없다.

그 위에 청일전쟁 개전 후인 9월, 「다시 전쟁과 평화를 논하고, 아울러 선교사 제군에게 한마디 함」을 발표한다. 여기서 기엔은 김옥균의 암살, '시체의 체해屍躰の體躰'에 언급하여 "조선의 혁신은 조선 지사의 뜻으로, 또한 그 대군주 전하의 예다. 그리고 폭위暴威와 책망하는 계책을 가지고 그것을 억압하는 자는 저 청국이 아닌가"라고 하고, "금일 조선의 혁신을 위해 청국의 야만적 자존의 세력을 누르는 것은 실로 조선을 위해서 뿐 아니라, 또 청국 문명의 분자를 도발해서 동양의 진보를 촉구하는 이유다"라고 한다. 여기까지 오면 이제 후쿠자와 유키치나 도쿠토미 소호와 다르지 않다.

가시와기 기엔은 1897년메이지30 군마 현 안나카교회의 목사가 되고, 그 후 40여년 즉, 죽기까지 이 안나카의 목사로서 일하게 된다. 특필할만한 것은 여기서 월간 『상모교계월보』를 발행하고, 많은 경세문, 천황제 국가권력에의 비판문을 발표한 것이다. 물론 조선관련 글도 역시 적지 않다(이하, 출전이 없는 인용은 이 월보에 의한다). 러일전쟁이 시작되었을 때도, "우리는 감히 이번 전쟁을 인정하지 않는다", "이번 전쟁에 한해서 전쟁의 참악이 지구 표면상에서 적어도 문명국 상호간에 완전히 절멸하기를 희망해마지 않는다"고 하여, 비전 주장이 불철저하다. 그리고 "자칫하면 동양에 전운이 길게 뻗치는 것은, 필경 만한의 문명이 매우 열악하여 여기에 문명의 저기압이 있기 때문이다"「우리의 구화관媾和觀」 메이지38년1905 9월 15일호라고 하는 곳에, 오히려 전쟁긍정론이다. 이것이 조선관에도 나타난다. "공의의 정부를 받들지 않는 국민의 품성이 무너지는 것은 조선 국민, 이것이 그 목전의 증거다. 무신론은 그 우주 인류로 하여금 한 국민이 되게 하는 것이 아니다."「우리의 주장」 메이지39년1906 2월 15일호 여기서는 아직 조선에 대한 멸시가 있다.

가시와기 기엔이 그의 조선관이 완전히 바뀐 것은 안중근의 언동을 안 때부터 일 것이다. 1910년메이지43 8월 15일호에 「이토 공을 죽인 안중근의 신앙」이라는 글이 있다. 마지막 행에 "~라고 우에무라 마사히사植村正久 씨는 말했다"고만 나와 있기 때문에, 이제까지의 전문을 가리키는 것인가, 몇 행부터를 가리키는 것인가 분명하지 않다. "마침 자신이 탄 배에 고등법원장직에 있는 사람[이 인물은 안중근재판 때의 관동도독부 고등법원장 히라이시平石라는 사람일 것이다]이 함께 타고 있었는데이 사람은 고치(高知) 출신으로 스스로 기독교는 싫다고 분명히 말했다, 그 사람이 저 이토공작을 살해한 안중근을 자주 칭찬하고, 직접 그것을 종종 음미한 결과, 그는 정직하고 훌륭한 사람이라고 입증했다"고 하는 이야기에서, 몇 개인가 안중근에 관한 에피소드가 소개되고 있다. 기엔이 이 이야기에 감명을 받은 것은 안중근이 기독교인이어서 인지 아닌지 알 수 없다. 그러나 우에무라가 말하는 바를 단지 쓴 것에 지나지 않는다고 해도, 멸시관이 나오지 않은 것은 기엔에게 있어 획기적인 것임에 틀림없다.

일본으로의 동화를 목적으로 조선 전도를 비판

그 획기적인 것은 1914년다이쇼3 4월에 발표된 「와다세渡瀬 씨의 『조선교화의 급무』를 읽고」일 것이다. 일찍이 데라우치 총독은 조선에서 외국인 선교사의 영향력에 비해 일본인 선교사의 의지가 박약함을 탄식하여, 일본조합교회의 에비나 단조海老名彈正가 조선에 왔을 때, "조선에서 크게 활동하도록 권고해 두었다"고 말한『조선급만주』, 「데라우치총독과 말하다」, 샤쿠오 슌조(旭邦生, 호) 1914년다이쇼3 9월 적이 있다. 이것을 계승한 조합교회는 조선 전도에 힘을 들여, 와다세 쓰네요시渡瀬常吉의 『조선교화의 급무』라는 조선 전도의 기본 이념을 설명한 책을 간행하게 된 것이다.

기엔은 상기의 글에서 이것을 통렬하게 비판한다. 이 글은 이전 보호조약 체결 시, 기노시타 나오에가 『신기원』지에 쓴 「조선의 부활기」에 비견할 역사적인 조선론이다. 조선의 독립상실, 병합에 관하여 약간의 종교적 색채와 한계성이 있지만, 실로 깊고 정말로 투철한 사안과 논리를 가지고 대하고 있던 것에 나는 다시 한 번 공경하면서도 두려움을 느낀다. 그는 "1900여 년 내가 견문이 적고, 또 아직 어떤 국민화를 표방하여 복음을 선전한 자가 있다는 것을 듣지 못했다"고 말하고 있다. 또한 일본조합교회의 조선 전도의 목적 중에, "저들을 동화하여 우리의 충성스럽고 선량한 국민이 되게"하는 것을, '와다세 씨'가 자기의 책에서 소리 높여 읊고 있다고 비판하고, "만약 복음 선전을 가지고 제국주의의 방편으로 삼는 자가 있다면, 단연코 배척해야 한다"고 한다. 그리고 "원래, 청일·러일 2대 전몰의 외침은 한국 독립의 부식扶植이었던 것이 아닌가"라고 묻고, "일본은 과연 한국독립의 부식이라 칭하고 세계를 속였다"고 말한다. 그 위에 "만약 조선에 중국의 문천상文天祥, 1236~82, 방효유方孝孺, 1357~1402, 정성공鄭成功, 1624~62과 같은 절개를 가진 자가 있다면 어떠한가"라고 하고, "다른 날, 독립자치의 땅을 만들려는 자가 있다면, 어떤가. 진정한 종교가, 오히려 이 이상으로 초연하여, 동정을 가지고 그것을 포용할 수 없을까"라고 말한다. 왜곡된 조선 문제에 깊은 이해를 나타내고 있을 뿐 아니라, 조선의 독립운동에도 깊은 동정을 나타내고 있다. 이 비판이 안나카교회 자체, 일본 조합교회계이고, 가시와기 기엔을 신의 나라로 이끈 에비나를 중심으로 하는 조합교회에 대한 것이 되었지만, 진리를 위해서는 감히 직접 말을 하는 그 강함에도 놀라움을 금치 못한다.

기엔의 조선 전도 비판은 아직 몇 편이 있지만, 이외 조선 문제에 관한 비판 가운데 대단한 것은 3·1운동 시의 학살 비판과 간토대지진에서의 학살 비판, 그리고 천황제 정부의 조선식민통치 비판이다. 그 전부를 급하게 논하기에는 여기에서 불가능한 일이다. 그러므로 간토대지진 때의 조선인 학살사건에 가능한 한 좁혀서 보고 싶다.

그는 1923년다이쇼12 10월 15일의 「하늘을 두려워하라」에서 큰 지진, 큰 불의 재해에 대해 언급하고, 마지막에 "이 재난에 기해 많은 죄악이 행해진 것은 깊이 애도할 일이다. 특히 재난을 타고 약자를 학대한 국민은 아, 화를 입을 것이다"라고 써서 조선인 학살 문제를 언급했다. 같은 호의 「계조만필雞助漫筆」에서 로마황제 네로가 로마 대화재의 책임을 기독교도에게 떠넘긴 것을 기록하여, "이번의 지진에 입각해서도 이것과 유사한 전율할 만한 대죄악이 행해진 것은 깊이 두려워해야 한다. 함부로 유언비어를 전하는 자와, 이것을 가볍게 믿는 자도 그 책임을 면하기 어렵다. … 유언비어의 출처에 생각이 미칠 때는 전율을 금하기 어렵다"고 썼다. 그는 유언의 출처가 관헌임을 정확하게 읽고 있는 것이다. 또 12월 15일호의 「죽이지 말라」에서, 가메이도龜戸 사건3)과 아마카스甘粕 사건,4) 거기에 "조선인 학살사건 등에 이르러서는 국민 때문에, 사회 때문에 라는 명목을 가지고 관헌이나 양민이 이것을 하고, 일부 사회가 이것을 시인하고, 적어도 이것에 공명동정하기 때문에, 이것은 실로 중대한 일대사건"이라고 쓰고 있다. 그 위에 다음 해인 1월 25일 호에서는 「이것은 대학살이 아닌가」라는 제목으로, 이 대학살에 일본 당국의 조사와 사죄를 요구했다. 가시와기 기엔은 진정한 의미에서 일본인이고, 박해당한 민족에 대한 진정한 친구가 된 인물이다.

3) 간토대지진이 일어났을 때 도쿄 가메이도에서 사회주의자 히라사와 게이시치(平澤計七)·가와이 요시토라(川合義虎) 등 10명이 나라시노(習志野) 기병 제13연대에 의해 척살당한 사건.
4) 간토대지진 직후인 1923년 9월 16일 아나키스트 오스기 사카에(大杉榮)·이토 노에伊藤野枝) 등이 헌병대위 아마카스 마사히코(甘粕正彦)에게 연행되어 살해된 사건.

47. 사이토 마코토

동화정책을 철저하게 도모한다.
군사·경찰력을 배경으로 '문화정치'를 강행

사이토 마코토齋藤實, 1858~1936는 초대 데라우치 마사다케, 2대 하세가와 요시미치의 뒤를 이어 제3대 조선총독으로 조선에 부임하여, 3·1운동의 정세에 맞추어 하라 다카시 수상의 이른바 '문화정치'를 실시하게 된다. 일본 지배층은 민족을 들어 싸운 3·1운동에 심각한 타격을 입고, 이젠 무단정치 방식으로는 유효지배가 불가능하다고 보고, '문화정치'라는 것으로 바꾼 식민지 지배의 속행을 도모했다. 그러면서 '문화정치'를 칭하는 일본의 조선 통치는 기만에 가득찬 것이었다. 하라 다카시는 조선통치의 위기에 즈음하여, 같은 이와데岩手현 출신으로 정치적으로는 유연한 대처 능력을 보이는 사이토를 조선에 보내고, 사이토는 사이토대로 전후 2회 10여년에 걸치는 장기간 조선에 군림한 것이다.

사이토는 이와테 현 미즈사와水澤에서 미즈사와 번사 사이토 고헤이齋藤耕平의 아들로 태어났다. 어릴 때에는 도미고로富五郎로 불렸다. 무진전쟁 때 번주는 종번 다테 요시쿠니伊達慶邦, 1825~74를 따라 천황 군대와 싸워 패배하고, 일가는 미즈사와에서 귀농한다. 사이토도 패잔한 동북인으로서 어릴 때부터 서생이나 현청의 급사가 되거나 고생을 거듭하면서 면학에 힘썼고, 만 15세 때 해군병학료, 나중의 병학교에 입학한다. 소위임관은 9년 후인 1882년메이지15

으로 이 해 조선에서는 임오군란이 일어났다. 이후의 그의 군력은 생략하지만, 러일전쟁 때에는 해군차관으로서, 또 제1차 사이온지 내각에 해군대신으로 입각하고, 이래 5대의 내각에 연속해서 8년 3개월이나 해군대신을 맡았다. 즉 대러전에서 당시의 야마모토 해상과 함께 해군 군정의 중심으로 전국戰局의 지도에 임했을 뿐 아니라, 해군대신에 취임하고서는 전승의 기세를 몰아 해군 정비계획이라는 대해군 건설을 추진하려고 한다. 또 그는 조선완전 점령발표일에 동료 각료인 데라우치가 육군대신 현직인 채로 조선총독에 취임한 것과 관련해서 서간을 보내고 있다.

"한국병합 사업에 수고해 주셔서 원만하고 신속하게 수행되고 있습니다. 우리나라日本의 큰 경사라고 생각합니다. 여기에 제국의 일대 성시盛時와 성효成效를 아울러 크게 축의를 표하는 바입니다"라고 하는 것이다. 기이하게도 무진전쟁의 승자 조슈 번 출신인 데라우치와 오우奧羽 지방 출신인 패자 사이토 마코토의 양자가 조선의 완전 식민지화 달성에 즈음하여 해군 육군의 양 측면에서 마음을 하나로 하여 그 성공을 기뻐하는 것이다. 사이토는 제1차 야마모토 내각 때, 해군의 부정사건인 '지멘스Siemens 사건'[1]이 발생, 내각이 퇴진을 강요받을 때 해군대신을 사임했다. 그리고 5년 후 3·1운동이 일어나자 이 사건을 수습하기 위해 사이토가 총독에 임명되어, '문화정치'에 임한 것이다. 1919년 9월 2일 사이토 마코토와 정무총감 미즈노 렌타로는 경성에 도착할 때, 65세 조선인 독립운동가 강우규에게 폭탄을 받게 된다.

사이토는 조선부임에 즈음하여, 수상 하라 다카시로부터 「조선통치사건」이라는 장문의 조선통치책을 건네받고 있다. 하라의 이 통치사건을 한마디

---

1) 독일의 시멘스사가 일본 해군 고관에게 뇌물을 준 사건. 1914년 1월에 발각되어 3월에는 야마모토(山本權兵衛) 내각이 총사직을 했다.

로 평하면 '동화정책'의 철저화를 도모하는 것이다. 일본과 "조선과의 관계를 보면 언어 풍속에 다소의 차이가 있다고 하더라도, 그 근본에 거슬러 올라가면 거의 동일 계통에 속하고, 인종에서도 본래 이동이 없다. 역사에서도 상고에 올라가면 거의 동일하다"고 한다. 하라 다카시의 조선 인식은 『고사기』, 『일본서기』를 기초로 다소의 근대적으로 채색하여, 조선인에게 독립은 물론 '자치'조선 측에서 보면 민족개량주의적 주장조차 허락하지 않고, "조선을 통치하는 원칙으로서는 완전히 내지인을 통치하는 것과 같은 주의主義, 같은 방침에 의한 것을 가지고 근본정책으로 정하지 않을 수 없다"고 하는 것이다. 침략당한 민족과 침략한 민족을 동일 선상에서 논하려는 것이 본래 무리가 있고, 이것을 정책화할 경우 아무리해도 군사·경찰력을 배경으로 한 기만정책을 추진하는 이외는 없지만, 사이토 마코토는 이것을 실행하려고 한다.

　일본 정부는 '관제개혁'에서 문관 임용도 있다고 했지만, 사이토 이후도 일본 패전까지 단 한 번도 문관총독은 출현하지 않았다. 다음에 총독이 가지고 있던 군사통수권도 약하게 할 것처럼 얼버무리고 군사탄압을 하기 쉽도록 했다. 또 종래의 헌병경찰제도를 보통경찰제도로 바꾸기는 했지만, 그 기능을 강화해서 대대적으로 증원했다. 그 외에 각도에 도평의회를 두었는데, 구성원 거의가 일본인이거나 친일파였다. 거기에 조선어 신문과 잡지 발행은 허가하기는 했지만, 식민통치에 저촉된다고 보면 용서 없이 정간이나 폐간처분을 했다. 그 외 교원의 대검 폐지 등의 교육정책, 종교정책, '산미증식계획' 등등의 기만책을 들면 끝이 없다.

　여하튼 그 자신의 말 "함부로 불령의 언동을 하고, 인심을 어지럽히며 공안을 저해하는 자가 있으면, 당연히 법에 비추어 조금도 가차 없게 한다"「시정방침의 유고」를 조선인은 오랫동안 명심한 것이다.

48. 에토 데키레이

대지진 때 조선인을 보호함
당시의 권력에 감히 저항하며 살다

에토 데키레이江渡狄嶺, 본명 고자부로(幸三郎), 1880~1944는 근대 일본이 낳은 독창적
사상가로서 실천가다. 그가 독창적인 이유는 메이지 이후 근대적 교육제도
의 전 과정을 빈틈없이 밟으면서도, 농업을 기반으로 하는 일본 풍토에 뿌리
내린, 매우 독창성이 높은 '장場'이라는 독특한 철학체계를 수립하고 생애
실천한 것에 있다. 만일 에토로 하여금 직업난에 기명하라고 한다면 '백성'이
라고 썼을 것이다. 그는 언설에서 당시의 정부 정책, 지향성을 비판할 때도
예리한 필봉으로 일대 철퇴호된훈계를 가하는 방법은 취하지 않지만, 아니라
는 의지는 확실히 전하는 입장을 무너뜨리지 않는다. 그런 의미에서는 메이
지 이후의 역대 정부의 정책에 대한 총체적 부정자라는 위치를 부여해도 큰
잘못이 없다고 생각한다. 혹은 근대 초의 불복종운동의 실행자라고 말할
수 있을 지도 모른다. 조선에 대한 에토의 관련 방법도 이러한 그의 입장을
반영한 것으로 생각된다.

비침략의 조선 영구중립론을 주장

에토는 1880년메이지13 아오모리青森 현 산노헤三戸 군 고노헤五戸 촌에서 상업

을 하고 있던 아버지 쇼지로庄次郎, 어머니 에키의 장남으로 태어났다. 고노헤 소학교, 아오모리중학교 하치노헤八戸분교에 진학하는데, 그 때 이미 아이즈會津번의 유신遺臣, 전대부터의 신하 구라사와會澤平治衛門의 나카노사와中ノ澤주쿠에 다니며 사서오경을 배운다. 즉 유학의 기본은 단단히 몸에 익히고 있었던 것이다. 그의 아버지는 당시로서는 매우 개명적, 진보적인 사람이었던 것 같다. "나의 돌아가신 아버지는 아직 제국주의자가 되기 전의 『국민신문』과 『국민지우』의 애독자였다"고는 그의 회상에 의해 그것을 알 수 있다. 그도 역시 도쿠도미 소호의 신문, 잡지, 그리고 이른바 민우사에 의해 평민주의, 세계주의의 서양사상에 접촉하고, 처음으로 톨스토이를 알았다고 한다. 그 것도 이 때 흡수한 것이 "내가 직접 외국어를 읽게 되어 주로 나의 생활을 결정하는 데 도움이 되는 사상경향의 대부분의 지식 전부를 포함한 것이었다고 말해도 좋다"고 단언할 정도로 커다란 영향을 받고 있다. 그는 도쿄의 긴조錦城중학교로 전학하고, 1898년메이지31 9월 센다이의 2고에 입학, 마치니의 논문을 탐독하고 칼라일, 유고를 읽고 감동하여, 톨스토이의 작품을 영문으로 읽었다. "아무리해도 이 톨스토이의 양심을 자신의 생활 가운데에 살리지 않으면 안 된다"고 생각하게 된 것이다. 1901년메이지34 7월에 2고를 졸업하고, 9월에 도쿄제대 법과대학 법률과에 들어간 후 정치학과로 옮긴다. 그는 "청일전쟁 후, 당시의 일본의 국정과 더불어 나의 20대까지, 의식적으로 그것은 몽땅 나의 성격이 되었다"고 한다. 그도 시대의 자식이다. 청일전쟁을 계기로 하는 내셔널리즘의 일대 앙양기에 심기가 앙양하는 것을 억누르지 못하고 있었다. 이 시기를 돌아보면서 "드디어 내가 우국애인의 국사國士라는 이상을 가지고 정치 경제를 배우게 되었다"고 하지만, 이 시기 국사를 이상으로 한다는 것은 위정자의 침략정책으로 나가 가담하는 것이다.

톨스토이의 평화주의와 메이지정부의 조선 및 아시아에 대한 침략정책과의 사이에서 흔들리는 심경을 반영한 것 같은, 도쿄대생 시절의 에토의 「조선반도론」이라는 것이 있다. 이 문장은 월간잡지 『일본인』의 1902년 8월호에 실려 있다. 먼저 "조선반도는 동양의 발칸반도라고 칭하는 곳, … 국민의 본성, 따라서 몸을 둔 곳에서 절개를 지키지 않고, 기회를 엿보고 어제는 그에게 속하고 오늘은 도리어 여기에 의한다. 그것도 적개하는 마음, 헛되이 강하여, 외교 사회의 저기압은 항상 그곳에 있다"고 한다. 여기서의 조선을 보는 시점에는 멸시관이 있다. "그리고 지금에 이르기까지의 방책, 두 가지가 있다. 조선독립의 부익, 한마디로 조선의 영유, 만한의 교환이 이것이다. 그리고 우리는 즉 별개의 설이 있다"고 하여, 기존의 설을 논란한다. "조선독립 부익의 설, … 말이 진실로 아름답고, 일은 진실로 의롭다. … 그렇지만 말이 아름다운 것은 반드시 행동이 여기에 동반되지 않으며, … 이 나라를 도우려는 것은 오히려 부용附庸하는 것보다 더욱 곤란"하다고 한다. 다음에 오랜 옛날 이래, 메이지 초기의 정한론까지의 만한교환론과 조선영유론의 역사를 반복하고, "이것을 영유하기 위해서는 도리어 몇 개의 난을 일으킨다"고 하여 "영구중립의 나라로 하는 것이 적절하다"고 한다. 그리고 "이 영구중립국인 조선을 이용하여 중간령으로 하고, 청일의 평화동맹의 기초로 삼고, … 다른 날 동아 전국의 평화, 그리고 세계만국의 평화를 위해 인의, 대도의 빛을 이곳부터 발하게 해야 한다"고 한다. 에토는 이 논리에서 명확한 형태로 조선에 대한 침략을 잘못이라는 부분까지 미치고 있지 않다. 그가 주장한 조선 영구중립론은 참으로 탁월한 논리이고, 실질적으로는 비침략론이다.

대지진 때, 목숨을 걸고 조선인 학생을 숨겨두다

러일전쟁 중인 1905년메이지38 그는 아키타秋田 현 하나와花輪 출신의 세키무라關村 미키와 결혼, 도쿄제대를 중퇴하고 일단 하나와에서 사는데, 1910년메이지43 3월 도쿄로 이주한다. 현재의 세다가야世田谷구 후나바시船橋인데, 여기서 소작지를 빌릴 때 보살펴 준 사람이 도쿠도미 로카다. 나중에는 다카이도高井戸촌으로 옮기고 '백성애도장百性愛道場'을 열고, 꽃 재배와 양계를 시작한다. 그의 사상적 발효의 도수는 국사國土, 또는 약속된 속세의 출세코스 등은 개의치 않을 정도로 높았던 것이다.

여하튼 에토의 새로운 생활이 시작되지만, 그 전에 다른 하나 에토의 조선론을 언급해 두고 싶다. 1906년메이지39 1월호『일본인』에 실린,「당면의 문제」라는 제목의 문장이다. "최근 우리 국권의 발양은 매우 현저한 것이 있다. 정한의 의논이 있을 때 청을 두려워하던 것이, 27, 8년에는 이것을 정벌하여 타이완을 얻었다. 또 청을 정벌할 때 러시아를 두려워하던 것이 10년을 지난 지금 러시아를 치고, … 조선에는 우리 종주권 확립을 보기에 이르렀"다고 하고, "제국주의적 기세에 일반의 활발을 더하는 것"으로 일본 국민의 '많은 사람의 열광'을 기록한 위에, "항상 냉정한 실상의 관찰을 게을리 하는 일이 있어서는 안 된다"고 말한다. 그리고 "제국주의적 정책은 한편에 개인 자본가보다 유리한 투자 방법으로서 환영받고, 다른 한편은 항상 정치적 상상에 지배되는 민중에게는 국가이권의 확장이라고 망신당하고"있다고 하여, 그 잘못을 지적한 것이다. 당시 러일전의 승리와 조선보호국화는 거의 모든 일본 국민을 열광시키고 있었다. 에토 데키레이는 지극히 냉정하게 이것들의 추이를 응시하고, 그 본질적 측면을 분석하고 있었던 것을 이 한 문장에서 알 수 있다. 조선보호국화에 직접 비판을 가하는 것은 아니라고 해도, 적어도 자국의 제국주의적 팽창정책의 결과로서의 조선보호국화를 기뻐하지 않는 자세는 명확하다.

그가 메이지정부나 이후의 정부권력의 정책 및 시책에 감히 대항하여 살아가는 자세를 명확히 나타내는 것은, 시류를 타지 않는 삶의 태도 그것이 말하고 있지만, 다른 것에도 1, 2점 보인다. 하나는 데키레이라는 호의 유래이다. 레이는 미야케 세쓰레이三宅雪嶺, 1860~1945의 인물의 크기에 감동하여 취한 것이고, 데키는 북적北狄에서 뽑은 것이다. 중국은 사방의 이민족을 멸시하여 남만, 북적, 동이, 서융이라고 말했지만, 에토는 동북 출신인 자기를 야마토 중앙정권에 대항하여 멸망한 아이누 민족에 비유하여 적狄이라는 글자를 고른 것이다. 하나는 1914년다이쇼3 장녀 후지의 취학 문제다. 데키레이는 학교교육에 불신감을 가지고 학교에는 통학시키지 않고, 자택에서 자신이 교육시켰다. 이 시기의 학교교육 불신은 교육시스템과 교과내용의 불신이기도 하지만, '교육칙어'에 대한 거부도 의미한다. 그는 다카이도의 자택부지 안에 다카무라 고타로高村光太郎가 설계한 '가애어당可愛御堂'을 부자유친(효행)의 증거의 장소로 건설했다. 그는 농업을 하면서 저술도 하고 각지에 강연도 했다. 1935년쇼와10에는 자택에서 가황우란료家黌牛欄寮를 개설하여 청년들에게 독자적인 교육을 한다. 그러면 데키레이의 조선관련 사항에 돌아가 보자. 그는 1923년다이쇼12 9월의 간토대지진 때 조선인 학생 세 명을 자택에서 3개월이나 숨겨주고 있었다. 그 세 사람은 해방 후『동아일보』의 편집국장, 주필로 활약하고 이승만 '정권'을 통렬하게 비판하여 1951년에 일본에 망명하고,『코리아평론』을 주재하여 조선중립화운동을 한 김삼규와 그의 형이다. 한 사람은 나중에 간토대지진 때의 조선인 대학살사건을 조사한 한 사람인 아나키스트계의 한현상韓晛相이다.

김삼규의 회고에 의하면 대지진 후 조선인 박해가 시작되었을 때, 처음은 나카노中野에서 무아애無我愛운동2)을 하고 있던 이토 쇼신伊藤證信, 1876~1963에

---

2) 이토 쇼신은 1905년 도쿄 스가모무라(巢鴨村)에서 무가엔(無我苑)을 열고 수양운동을 시작했다.

게 부탁했지만, 거기도 위험하다고 말하기 때문에 이토의 소개로 다카이도의 에토 데키레이를 방문했다고 한다. 당시 6000명 이상의 조선인이 일본 민중에 의해 학살당하고 있었는데, 만일 조선인을 숨겨주고 있는 것이 알려지면 어떠한 인격자라고 해도, 흉포하게 변해버린 민중은 조선인 같이 간주하고 흉수를 휘둘렀을 것은 필지의 상황이다. 그것을 알고 세 사람을 숨겨준 에토 데키레이의 인격의 높음에는 평가할 만한 말을 모른다.

쇼와에 들어가서부터 조선관은 제자 야나기사와 시치로柳澤七郎의 회고가 있다. "조선영유에 대해서는 일본은 방법을 잘못한 것이 아닌가"고 말하고, "조선의 현상은 우리로서는 무엇이라 말할 것이 없다. 정치의 일은 그렇다 하더라도, 다만 일본인으로서는 반도 민중에 대해서 진실의 성심을 잠시라도 잊어서는 안 된다는 것을 강하게 말했다"고 한다. 야나기사와는 쇼와 10년대의 처음부터 일본 패전시까지 약 10년간, 조선에서 농업을 가르친 인물이다. 1944년 11월 일본 패전 직전기, 데키레이는 이즈伊豆 수선사修善寺의 흑두암黑豆庵에서 장염증상으로 사망했다. 일본을 위해서도 그리고 무엇보다도 에토 데키레이 그 사람에게도, 조선을 위해서도 그 날, 8월 15일이 얼마나 기다려졌을까.

49. 오자키 유키오

조선영유론에 동조
'헌정의 신' 의 한계

오자키 유키오尾崎行雄, 호는 가쿠도우(學堂 또는 咢堂), 1858~1954는 95년간의 전 생애에 걸쳐 일본 정치의 민주주의적 발전에 힘을 쏟았다. 언론인, 정치가로서 번벌 전제정치와 싸우고, 군국주의와 싸워 '헌정의 신'이라고 추앙될 정도로 빛나는 커다란 존재다. 그럼에도 불구하고 그의 조선 인식은 메이지 전반기를 제외하고는 권력담당자, 지배층과는 그다지 차이가 없다는 측면도 아울러 갖고 있는 인물로서, 주목할 만한 인물이라고 생각한다.

조숙한 특별한 재능, 만 20세로 신문사의 주필

오자키 유키오는 1858년안세이5 가나가와神奈川 현의 쓰구이津久井 군 마타노又野 촌에서 태어났다. 아버지 유키마사行正는 이정里正, 촌장격이고, 집안은 대대로 마을 첫째가는 명가였다. 아버지는 막말의 동란기를 근왕의 지사로서 행동한 인물로 무진전쟁에서는 이타가키 다이스케의 군에 투신하여 아이즈會津 공격에 가담했다.

1869년메이지2 유키오는 도쿄로 옮긴다. 아버지가 도사 출신의 야스오카 료스케安岡良亮, 탄정대(彈正臺)[3]의 대신 아래에서 관리가 되었기 때문이다. 야스오카는 신센구미新選組4)의 곤도 이사미近藤勇, 1834~68가 체포되었을 때, 이타하시板橋에서 참형에 처해진 것으로 유명하게 된 인물이다. 소년 유키오는 이 야스오카에게『병법칠서』강의를 받았다. 또 같은 시기 히라다 아쓰다네平田篤胤의 아들, 가네다네鐵胤가 열고 있던 히라다 주쿠에 다닌다. 1871년메이지4 야스오카가 다카사키高崎 현의 대참사지사로 부임하자, 유키오도 아버지와 함께 다카사키에 간다. 유키오는 여기서 영어 학교에 들어가고 영어를 공부하게 되었다. 얼마 안 있어 야스오카가 와다라이度會, 나중에 미야기 현에 합병된다 현 참사가 되었기 때문에 오자키 일가도 미야기三重에 간다. 오자키 유키오와 미야기 현의 관계는 여기서부터 시작된다.

1874년메이지7 만 15세 때 도쿄에 가서 게이오 의숙에 들어간다. 그로부터 2년 후 재학 중에 정권 내외의 사쓰마 출신자의 횡포를 공격한「토살론」을 써서, 이것이 신문에 실리고 갑자기 명성이 높아져 게이오도 중퇴했다. 그후 그는 신문에서의 원고료, 영서 번역 출판 등의 인세로 충분하게 생활비를 벌고 있었기 때문에 아무튼 어려서부터 특별한 재능을 발휘했다.

그러나 무엇보다도 세상 사람을 놀라게 한 것은 만 20세로『니가타新潟신문』의 주필이 된 일일 것이다. 비록 후쿠자와 유키치의 추천이 있었다고 해도 신문의 주필은 이 젊은 나이로 감당하기에는 큰일이겠지만, 그는 기대이상의 필진을 펴서 신문의 발행부수를 매일 증대시켰다.

1881년메이지14 당시 필두筆頭 참의 오쿠마 시게노부의 밑에서 대장성 서기관이었던 야노 후미오矢野文雄, 료케이(龍溪)에게 초청되어, 관계官界에 들어가고 통계원의 권소서기관이 된다. 연령으로 말하면 파격 대우다. 이 때 이누가이

---

3) 단조다이. 율령체제시대의 감찰·경찰기구. 4등관제로 되어 있고, 1871년 사법성에 통합되었다.
4) 막말기에 교토에서 반 막부세력 탄압과 경찰활동에 종사한 뒤, 구 막부군의 일원으로 무진전쟁에서 싸운 군사조직.

쓰요시犬養毅도 같은 자격으로 통계원에 들어가 있었다. 나중에 오자키와 이누가이는 '헌정의 두 기둥'이라 불리게 되지만, 이 때 처음 함께 일을 했다. 그러나 얼마 안 있어 오쿠마를 정권에서 몰아내는 '메이지14년 정변'이 일어나, 오쿠마파는 관직을 그만두게 되고, 오자키도 사직한다. 오쿠마는 이타가키 등의 자유당에 대항하는 새 정당인 개진당 결성에 박차를 가하고, 오자키는 이 당의 기관지가 되는 『유빈호치신문』에 논설 기자로서 입사했다. 바로 오자키의 정당 활동이 시작된 것이다.

그는 호치신문에 있으면서 정치, 외교, 군사문제에서 논진을 펴서, 맹렬하게 번벌 정부를 공격한다. 3년 후 『아사노朝野신문』으로 옮겨서도 그의 자세는 변하지 않았다. 메이지 정권은 오자키 등에게 보안조례를 적용하여 도쿄 밖 3리로 퇴거를 명했다. 오자키는 이것을 기회로 외유를 생각하고, 미국, 영국, 프랑스 등을 돌아보고 견문을 넓히고 귀국하여 때마침 일본 최초의 총선거에 미야기 현에서 출마해 당선되었다. 1890년메이지23의 일이다. 이래 25회의 연속 당선, 의원생활 63년의 최장 기록을 만든다. 국회 안팎에서의 그의 민권을 지키기 위한 팔면육비혼자서 각 방면에 걸쳐서의 대활약의 연속으로 세상 사람은 놀라서 숨을 멈추게 된다. 이토 히로부미, 가쓰라 타로 등의 수상들도 가끔 오자키의 날카로운 비판에 안색이 변해 몸 둘 바를 모르겠다는 형편이었다.

한 때, 김옥균의 조선근대화 구상에 기대

그런데 그의 조선 인식의 추이를 보자. 그의 초기는 히라다학平田學 때문이기도 하지만, 박식에 빠짐없이 '기記·기紀'를 그대로 받아들이고 히데요시의 조선침략 '위업'에 대한 칭찬「상무론」이다. 1882년메이지15 7월 조선에서의 임오군란 때에는 『유빈호치신문』에서, 1884년메이지17 12월의 갑신정변 때에는 『아사노신문』에서 크게 논진을 폈다. 임오군란에 대한 그의 논고는 몇 개의 유보조건을 나타내면서도, "나는 쓸데없이 군대를 동원하는 것을 바라지 않는다. 조선 사건은 평화롭게 수습하기를 바란다. … 그러므로 이것을 구실로 내치에 간섭하는 것을 불가하다고 할 뿐"「조선처분론」이라고 하는 데 있다. 그의 논조는 많은 신문의 '조선을 타도하는' 론을 상당히 억제시키는 효과가 있었다고 말할 수 있다.

김옥균 등 조선개화파가 일으킨 갑신정변에 관한 오자키의 여러 논고를 보면 대부분의 정한론자의 감정적, 선정적 방법과 달랐다. 하나는 정치적, 전략적 견지에서 둘은 조·청·일의 삼국연대론적 견지에서 논을 깊게 하고 있었다. 하나의 부분은 "조선은 동아 제일의 요지로서 부산은 일본해의 '지부랄탈'이다"라고 하는 것에, 또 둘의 부분은 "한 번 동양제국을 연결하고, 구주歐洲의 모욕과 능욕을 없이하고, 이로써 대등한 지위에 서는 것은 본방 인사가 예의 바라는 것이다"「본방의 지나 조선에 대한 국시를 의논함」라는 것에 요약되고 있다. 이 경우의 오자키의 연대론은 정권 담당자, 일부 언론인의 침략의도를 안으로 감춘 의사擬似연대론과는 본질적으로 다르다고 생각한다.

갑신정변 직전기에 오자키의 삼국관은, 고대 이래 "우리 문명의 진보를 유도하는 데는 지나, 조선"이었지만, "지금은 문(명), 야(만)지를 바꾸어, 우리는 동양의 선진국이 되고, 지나, 조선은 우리보다 멀리 뒤처지게 되었다"고 하는 것이다. 그러나 그는 조선 개화파의 대두에 주목한다. "지금 조선의 선각지사는 이미 그 미몽을 타파하고, 문명의 지식을 구하는 데 급급하다"고 하는 것이 그것이다. 그러므로 갑신정변과 일본 망명 후의 김옥균에 대해서는 매우 동정적이다. 동시에 조선 개화파와 대립하는 수구파 및 그 비호자 청국에 대해서 비판적인 것은 당연한 일이지만, 정권담당자의 침략의도를 숨긴 대응과는 적어도 주관적 의도는 달랐다고 생각한다.

1889년메이지22 경 조약개정에 관한 오자키의 논고 중에 "우리의 상인으로 조선에 있는 자, 정말로 무슨 거동을 하는가. 우리나라 사람 중에서 가장 비굴하다고 불리고, 관리라고 하면 단지 몸을 낮추는 폐습이 있는 상인도 한 번 조선에 들어가면 금방 포학무례한 사람이 된다. 혹은 당을 만들어 관아에 들이대고, 혹은 돌을 던져서 조선인을 구타한다. 그 모습이 거의 서양인이 우리를 경멸하여 능욕하는 것과 다르지 않다"고 하는 것이다. 그의 조선관의 일단이 추측된다. 또 망명 중인 김옥균과 친하게 지냈다. 어느 날 김옥균이 오자키의 관상을 보고 "자네, 재능이 일세에 뛰어나다고 해도 아까운 것은 단명으로 죽을 것이다. 다행히 자애하라"고 말했다. 이것은 전혀 반대가 되었지만 김옥균 암살 당시, 오자키는 항상 이 말을 인용하여 사람에게 말했다. 그런 오자키에게 「김옥균씨 암살당하다」라는 글이 있다. "믿으려고 해도 믿기 어려운 것은 한객 김옥균 암살의 급한 전보가 그것이다. … 한인은 미개해서, 당연히 정쟁이 공명정대해야 한다는 것을 모른다. … 인생의 불행은 뜻을 아직 이루지 못하고, 다른 나라에서 객사하는 것 보다 큰일은 없다.… 생전에 김옥균 씨와 교제한 사람, 그의 뜻을 연민하는 사람 및 권력에 있던 자가 멀어져서 낙담하고, 끝내 정적의 독수에 쓰러지는 비의 통정을 이해하는 자는 청컨대 의금을 내서 김씨 매장의 자금을 도와주자." 얼마나 오자키가 김옥균의 조선근대화 개혁구상에 기대를 걸고 있었는지를 알 수 있을 것이다.

조선영유론에 동조

그러나 오자키를 비롯한 언론인과 정치가들, 더욱이 국민은 김옥균 암살에 일본 정부가 가담하고 있었다는 사실에 대해서 모르고 있었다. 그러므로 이토, 이노우에, 야마가타 등 정권담당자의 정보 조작대로 조선을 타도해야 한다, 청국을 타도해야 한다는 대합창으로 열광하는 것이다. 이후의 오자키는 정부 및 만들어진 국민 '여론'인 조선영유론에 완전히 동조해간다. 그는 청일전쟁에서의 일본군 출병을 조선독립을 위한 의병이라고 진심으로 생각하고 있었던 것이다. 청일강화 후의 삼국간섭에서 요동반도를 환부했을 때, 중의원은 정부를 문책하는 상주안을 제출했다. 1896년메이지29 1월의 일인데 오자키는 이 상주안의 이유 설명에 나서, 요동반도 환부와 대한정책의 실패명성황후 암살사건로 정부를 격렬하게 공격하고 "작년 10월 8일의 한성사변에 이르러서는 가장 개탄하지 않으면 안 되는 사건"이라고 하지만, 요는 이러한 공사를 임명한 정부 당사자의 책임을 묻는다「삼국간섭의 책임을 어찌할 것인가」고 할 뿐이었다. 러일전쟁 직전기 오자키는 용감하게 대러주전론에는 참여하지 않지만 '만한교환론'에서 이토 히로부미의 논에 동조하고 있었다.

그런 오자키의 한국병합에 관한 태도는 "합병은 이치에 당연한 것"이라는 것이다. "일본은 조선 문제를 위해서 두 번이나 국명國命을 걸고 싸웠다. … 즉 이것을 우리나라에 합방하는 것은 당연한 이치라고 생각한다"고 말하고, 매국 친일단체 일진회의 '한일합방' 운동을 적극, 긍정적으로 평가하고, "참으로 사리를 … 얻은 것"이라고 한다. 저 청일전쟁 직전기까지의 버릇이었던 "조선의 독립을 돕는다"는 문구는 여태까지 한 번도 오자키의 입에서 나오지 않게 된다. 일본에서 최대의 민주주의적 정치가의 한계이기도 하겠지만, 후년 쇼와군벌의 박해에 단호하게 싸운 '헌정의 신'도 조선 문제에서는 권력층의 점점 다져져서 굳어지는 정치적 포석에 일반 국민과 같이 기정사실이라는 '현실'에 다만 추종할 뿐인 존재가 되었다.

예를 들면 1923년다이쇼12의 간토대지진 때에도 지진 복구 문제 등에 관해서는 신문, 잡지에 의견을 발표하거나 의회에서 발언하거나 해도, 조선인 대학살의 문제에 대해서는 언급하지 않았다. 또 「대지진의 때」라는 제목으로 단가를 몇 십 수나 읊지만, 학살 문제는 없다. 다음해 10월 조선총독부에서 「막말幕末과 매우 비슷한 세상」이라는 제목으로 연설하고 대지진에는 언급하지만 역시 학살 문제에의 언급은 없다. 이때의 조선 체재는 1개월 가까이로, 단가도 150여수를 짓고 있다. 그 중에 3수를 소개하고 싶다.

> 역시 격분한 무리의 손에 의해 왕비의 시체가 여기서 태워지다.(명성황후 암살
> 지에서)
> 조선에 어울리지 않는 것을 사람에게 물으면, 금강산이라고 나는 답한다.(금강
> 산에서)
> 천 명 남짓의 조선의 아이가 기미가요를 부르면 눈물을 흘린다.(대구에서)

아아, 오자키 유키오도 역시 '일본인'이었다. 어쩔 수 없는 일이다.

50. 요시노 사쿠조

동화정책은 반드시 실패한다고 비판
'다이쇼 데모크라시' 주창자의 인식

요시노 사쿠조吉野作造, 1878~1933는 정치학자이며, '다이쇼 데모크라시'의 주
창자다. 그는 과감한 실천자로서 일본 현대사에 찬란히 빛나는 별이다. 그가
부르짖은 민본주의는 다이쇼 시대를 가로지르는 주류였고, 제약받는 시대에
민주주의사상 보급의 기조가 되었다. 요시노의 조선 인식을 살펴보면, 요시
노를 깊이 연구한 마쓰오 다카요시松尾尊允에 의하면 요시노의 조선론은 50편
이 있다고 한다. 이것만으로도 족히 책 한 권이 넘는다.

요시노 사쿠조는 지금의 미야기宮城 현 후루가와古川 시에서 와타야綿屋, 솜집
를 운영하는 아버지 넨구라年藏, 어머니 고우의 장남으로 태어났다. 1884년
소학교에 입학 후 10년 뒤인 1894년은 청일전쟁이 일어난 해로 센다이仙臺
현립 중학교의 2학년이었다. 1897년 센다이 제2고등학교에 입학하고 다음
해 세례를 받고 기독교에 입신한다. 1900년메이지33 도쿄제국대학의 정치학
과에 입학, 같은 해 에비나 단조海老名彈正가 주재하는 혼고本郷교회에 참가하고
잡지『신인』의 편집에 참여한다. 1904년 정치학과를 수석으로 졸업하고 대
학원에 진학한다. 1905년 시마다 사부로島田三郎 등과 '조선문제연구회'를 발
족하고, 1906년 천진에 가서 원세개袁世凱의 큰 아들의 가정교사가 되어 3년간
중국에 체재한다. 1909년메이지42 귀국하여 도쿄제대 조교수에 임명되어 정

치사를 담당한다. 다음해 정치학 연구를 위해 만 3년간 유럽에서 유학하게 된다. 1913년 다이쇼2 7월 귀국하여, 다음해 교수가 되고, 그 다음해 법학박사의 학위를 받는다. 요시노는 귀국 후 얼마 안 있어 『중앙공론』의 주간 다키다 조인瀧田樗陰의 방문을 받고, 그의 요청으로 『중앙공론』에 논문을 가끔 발표한 다. 그 중에서도 1916년다이쇼5 1월 『중앙공론』에 「헌정의 본의를 말하여 그 유종의 미를 거두는 길을 논함」이라는 장문의 논문을 발표하고, 여기서 민본 주의를 부르짖고 일본 논단에 일대 파란을 일으키게 된다. 이때의 민본주의 주창과 그 후의 엄격한 실천 활동은 당시의 일본 사회에서 새로운 데모크라시 사상의 보급이라는 점에서, 그 이론적 근거가 된 거대한 힘을 발휘했다고 할 수 있다.

메이지정부의 침략의도를 간파하지 못함

요시노 사쿠조의 조선 인식을 살펴보자. 생애에 걸쳐서 요시노의 조선 인 식을 보면, 대략 세 단계로 나눌 수 있다. 제1단계는 그가 대학생이었던 러일 전쟁 전후기부터 한국병합에 이르는 기간이다.

그가 쓴 「청일전쟁 전후」라는 글에 의하면 "어린아이 마음에도 외국의 모욕을 받았다고 들어서 분개했다"고 말하는데, 이것은 김옥균 암살과 관련 한 것이다. 일본의 손님 김옥균을 죽인 것은 청과 한이고, 일본은 외국의 모욕 을 받았다고 언론계와 국회의원들은 크게 소동을 하고, 일본 정부는 이 '여론' 을 원군으로 국민을 청일전쟁으로 유도한다. 중학교 2학년이었던 요시노는 어이없게 이것을 믿은 것이다. 이것은 10년 후의 러일전쟁 전후기에도 변하 지 않았다. 대학 4학년 때에 "러시아가 만주를 한 번 침략하면, 그들이 그 위에 조선을 침략할 것은 불을 보는 것보다 분명하다. 우리나라로서는 도저히 참을 수 없다. 우리는 조선의 독립을 보전하고, 이로써 제국의 자존을 안전하게 하기 위해서 만주에서 러시아의 세력을 꺾지 않으면 안 된다"『신인』 1904년 3월호라고 쓰고 있다. 이 시기의 요시노에게는 메이지정부의 조선영유라는 침략 의도는 전혀 보이지 않고, 일본은 문명, 또는 정의를 대변하는 자다.

또 "우리는 문명에 대한 의무로서 러시아에게 이기지 않으면 안 된다. 가만히 생각건대 러시아를 응징하는 것은 어쩌면 일본 국민이 하늘에서 받은 사명이다"「러시아의 패배는 세계평화의 기초이다」, 『신인』 1904년 3월호라고 썼다. 요컨대 요시노는 메이지정부와 조선침략 의욕을 공유하고 있었던 것이다. 그런 요시노가 1905년메이지38 중반 경 조선문제연구회라는 조직을 가동한다. 멤버는 시마다 사부로, 우키다 가즈다미浮田和民, 1860~1946, 에비나 단조, 오야마 도스케小山東助, 1879~1919 등의 쟁쟁한 사람들이다. 이 모임을 만든 직접적 계기는 『신인』지에 실은 시마다 사부로의 「조선에 대한 일본의 직분」메이지38년 3월호과 같은 메이지 38년1905 5·6월호에 실린 친우 오야마 도스케의 「조선동화론」에서 촉발된 것이다.

시마다의 주장은 "조선은 구제할 가망이 없다"는 설에 대해서, 청일전쟁은 조선독립을 대의명분으로 했지만, "조선을 구할 수 없다"는 생각으로 싸웠다면, 그것은 사기적 부정행위로 "일본인의 잔인무자비도 역시 매우 심하다"고 지적했다. 또한 "고대에는 조선이 문명 부강하여 우리 일본에 앞선다" 등의 조선인의 좋은 성품에 대한 설명도 있다. 현재는 "정치의 개선에 의해 이들 하층민의 질곡을 구하지 않을 수 없다"고 하여, 결국은 조선인을 일본 식민지 하에서의 '선정'으로 구제하는 것이 일본인의 직분이라는 것이다. 오야마가 잡지 『신인』에 발표한 두 번에 걸친 「조선동화론」은 논지는 여러 갈래지만, 요컨대 "일본인은 조선 민족을 학정, 빈곤, 무지, 미신에서 구제해 내지"않으면 안 되지만, "조선은 본래 자치의 실력이 없고, 또 독립의 지망이 부족하여 다수 인민이 원하는 것은 다만 선정에 있"으므로, 일본이 식민지로 삼으면 된다는 것이다. 이것은 보호조약체결 전에 내놓은 글이지만, 보이는 것처럼 상당히 일본 정부의 대한정책을 앞지른 것이다. 즉 요시노의 조선문제연구회는 이러한 문제의식에 의해 결성되었다.

요시노는 '한국병합'에 대해 유럽에서 유학 중일 때 알게 된다. 요시노 일기의 1910년 8월 30일자에 "신문보도에 의하면, 드디어 어제 한일합방의 조약을 공포했다고 한다. 일본 황제는 특히 칙유를 발하고 한인에게 특사를 명하고 감세를 약속했다고 한다"고 되어 있다. 요시노는 염원하는 일본의 '선정'이 시작되었다고 생각한 것일까.

동화정책은 반드시 실패한다고 엄격하게 비판

요시노는 1916년 6월호 『중앙공론』에 「만한滿韓을 시찰하고」라는 상당히 긴 문장의 논문을 발표한다. 이것은 요시노의 조선 인식에서 큰 전환을 이루는 제2단계의 시작이 된 논문이었다. 1916년 3월 말부터 4월 중순까지 만주와 조선을 시찰하고 난 후의 경험을 논문에 정리한 것이다.

그 논지는 조선에서의 무단정치 실태를 각 부문마다 들춰내서, 일본 정부 또는 총독부의 기본 방침인 동화주의에 의문을 제기한 것이다. 요시노는 말한다. "선정만 베풀어주면 그들은 무조건 일본의 통치에 만족할 것이라고 단정한다면, 이것은 독립민족의 심리를 이해하지 못하는 것이다", "나 하나의 생각으로는 이민족 통치의 이상은 그 민족으로서의 독립을 존중하고, 또한 그 독립의 완성에 의해서 결국은 정치적 자치를 주는 방침으로 하는 데 있다"고. 그리고 또한 "동화라는 것은 종래 각국의 식민정책의 마지막 이상이었다. 그렇지만 상당히 발달한 독립 고유의 문명을 갖는 민족에 대해서 동화는 과연 가능한 것인가." "매사에 조선인을 멸시하고 학대한다면 도저히 동화의 실을 거두는 것은 불가능하다"고. 본래 요시노는 조선의 독립을 요구한 것은 아니다. 조선의 독립문제에 대한 요시노의 견해는 마지막까지 모호한 것은 사실이지만, 3·1운동 전에 일본인에게 이런 주장이 있는 것은 특필할 만한 것이다.

조선에 3년 후 '3·1독립운동'이 발발한다. 요시노는 『중앙공론』에서 "우리가 우선 당국에 희망하는 것은 일시동인정책을 철저하게 하는 것이다"고 말하고, "일시동인정책의 필연적 결과는 조선인에게 일종의 자치를 인정하는 방침으로 나가지 않으면 안 된다"「조선폭동선후책」, 1919년 4월호고 한다. 기타 요시노에게 「수원학살사건」 등의 관련 글이 있는데, 주목할 만한 것은 「조선통치의 개혁에 관한 최소한도의 요구」『여명회강연집』 제6집, 1919년 8월호에 나타난 그의 발언 내용일 것이다.

그는 3·1운동과 관련해서 '조선의 통치를 장래 어떻게 할 것인가'라는 점에서 4개의 문제를 제출한다. 첫째는 조선인에 대한 차별적 대우의 철폐, 둘째는 … 무단통치의 철폐, 셋째는 이른바 동화정책의 포기, 넷째는 언론의 자유를 달라다. 요시노는 4개의 각항에 자세한 설명을 붙이고 있는데, 그 주장의 최대 특징은 조선통치의 잘못에 대하여 어떠한 반성도 보이지 않는 정부 및 총독부, 그리고 언론계와 일본 국민에 대한 엄격한 지탄이다. 또 「지나·조선의 배일과 우리 국민의 반성」『부인공론』 8월호에서는 "조선통치는 독립민족인 조선인의 심리를 너무나 무시한 것이었다"고 까지 말한다.

1919년 11월 하라내각은 상하이임시정부의 요인 여운형을 도쿄에 초대, 다나카 기이치田中義一, 1864~1929 육군대신 등과 회견시켰다. 일본 정부는 여운형을 어떻게 해서든 회유하고 구워삶으려고 했지만, 상대는 한 수 위였다. 절호의 기회로 보고 내외의 신문기자에게 공공연히 조선의 독립요구를 호소한 것이다. 여기에 이르러 야당이나 언론계는 정부를 공격했다. 반역자를 우대했다는 것이다. 요시노는 또한 「이른바 여운형사건에 대하여」『중앙공론』 1920년 1월호라는 글을 썼다. "조선의 독립 계획은 일본의 국법에 대한 반역 행위임에 틀림없다." 그러나 "국법의 권위보다도 국가 그것은 훨씬 중요하다"고 설명한다. 또 일본 통치에 반대하기 때문이라고 해서 "불령不逞으로 부르는 것은 너무나 경솔하다"고 말하고, "여씨가 말하는 것 중에는 확실히 하나 침범하기 어려운 정의의 번뜩임이 보인다. … 나는 그의 품격과 식견에서 드물게 보이는 존경할만한 인격을 발견했다"고까지 말하는 것이다. 이외 요시노는 몇 개의 조선관련 글을 더 남겼지만 이것은 생략한다.

다음에 주목할 만한 간토대지진하의 조선인 학살문제에 대해서다. 『요시노일기』 1923년 9월 3일자에 "이날부터 조선인에 대한 박해가 시작된다. 불령선인이 이 기회를 타고 방화, 독 투여 등을 시도한 자가 있어 크게 경계를 요한다고 한다. 내가 믿는 바에 의하면 선전의 근원은 경찰관헌인 것 같다. 무고한 조선인이 재난에 죽는 사례도 적지 않다고 한다"고 써서, 순사 등 수십 명이 조선인 같은 인물을 체포하면 "민중은 손에 손에 막대기를 가지고 죽여버리라고 외치고, 고통스러운 일은 끝이 없다"고 썼다. 요시노는 『중앙공론』과 개조사판의 책 등에 학살사건을 정력적으로 쓰는데, 당국에 의해 전문이 삭제되기도 했다. 「조선인 학살사건에 대하여」『중앙공론』 11월호에서는 "남녀 노소의 구별 없이 닥치는 대로 선인을 죽이기에 이른 것은 다른 나라에 얼굴을 들 수 없을 정도의 대 치욕이 아닌가"고 썼다. 또 1924년 7월 9일자의 일기에서 학생에게 지난해 9월 지바千葉에서 일어난 조선인 일가 3인의 학살에 관한 이야기를 듣고 이것을 기록하고 있다. 이것은 학살증언 중의 새로운 사실이다. 요시노는 이외 조선인 유학생 등에게 적지 않은 학비를 원조하고 있는데, 이것은 원고를 달리해야 할 문제다. 요시노에게 조선 인식의 제2단계는 이

수년 후까지라고 생각한다.

'만주국'의 승인은 조선관의 불철저

요시노의 제3단계의 조선 인식은 만년의 일이다. 요시노는 1933년 3월 18일 세상을 떠났지만 그 4개월 정도 전에 「리튼(Lytton) 보고서5)를 읽고」 『개조』 1932년 11월호라는 문장을 발표했다. 여기서 요시노는 "만주 문제에 대한 일본제국의 방침은 이미 정해졌다. … 일단 이렇게 국시방침이 정해진 이상 국민의 한 사람으로서는 정말 이것에 따라 어디까지나 기정방침의 완성에 협력하지 않으면 안 된다." 또 "만들거나 만들지 않는 문제가 아니다. 만주국은 이미 만들어졌고, 또 승인이 끝났다"고도 한다. 요시노는 '만주국'을 인정한 것이다. '만주국' 승인은 식민지 조선의 긍정이 전제다. 여기에 요시노의 조선론의 파탄이 명시된 것은 그 자신의 조선 인식의 불철저함이라고는 해도, 아까워도 보통 아까운 것이 아니다.

---

5) 국제연맹의 만주사변 조사보고서를 말함.

51. 나카노 세이코

데라우치 총독의 조선통치를 비판
만주사변 이후, 급속히 우익화

나카노 세이코中野正剛, 1886~1943는 언론인으로 정치가이지만, 인물평가에서는 어려운 측면을 동시에 가진 인물이다.

초기는 호헌파로 번벌정치나 이것에 이어지는 정우회를 비판하고, 또 데라우치 총독의 조선통치정책을 격렬하게 비판할 뿐 아니라 대독일 참전과 시베리아 출병에 반대하고 있다. 그의 언론활동은 크게 세상의 주목을 받았다.

그런 나카노가 1930년대 특히 1931년 9월의 만주사변 이후 급속하게 우익화를 강화하고, 1937년~38년에 걸쳐 이탈리아, 독일을 방문하여, 무솔리니, 히틀러와 회견하고부터는 일본의 파시즘운동의 선두에 섰다. 그리고 일·독·이 삼국동맹을 추진하고, '미·영 타도'의 선도 역할을 한다. 따라서 1941년 12월 8일 도조東條내각(1941. 10. 18~44. 7. 18)이 태평양전쟁에 돌입했을 때, 나카노는 본거지 동방회본부에서 만세를 연이어 외쳤다. 그러나 도조東條英機가 군사적 파쇼통치를 강화하고 점차 나카노나 동방회를 압박하는 방책을 취하기 시작하자, 나카노는 갑자기 "도조는 잘못된 방향으로 나라를 이끈다"고 반反도조로 태도를 바꾼다. 이로부터 권력을 한 손에 잡은 도조와 도조내각 타도를 향한 나카노의 장렬한 싸움이 전개된다. 1943년 10월 나카노는 검거되어 6일 후 석방되지만, 그날 밤 자택의 거실에서 할복자살을 한다.

나카노 세이코는 도조의 독재정치에 저항하여 자결했다고 평가되는 이유다. 그렇지만 이러한 정치적 진폭이 격렬한 나카노는 1910년대, 20년대를 통해서 실로 두드러진 조선 인식을 보인 인물이었다. 여기서는 그의 조선관의 핵심부분은 무엇이었는가를 보고 싶다.

특파원 시대, 무단통치를 비판

나카노는 후쿠오카福岡 현, 후쿠오카 시에서 아버지 다이지로泰次郎, 어머니 도라의 장남으로 태어났다. 집안은 대대로 구로다黑田 번사다. 어릴 때 이름은 진타로甚太郎였는데, 세이코란 나중에 스스로 개명한 것이다. 세이코는 어릴 때부터 고집 센 개구쟁이로 매일 싸움을 했다. 1891년메이지24 후쿠오카시 도우닌當仁소학교에 입학, 사범부속소학교 고등과를 거쳐, 1899년메이지32 슈유칸修猷館중학교에 입학했다. 1905년메이지38 3월에 같은 학교를 졸업하고, 4월 와세다 대학에 들어간다. 나카노가중학교, 대학에 다니던 시기는 일본, 조선을 포함한 동아시아가 크게 격동하던 시대였다. 1901년 2월에는 후쿠자와 유키치가 사망하고 6월에는 호시 도루가 척살당하고, 12월에는 나카에 조민이 죽었다. 다음해 1월에는 대 러시아전쟁을 상정한 아오모리靑森 보병 제5연대의 핫코우다산八甲田山의 눈 속 행군에서 211명이라는 조난자를 냈다. 1904년 2월 러일전쟁이 일어나고, 1905년 11월에는 한국보호조약이 강제조인되었다. 다음해 한국통감부가 설치되어 이토 히로부미가 초대 통감으로 들어가게 된다. 일본은 세계 제국주의국의 대열에 끼게 되고, 한편 상승중이라고 자인한다. 나카노는 그런 기운이 넘쳐흐르던 1909년 와세다 대학을 졸업하고 도쿄니치니치신문에 입사하는데, 3개월 후 퇴사하고, 아사히신문사로 옮겼다. 그 아사히신문에 1912년 10월 「메이지민권사론」을 연재하면서 젊어서부터 필명을 알린다.

그리고 다음해 8월 조선의 경성특파원을 명받고, 신혼의 부인과 함께 도쿄를 떠난다. 나카노는 조선 각지를 취재하고, 1914년다이쇼3 4월 16일부터 15회에 걸쳐 연재한 것이 「총독정치론」이다. "총독정치를 악정이라고 평가하면 자못 가혹하여, 헤아리지 못한 원한이 있다. … 그렇지만 동기는 선에 있다고 해도 결과가 불가한 것이라면, 그것을 선이라고 할 수 없다. 그러므로 나는 데라우치 백작의 총독정치를 지목하여 감히 선의의 악정이라고 평가하고 싶다." '선의의 악정'이란 불가피한 표현이지만, 데라우치 총독과 아카시 모토지로 헌병사령관 겸 경무총장의 무단통치정책에 대한 비판이라는 것은 틀림없다.

나카노만이 아니라 전임자 아라키荒木 기자나 그의 전임인 오카노 요노스케岡野養之助도 격렬하게 데라우치의 가혹한 조선 통치를 비판하고 있었지만, 나카노의 비판이 가장 통렬했다고 할 수 있다. 나카노는 「총독정치론」에서 조선에서 언론보도의 자유를 요구한다여기에는 조선인의 민족 신문의 일은 염두에 두지 않는다. 또 산미개량정책과 아울러 저곡장려의 실패와 면화 재배, 담배 재배, 토지겸병 문제, 회사령 문제, 간섭정책과 헌병제도 문제 등등에 대해 나카노류의 매서운 펜을 휘두른다. 다만 아카시 개인에 대해서는 같은 현 사람으로 같은 우익국수단체 현양사 계열에 속하고 있는 관계에서인지 평가는 무르다. 그러나 헌병정치의 실태와 관련해서는 일본인 관리 "지방관은 다같이 헌병의 콧김을 살피지 않으면 안 된다. 특히 조선인 군수는 완전히 헌병의 노복과 같다"고 썼다. 이 「총독정치론」은 다른 조선관련 논문이나 「만주유력잡록」을 모아서, 다음해 1914년 5월에 『내가 본 만선』이라는 단행본으로 간행되었다.

이 책 중에 「동화정책론」 한 편이 수록되어 있다. 이 논문은 잡지 『일본

·일본인日本及日本人』에 발표된 것이다. 이 글에서 나카노는 "일본과 조선의 관계는 단지 통감정치를 펼친 이래의 일이 아니다. ㅈ신공神功의 삼한정벌부터 고려 백제의 조공에 기원하고, 이 사이에 우리는 그들의 문물을 받아들여 대륙의 신문명을 흡수하고, 도움을 받은 것이 적지 않게 되었다. 도요토미 히데요시의 조선정벌은 명분 없는 전쟁으로 이것을 비난하는 자가 있어도 구체적으로 사정을 밝히면, 우리나라의 자위책에 다름 아니다"라고 말한다. 이 주장은 어쩔 수 없이 이해하더라도 "일본인은 강자에게 박해를 당하게 되면 궁한 나머지 도리어 용기를 내어, 적을 찌르고 스스로 넘어지는 것을 일상으로 한다." 그러나 조선인은 "분연히 검을 잡고 일어나지 못한다. 눈물이 흐르고 긴 탄식 후에는 나를 죽여라 그렇지만 나는 죽지 않는다고 부르짖을 뿐"에서는, 이제 완전한 조선멸시관의 발로다.

그런 나카노가 여기서 조선인에게 참정권을 주라고 큰 소리로 말한다. 이것은 당시의 일본 지식인 사이에서 꿈에도 생각지 못하는 하늘도 놀랄 제안이다.

나카노는 「동화정책론」 중에 '황족을 조선에 보내드리고, 조선인에게는 참정권을 주라'한 항목을 내세워 "나는 인류의 성정에서 생각건대, 압제가 결코 신부의 민을 다스리는 소이가 아님을 말한다. … 선인에게 참정권을 줄 준비를 함과 동시에 황실과 연결되는 사람을 신 영토에 맞아들여, 위엄과 은애의 원천으로 하는 데 있다"고 주장했다. 즉 조선총독의 무단통치는 실패했음으로 조선인에게 참정권을 주어 자치를 허가해야 한다는 것이다. 여기까지는 일종의 위기의식을 가진 제안으로 이해하지 못할 것은 없지만, 조선에게 황족을 받들라는 것은 천황의 직접 통치를 강화하라는 의미다. 아무리 조선인에게 깊은 이해를 보여도 이것이 나카노 세이코의 조선통치론의 한계였다.

나카노는 경성 특파원을 그만둔 뒤 런던 특파원을 명받는다. 마침 제1차

대전을 유럽에서 견문한 그는 귀국 후 얼마 안 있어 아사히신문을 퇴사하고 잡지『동방시론』을 경영하여 독특한 언론활동을 전개한다.

그 후의 그의 행동은 1920년다이쇼9 후쿠오카 현에서 중의원에 당선되어 정치가가 되고, 이후 8회 당선된다. 1929년쇼와4 하마구치濱□내각1929.7. 2~31.4.13에서 체신정무차관, 1931년 12월 만주사변을 계기로 민정당을 탈당하고 동방회를 일으킨다. 1937~38년 이탈리아, 독일 방문. 1940년 10월 대정익찬회의 총무가 되었지만 다음해 탈퇴, 도조의 군부독재정치에 반대하여 도조내각 타도를 중신 사이에서 공작한다. 1943년 체포당하고, 스스로 생을 마감한다.

3·1독립운동 이후, '내선' 차별의 철폐를 말해도

나카노의 조선 인식을 살펴보자. 1919년다이쇼8 3월 1일 조선에서 고종의 죽음을 계기로 3·1독립운동이 일어난다. 나카노는『국민신문』과『동방시론』등에서 크게 조선 문제를 논하고, 1920년다이쇼9 3월에『만선의 거울에 비추어』라는 제목의 단행본을 간행했다.

"조선인의 독립운동은 우리나라에 대한 모멸과 원망의 결정이다. 조선 문제는 단순한 조선 문제가 아니고, 우리 야마토 민족의 존망 문제다", "조선 문제는 결국 일본 인심의 개조 문제에 귀착한다. … 금일의 굴종을 도덕으로 바꾸는 것이 조선통치 문제의 요점이다." 즉 조선 문제를 일본의 존망 문제로 파악하고, 일본인이 마음을 개조하지 않으면 안 된다는 것이다. 또 구체적으로 "총독부는 내선인의 구별철폐를 선전하고, 관리의 대우에도 내선인 간에 구별을 두지 않는다고 자만한다. … 그것이 무엇이냐, 정무총감도 국장도 줄줄이 선인에서 채용하면 좋다. 인물이 없다고는 말하지 말라"고 말한다. 그리고 "제국헌법을 조선에 시행하라"고 말하는 것이다. 이것은 역시 당시의 일본인으로서는 참으로 대담한 제언이다. "조선의 자치, 조선의 독립이 실제 문제가 되기 전에 먼저 조선과 내지와의 차별을 반드시 철폐해야 한다. 제국 헌법은 조선에도 적용해야 한다", "정부는 입으로는 동화를 말하면서 선인에 게는 제국신민이 같이 누리는 헌법규정의 권리조차 주지 않는다. 문을 닫으 면서 들어오라고 명령하는 것과 같은 것이다." 본래부터 하라 다카시原敬 내각 은 나카노의 제언을 받아들이지 않고 당근과 채찍인 '문화정치'로 표면을 호도하는 정책으로 바꾸었다. 위정자들은 나카노 제언의 중대함을 알고 있 었을 것이다.

그런데 이 시기 나카노를 둘러싼 인물 중에는 나카노의 주장을 꿰뚫고 조선 독립을 긍정하는 사람들이 있었는데, 그들을 소개하고 싶다. ① 가네코 셋사 이金子雪齋다. 나카노가 도쿄에서 조선 문제를 이야기 했을 때, "조선은 독립시 켜주어야 한다"고 말했다고 한다. 셋사이는 다시 말을 계속하여 "인간이 인간 에 대해서 '너는 독립해서는 안 된다' 라고 어떻게 말할 수 있는가. 그런 바보 같은 설법은 아무리 교묘하게 윤색해도 조선인은 누구도 귀 기울이지 않는 다"고 말했다. 가네코는 오랫동안 대련에서 진동사振東社를 일으키고, 그 지역 의 청년이나 일본 청년 30여 명을 기르고 있던 인물이다.

② 미야케 세쓰레이三宅雪嶺다. "조선의 국경에 무력침입이 시작되고, 전 조선에 폭탄 소동이 일어났을 때, … '조선인이 생각보다 강한 것은 믿음직하 다. 유사한 일 같아도 군대를 조직하여 생각보다 잘 싸우지 않는가"고 말했 다. 나카노가 말하기를 "세쓰레이 박사가 이른바 불령선인의 폭동을 우려하 지 않고 도리어 그들의 기골과 능력을 기뻐했다." 이상의 두 가지 예는『만선 의 거울에 비추어』에 수록되어 있다. 이 때 미야케에게 조선독립을 부정하는 기색은 없다. 참고로 미야케 세쓰레이는 나카노의 장인이다.

③ 오가타 다케토라緖方竹虎다. 오가타는 아사히신문 기자로 영국에 가서

돌아오는 길에 인도양 위에서, 「세계의 대세상의 조선 문제 -『만선의 거울에 비추어』를 읽고」라는 제목으로 『동방시론』에 기고했다. "민족자결을 요구하는 것은 전후에 일어난 신 운동을 일관한 정신이다. 이 자유를 요구하는 운동이 팽배하게 일어났을 때 이것을 부정할 이유는 조금도 없다고 생각한다. 적어도 주의로서는 그 운동의 정의를 인정하지 않으면 안 된다고 믿는다. 나는 이런 의미에서 조선독립론자다." 오가타 다케토라가 이 시기 조선독립론자였던 것은 특필할 만한 것이다.

오가타가 아사히의 주필일 때, 오가타의 의뢰로 1943년쇼와18 신년호에 나카노의 「전쟁재상戰相론」이 실렸다. 이 글로 도조가 격노하고 나카노의 도조 내각 타도공작과도 얽혀, 나카노가 할복하게 된 것이다.

이 시기 나카노가 어떠한 조선 인식을 가지고 있었는지 알 수가 없다.

52. 아사카와 다쿠미

조선 민예의 미를 발견
멸시의 근원은 천황제라고 외침

아사카와 다쿠미淺川巧, 1891~1932는 세속적인 의미에서 이름 높은 인물은 아니다. 본업은 일개 임업기수기사의 하위로 조선에 건너가 본업과 관련해서는 조선의 녹화사업에 크게 공헌했다. 그러나 그것보다 중시할 만한 것은 조선의 민예품에 대한 연구에서 그 미의 발견에 힘써, 조선 및 일본 사회에서 조선 민예의 가치를 크게 높인 인물이라는 것이다.

아사카와 다쿠미는 현재의 야마나시 현 호쿠도北杜시 다카네초高根町에서 농업 겸 고야紺屋, 염색집을 하는 조사쿠如作와 어머니 게이의 차남으로 태어났다. 아버지 조사쿠는 다쿠미가 태어나기 4개월 전에 사망했기 때문에, 7살 터울의 노리다카伯教형과 다쿠미는 친할아버지 오비 덴에몬小尾傳右衛門 밑에서 자랐다. 그는 하이쿠의 종장宗匠으로 이 지방에서는 알려진 인물이다. 1909년메이지42 야마나시 현 농림학교를 졸업, 바로 아키다秋田 현 오다데大館에이린쇼營林署 쇼린구쇼小林區署에 취직했다. 다음 1910년 조선병합 후 형 노리다카는 고후甲府에서 기독교회의 친구가 조선에서 가지고 돌아온 도자기를 보여주자 그 아름다움에 숨을 멈추었다. 그 자신도 조각예술을 뜻하고 있던 것도 있어서, 노리다카는 바로 조선 도자기의 포로가 되었다. 그리고 1913년다이쇼2 도자기를 비롯한 조선미술에 접하고 싶다는 일념으로 드디어 조선에 건너가게 된다.

1915년 12월 다쿠미는 형 노리다카와 야나기 무네요시柳宗悅, 1889~1961를 만나기 위해 지바千葉아비코我孫子를 방문한다. 형은 지난해 조선 백자를 가지고 야나기를 방문하고, 야나기도 역시 조선백자의 아름다움에 감동받아 조선 도자기에 대한 관심을 높이게 된다. 1916년 야나기 무네요시는 조선에 가서 다쿠미의 집에 머물게 되는데, 여기서 다쿠미가 수집하고 있던 민예품을 보고 그 훌륭함에 경탄한다. 이렇게 아사카와 형제와 야나기 무네요시의 조선공예품과 민예품을 공통 관심사로 하는 친밀한 교제가 시작된 것이다. 그리고 얼마 안 있어 조선민족미술관을 설립하는 운동을 일으킨다.

1922년다이쇼11 야나기, 아사카와 형제, 도미모토 겐키치富本憲吉, 1886~1955 등은 경성에서 조선민족미술관 주최로 '이조도자기전람회'를 개최한 것도 이 운동의 성과의 하나다. 아사카와 다쿠미의 조선공예에 관한 저작도 적지 않다.

조선인 방화설에 의문을 드러내다

아사카와 다쿠미의 조선관에 대해 알아보자.

1923년다이쇼12 9월 10일의 일기에, 처남에게서 온 편지에 간토대지진에서 조선인이 방화했다고 전해져, "도쿄 및 그 근교의 일본인이 격앙하여 조선인을 보면 모두 죽이겠다는 기세로 선량한 조선인까지 꽤 살해되었다"라고 적혀 있다. 그의 일기는 계속된다. "아무리 조선인이 일본에 반감을 가지고 있었다고 해도 이 불의의 재해를 당해 방화하는 것은 인정이 없는 것이다. 선인의 무지한 자를 선동해서 그렇게 시킨 심보가 고약한 일본인이 있다고 생각한다. … 나는 믿는다. 조선인들이 이번의 불시의 천재지변을 기회로 삼아 방화하려는 계획을 한 것이 아니라고. 오히려 일본인의 사회주의자들이 선동해 아무것도 모르는 조선인의 인부를 앞잡이로 사용해서 저지른 짓이라고 생각한다. 도대체 일본인은 조선인을 인간 취급하지 않는 나쁜 버릇이 있다. 조선인에 대한 이해가 부족하다. … 나는 아무리 생각해도 믿을 수가 없다. 도쿄에 있는 조선인의 대다수가 궁지에 몰린 일본인과 그 집이 불타는 것을 바라겠는가. 그렇게 조선인이 나쁜 사람이라고 생각한 일본인도 상당히 근성이 좋지 않다." 사태를 정확하게 파악하지 못한 아사카와는 조선인의 방화는 있었다고 생각하고 있다. 그러나 아무리해도 믿을 수 없다고 말한다. 그리고 방화는 사회주의자의 선동에 의한 것이라고 추측한다. 그리고 이렇게 쓴다. "사실이 그렇다면 할 수 없지만, 적어도 내가 아는 범위에서 조선인은 그런 바보만 있는 게 아니라는 것은 분명하다. 그것은 시간이 증명할 것이다." 이것은 그대로 되었다. 9월 10일자의 일기는 길지만, 그 마지막에 놀랄만한 것을 쓰고 있다. "일본은 대 도쿄를 자랑하고 군비를 자랑으로 여기며 만세일계를 자만하는 것은 적어도 삼가야 한다고 생각한다." 아사카와 다쿠미는 사회주의에게는 반감을 표하지만 일본의 군비증강을 비판하고, 천황의 만세일계를 자만하는 것은 삼가야 한다고 쓰고 있는 것이다. 당시는 이 정도도 불경죄를 물어 중형은 틀림없다. 조선인 멸시·박해 앞에 천황제가 있다는 지적은 탁견이라고 말할 수밖에 없다.

아사카와 다쿠미는 조선독립론자는 아니다. 그러나 총독정치에의 비판은 실로 날카롭다. 때마침 조선신사의 건설공사와 관련해서, "(종래 있던) 아름다운 성벽을 무너뜨리고 장려한 문을 제거하여, 거액의 돈을 들여서 어울리지 않는 숭경을 강요하는 신사 등을 세우는 관리의 속을 알 수 없다" 또 "경복궁은 대원군이 아니면 준공하지 못했을 것이다. 위대한 건축은 위대한 인간에 의하지 않으면 불가능하다. 메이지 신궁에는 어디에도 위대함을 보기 어렵

다"고도 썼다. 경복궁 재건을 위한 민중에의 가혹한 세금의 실태를 아는 우리
들은 갑자기 동의하기 어렵지만, 메이지 신궁에서 위대함을 발견할 수 없다
는 다쿠미에게는 놀라게 된다.

　다른 사람이 흉내 내기 어려운 아사카와 다쿠미의 최대 특색은 조선의 풍토
와 인정을 사랑하고, 그 세계에 스스로를 완전히 섞이게 한 드문 존재라는
것이다. 아사카와 다쿠미의 묘는 조선에 있다. 참으로 그 사람에게 어울린다
는 생각을 금할 수 없다. 이 글은 다카사키 소지高崎宗司 씨의 연구와 자료수집
에 힘입은 바가 크다.

53. 후세 다쓰지

식민통치기, 조선 민중의 은인
간토대지진의 학살에 당국을 규탄

　후세 다쓰지布施辰治, 1880~1953는 변호사다. 일본식으로 말하면 메이지·다이쇼·쇼와의 3대에 걸쳐 시종일관 '민중의 편', '약하고 가난한 무산자의 벗'을 자청한 변호사였다. 아울러 저 식민지하 완전히 무권리 상태의 조선인에게 그야말로 헌신적으로, 모든 법적 수단에 호소하여 구제활동을 했던 드문 존재다. 왜 후세 다쓰지는 사심 없이, 말하자면 조선인의 마음이 되어 조선인 문제에 몰두하는 것이 가능했을까.

　후세의 조선관과 실천행동의 중요한 요소를 보고 싶다. 후세 다쓰지는 지금의 미야기三重 현 이시노마키石巻시의 중농의 차남으로 태어났다. 어릴 때 허약체질이어서, 남보다 늦게 소학교에 입학했다. 아버지는 같은 시기 다쓰지를 한학숙에 보내고 한문 서적을 공부시켰다. 아버지 에이지로榮治郎는 가업에는 힘쓰지 않았지만, 대단한 독서가로 어릴 때 다쓰지에게 의민전이나 프랑스 혁명, 폭정, 압제와 싸우는 사람들의 이야기를 들려주었다고 한다.

　타고난 '정직한 아이'로 강한 의협심의 소유자였던 다쓰지는 아버지가 들려주는 이야기의 영향을 많이 받았다. 다쓰지는 1899년메이지32 19세로 상경하여 메이지법률학교현 메이지대학에 들어가고, 1902년 졸업하여 수습사법관으로 우쓰노미야宇都宮 지방재판소에 검사대리로 부임한다. 그러나 약 1년 후에 사직한다. 어느 모자의 자살미수사건에서 모친을 살인 미수범으로 하는 판결서를 쓰게 되어, 법의 비정과 모순을 느끼고 사임을 결심한 것이다. 이때의 「계관桂冠, 명예의 말」에 "내가 항상 마음속에 품은 사회정책으로서의 겸애주의"라는 한 구절이 있다. 그리고 변호사를 개업한다. 후세의 사상형성 과정을 보면, ① 타고난 정의감, ② 아버지에 의한 의민전 등의 영향, ③ 한학의 영향(예를 들면 『대학』의 '격물치지格物致知'를 읽는 법도 왕양명王陽明의 '知를 다하는 것은 物을 바르게 하는 것에 있다' 라는 마음을 바르게 하는 설을 취하고, 묵자墨子의 '겸애'[자타의 차별 없이 평등하게 사람을 사랑한다]를 자기의 사상으로 한다), ④ 사회주의 사상의 체득이라는 점으로 집약된다.

생애에 걸쳐 조선인의 권리옹호에 힘쓰다

그러면 후세의 조선관에 대해 살펴보자. 그가 소년시절 한학숙에 다니고 있을 때, 청일전쟁에서 돌아온 마을 사람에게 "나는 조선군을 추격했다. 보통의 백성이 모였을 뿐이었다"는 말을 듣고 조선인에게 동정을 느꼈다『어느 변호사의 생애』고 한다. 또 병합 후의 다이쇼 초기, 「조선의 독립운동에 경의를 표한다」는 글을 써서 검사국에 불려갔다는데, 이것은 원문도 없고 시기도 분명하지 않다. 그러나 이것들의 삽화 가운데 일찍부터 조선에 대한 관심과 동정을 볼 수 있다. 후세 다쓰지의 조선관을 나타내는 글이 있다. 잡지 『아카하타赤旗』1923년(다이쇼12) 4월호의 「무산계급으로부터 본 조선 해방 문제」라는 설문조사에 회답한 글이다. "한일병합은 아무리 표면의 미명을 장식해도, 이면의 실제는 자본주의적 제국주의의 침략이었다고 생각한다. 그러므로 일본의 자본주의 - 각 세계의 자본주의가 아직 무너지지 않고, 더욱 몹시 고통스러운 폭위를 떨치는 금일 자본주의적 제국주의로 침략당한 조선 민중이 더욱 착취당하고, 점점 압박받는 것은 당연한 귀결이다. … 특히 조선민중의 착취와 압박에 눈에 띠는 것은 무대가 무대라는 것과 너무나 미명하에 이루어진 병합이 그 사실은 지나치게 도리에 어긋나 선명한 대조의 잔학을 폭로하고 있기 때문이라고 생각합니다.(후략)" 그리고 "나는 이런 의미에서 조선민중의 해방운동에 특단의 주의와 노력을 들일 필요가 있다고 믿습니다"라고 맺는다. 후세 다쓰지의 생애는 조선 민중에게 정말로 이 결의를 실현하기 위해 온 힘을 쏟아 부었다고 할 수 있다. 그는 이후 4회에 걸쳐 조선에 건너간다. 의열단 사건, 궁삼면宮三面 사건,[6] 조선공산당 사건 등, 모두 조선의 독립을 위해 투쟁하고 체포당한 독립투사나 대지주와 동양척식회사에게 토지를 빼앗긴 소작인들의 고통을 구하기 위한 것이었다.

재일조선인에게 잊을 수 없는 것은 간토대지진 때에 학살당한 조선인 문제에서의 격렬한 항의활동, 그리고 학살사건의 진상조사활동, 아울러 희생자 추도회에서 "살해당한 자의 영혼을 위로하기 앞서 먼저 죽인 자를 미워하지 않으면 안 된다. 저주하지 않으면 안 된다. 그리고 그 책임을 물어야 한다"고 관헌과 일본인을 규탄한 추도연설 등등의 침식을 잊은 후세의 분투모습일 것이다.

그 위에 일본관헌은 대지진 때, 조선인이 폭행, 또는 불령, 불경행위를 한 예증으로 박열·가네코 후미코金子文子에 의한 대역사건을 날조한다. 후세는 이 두 사람을 변호하고 이 사건의 날조를 증명하려고 했으나 대심원의 판결은 '사형'이었다. 10일 후 '사형'은 '무기징역'으로 감형되지만 후미코는 옥중에서 자살한다. 후세는 후미코의 뼈를 인수하여, 조선의 박열 가문의 묘지에 매장한다. 조선인의 마음과 일체화한 후미코의 심정에 후세는 자기의 마음

6) 1926년 전라도 나주 궁삼면에서 동양척식회사에게 빼앗긴 땅을 회수하기 위해 투쟁한 사건.

을 겹치게 한 것일까.

후세는 많은 무산운동과 관계가 깊고, 자유법조단을 결성하여 법적 구원의
폭을 넓히고, 관헌의 횡포를 용서 없이 비판했기 때문에 전전 두 번에 걸쳐
변호사 자격을 빼앗기거나, 또 몇 번인가 투옥당하기도 한다.

일본 패전은 부활한 후세 변호사에게 대활약의 장을 주게 된다. 일본인
관계 사건으로서는 미타카三鷹 사건7)과 마쓰가와松川 사건8) 등의 변호인도
되지만, 조선인연맹에 관계하는 자로서 고베조선인학교 사건, 국기 사건,
후카가와深川 사건9), 조련·민청해산 사건, 도쿄조고朝高 사건, 대동회관 사건
등의 탄압사건의 변호를 맡아 재일조선인의 권리옹호에 진력한 것이다.

일찍이 나는 적지 않은 선배들에게 후세 다쓰지의 이야기를 들었는데, 일
치된 평가는 "후세변호사 만큼 조선인이 믿은 인물은 없었다"였다. 웬일인지
지금 의인 후세 다쓰지를 생각하는 마음이 계속 일어난다.

7) 1949년 7월 15일 일본 국유철도 미타카 역 구내에서 일어난
무인열차 폭주사건.
8) 1949년 8월 17일 후쿠시마 현 마쓰가와마치를 통과하던 열차
가 탈선하여 전복한 사건.
9) 경관이 절도용의자에게 발포한 사건.

54. 이시바시 단잔

투철한 사관과 높은 식견
조선인 학살의 진정한 범인을 고발

이시바시 단잔石橋湛山, 1884~1973은 선이 굵은 뛰어난 언론인이자 경제학자, 그리고 정치가다. 단잔은 1911년 1월 동양경제신보사에 입사하고, 이후 천 수백여 편의 논문을 발표, 나중에 15권의 전집으로 정리했다. 실로 메이지, 다이쇼, 쇼와의 3대에 걸친 대 언론인이다. 그가 말하는 것은 경제정책, 재정문제에 그치지 않고, 정치, 군사, 외교, 보통선거 문제, 문화일반에 이를 뿐 아니라 식민지 문제, 즉 조선 문제에도 특이한 인식을 보인 주목할 만한 존재다.

단잔은 1884년메이지17 9월 스기다 단세이杉田湛誓, 긴의 장남으로서 도쿄 아자부麻布에서 태어났다. 아버지는 니치렌슈日蓮宗의 승려이고, 점차 출세하여 총본산 미노부산身延山 구온지久遠寺의 법주에까지 오른 사람이다. 단잔은 사정에 의해 어머니 쪽의 이시바시 성을 잇는다. 또 10세 때 사정이 있어, 야마나시山梨현 나카고마中巨摩 군의 장원사長遠寺 주직 모치즈키望月日謙에게 맡겨진다.

단잔은 주거가 변경함에 따라 야마나시에서 몇 개의 소학교를 다니고, 1895년 11세로 야마나시 현립 심상尋常중학교에 입학한다. 1903년 와세다대학 고등예과에 들어가, 다음해 같은 대학 문학부 철학과에 입학, 1907년 수석으로 졸업한다. 졸업 후 도쿄 마이니치신문에 들어가 1년이 안 되어 퇴사하고, 1911년메이지44 1월 동양경제신보사에 들어간다. 이로부터 『동양경제신보』지에 근거한 단잔의 35년에 걸친 노도와 같은 언론활동이 전개된다. 단잔은 러일전쟁 후의 아시아 정복을 목적으로 하는 군국주의 사조가 고양한 시대에 살았다. 대륙 진출은 일본의 국시로 인식되고, 이것에 반대하는 언동은 격렬하게 지탄받았다. 이러한 풍조 가운데 단잔은 감히 반 군국주의, 반 대륙 진출, 군축을 주장한 것이다. 단잔의 立입론論의 기초는 동양경제신보사의, 말하자면 사시인 자유주의·민주주의·반제국주의의 전통을 정확하게 계승한 것에 있다.

침략을 '환상'이라고 비판, 일체의 이권에서 손을 떼라고 말하다

이시바시 단잔의 조선 인식을 살펴보자. 조선에서 3·1독립운동이 일어났다. 단잔은 사설에 다음과 같이 쓴다. "어떠한 민족이라도 다른 민족의 속국이 되는 것을 유쾌하게 생각하는 민족은 없다. … 조선인도 한 민족이다. 그들은 그들의 특수한 언어와 독립된 역사를 가지고 있다. 충심으로 일본의 속국임을 기뻐하는 선인은 아마 한 사람도 없을 것이다. 그러므로 선인鮮人은 결국 그 독립을 회복하기까지, 우리 통치에 대해서 반항을 계속하는 것은 물론, 게다가 선인의 지식의 발달, 자각의 증진에 비례해서 그 반항은 더 강열하게 더해질 것임에 틀림없다." 그리고 결국은 "선인을 자치의 민족으로 인정할 수밖에 없다"고 말했다.

또 1921년다이쇼10 7월 미국의 제안으로 군비축소회의가 열려 일본도 여기에 참가했는데, 단잔은 놀랄만한 제안을 한다. 7월 23일의 「사설」에 발표된 「일체를 버릴 각오」다. "예를 들면 만주를 버린다. 산동을 버린다. … 가령 조선과 타이완에 자유를 허가한다. 그 결과는 어떠할까"라고 일체의 대륙에서의 이권 또는 조선 등의 식민지를 버리라고 말하는 것이다.

단잔은 더욱이 같은 주인 7월 30일, 8월 6일, 13일 3회에 걸쳐서, 「사설」에 「대일본주의의 환상」을 쓴다. "조선, 타이완, 가라후토를 영유하고, 관동주를 조차하고, 지나, 시베리아에 간섭하는 것이 우리의 경제적 자립에 없어서는 안 되는 요건이라는 설"이 있지만, 이것은 "사실을 명백히 보지 못하기 때문에 일어난 환상에 지나지 않는다"고 단언한다. 군비에 대해서도 "타국을 침략하는 목적이 아니라면, 다른 나라로부터 침략당할 위험이 없는 한, 우리 나라는 군비를 정비할 필요가 없을 것"이라고 쓴다. 이것은 8·15 패전 후의 신헌법 9조의 정신을 앞지른 탁견이라고 하지 않을 수 없다.

1923년 9월 1일 간토대지진에서 6000여 명의 조선 민중이 학살되었을 때, 단잔은 「사설」에 "이 사건을 과학화하라"를 발표했다.

"유언비어는 무성하게 달렸다. 그리고 그 유언비어를 오히려 경찰이나 군대가 전파했다"고 지적하고, "청년단 및 재향군인단 등은 죽창을 가지고, 혹은 옛날 무기를 갖고 나와서 여러 곳에 두고 통행인을 누구냐 하고 심문하거나, 혹은 다투어 불쌍한 일부의 동포를 쫓아다니는 것에 종사했다"고 쓴다. 그리고 10월 27일호의 「소평론」에 "소위 선인의 폭행"이라는 제목으로, "일본은 많은 피와 눈물을 가지고, 과반의 죄를 변상하지 않으면 안 된다"고 쓰고 있다. 또 「불쌍한 자경단」이란 제목으로 "소평론자는 지난 번 대중이 많이 않는 자리에서 살인행위를 자랑스럽게 말하는 자가 있는 것을 보고, 이것은 보통 일이 아니라고, … 그들의 혹자는 그 살인을 갖고 남 못지않게 국가를 위해 큰 공을 세웠다고 생각하는 것이다. 본래 그들로 하여금 이렇게 생각하게 한 자는 누구인가. 그것이야말로 실로 진정한 범죄다." 단잔에게는 조선인 학살의 진정한 범죄인이 보였던 것이다. 이시바시 단잔에게 조선독립을 정면에서 논한 것은 없다. 그러나 식민지 폐기론은 간접적인 독립론이다. 단잔의 투철한 사관과 높은 식견은 만주사변 이후의 전시 중, 저 전쟁 광기의 시대, 가끔 고민에 가득 찬 것이지만 본질적으로는 일관된 것이었다.

　전후 정치가로 전환한 단잔은 하도야마鳩山 내각1955.11.22~56.12.20의 뒤를 이어 총리대신이 되지만, 병 때문에 불과 2개월 만에 퇴진한다. 다음의 수상은 도조東條 개전開戰 내각의 상공대신으로 A급 전범인 기시 노부스케岸信介다. 그 기시 수상에 의해 일본의 진로가 크게 대미 추종 노선으로 유도되어 오늘날에 이른 것을 생각할 때, 이시바시 단잔의 너무나도 깨끗한 퇴진은 충분히 아까워할만하다.

55. 이시하라 간지

괴뢰 만주국을 건국한 장본인
천황중심의 오족협화를 말하다

이시하라 간지石原莞爾, 1889~1949는 쇼와기를 대표하는 육군군인의 한 사람이다. 이시하라는 관동군 참모 때, 유조호柳條湖사건을 일으켜서 만주사변으로 확대하고, 무력으로 전 만주를 점령, 얼마 안가서 괴뢰 만주국을 건국시킨 장본인으로서 세상의 주목을 받은 인물이다. 동시에 그는 세계최종전론과 동아연맹구상이라는 근대 육군에서도 세계전략을 가진 드물게 보는 군인이었다고 말할 수 있다.

이 전략에서 조선은 어떻게 취급되었을까. 이 글에서는 그의 특이한 전략론에서의 조선의 위치지움과 조선 인식을 보고 싶다.

이시하라 간지는 현재의 야마가타山形 현 쓰루오카鶴岡시에서 아버지 게이스케啓介, 어머니 가네이의 차남으로 태어났다. 집안은 대대로 쇼나이庄內 번 다이묘 사카이酒井 가문의 가신이었다. 쇼나이 번은 막말 좌막파로서 관군과 싸우고 항복한다. 유신 후에 쇼나이 번의 고통이 시작된다. 아버지 게이스케는 순사로 채용되어 부임지를 전전하지만, 간지는 아버지가 부임지를 옮길 때마다 소학교를 몇 번이나 옮겨야 했다. 이윽고 쇼나이중학교에 들어가, 2학년 때 센다이 육군유년학교에 입학하고, 육군사관학교를 졸업한다. 1909년메이지42 12월에는 보병소위로 임관된다. 다음해 4월 한국 수비를 위해 조선에 가서 춘천 수비지에 부임, 만 2년간을 조선에서 보낸다. 이 사이 조선병합이 이루어지는데, 이시하라는 이 때 조선과 처음으로 접점을 가졌다. 그 후 육군대학陸軍大學에 들어가거나, 독일 유학 등의 그의 군력에 대해서는 대폭 생략하고 싶다. 한마디로 말해 엘리트 육군 장교가 탄생했다.

1928년쇼와3 6월 4일 이른 아침 대원수를 칭하고 중국 동북부만주를 지배하고 있던 장작림張作霖이 베이징에서 만주로 돌아오는 길, 봉천奉天 교외에서 타고 있던 열차가 폭파당해 폭살되었다. 이 사건의 막후 인물은 관동군의 고급 참모 고모토 다이사쿠河本大作다. 고모토는 해임당해 일본 본토에 소환되어, 후임은 이타가키 세이시로板垣征四郎 대좌가 고급 참모에 취임하고, 이시하라 간지는 관동군 작전참모가 된다. 여기에 이타가키·이시하라 콤비가 탄생하고, 만주사변, 괴뢰 만주국의 건국으로 무대가 크게 회전한다. 이윽고 중일전쟁이 일어나게 되고, 태평양전쟁이 되고, 패전이 된다. 그러나 이 시기 일본군에게 만몽만주와 몽골 문제의 해결은 초미의 급한 일로 인식되고 있었다. 또 정치가도 "만몽 문제는 … 우리 국민의 생명선이다"마쓰오카 요스케, 제59의회, 1931년 1월 23일라고 절규했다.

이시하라는 만주에서 모략으로 전쟁을 일으킬 것을 계획한다. "군부로 하여금 단결하여 전쟁계획의 대강령을 세우는 데는 모략에 의해 기회를 만들고, 군부가 주도하여 국가를 강하게 이끈다"「만몽문제 사건」1931년 5월고 한다. 이로부터 4개월 후 유조호사건이 일어난다. 관동군은 만철의 노선을 폭파해 놓고, 중국군이 했다고 트집을 잡아서 전투를 확대시켰다. 만주사변이다. 이윽고 일본군에 의해 만주 전체가 점령되어 "오족협화五族協和, 왕도낙토"를 구가하고 괴뢰 만주국이 건국된다. 이시하라는 다른 고급장교와 같이 만몽 문제의 해결은 국방상이라는 것만이 아니라 '조선통치를 공고하게 하는 것'이라는 한 항목을 더하고 있다. 얼마나 이시하라가 조선에 대해 높은 관심을 가지고 있는지 알 수 있다. 이시하라의 이상은 국방국가의 건설이다. 이 이상을 받쳐주는 기둥이 ① 세계최종전론이고, ② 동아연맹구상이다. 세계 최종전은 일본이 미국과 싸워 승리한다는 것이었다. 이시하라는 오족_{일본,} _{만주, 한, 몽골, 조선}협화를 설파하고, 아시아 제 민족의 독립을 주장했다. 동아연 맹의 중심과제다.

그러나 이시하라의 동아연맹론은 두 가지의 결정적 파탄 요인을 가지고 있었다. 하나는 조선 문제, 둘은 천황의 위치부여다. "조선 민족은 일본 민족 과 인종적으로 매우 가깝고, 문화 역시 항상 교류해왔다. … 민족자결이라 칭하고 분리시키려는 것은 세계의 대세에 역행하는 것이다."^{「동아연맹운동」, 『이} ^{시하라 간지 선집6』}

이시하라는 입으로는 여러 민족의 독립을 말하고 민족평등을 말하면서도 조선 민족의 독립은 절대 허용하지 않는다. 조선을 독립시키지 않고 제 민족 의 평등, 독립을 설교한다. 이래서는 아시아 제 민족의 신임을 얻는 것은 불가 능하다. 여기에 천황의 문제가 겹친다. "천황은 세계 유일의 군주되시는 것, 천황에 의해 세계가 통일되어 … 동아의 제 민족이 천황의 위치를 마음으로부 터 신앙할 수 있을 때, 비로소 동아연맹이 완성하는 것이다"라고 한다. 과연 이시하라는 일본인이라고 말해야 할 것이다. 동아연맹의 완성은 아시아 제 민족이 천황을 마음으로부터 신앙했을 때라고 하므로 그 편견적 확신은 구제 할 수가 없다.

이시하라의 세계최종전쟁론과 동아연맹구상은 본래의 출발점에서부터 붕괴되는 인자를 안고 있었던 것이다. "인종적으로 가까운 한·일 양 민족이 가능한 하루속히 융합의 열매를 거두는 것은 기뻐할 일이다. 이것을 조선 민족의 멸망이라고 생각하는 자가 있다면 심한 오해"라고 말하거나, "만주사 변 후 민족협화에 공명하고, 민족투쟁을 청산하여 협화주의로 전향하는 조선동포 중에는 일본 민족의 이해 부족에 마음이 편하지 않고, 몰래 민족협화의 미명에 속았다고 느끼는 사람도 너무 많다"고 말하지만, 이것은 이른바 이야기하는 중에 실상은 그렇지 않은 이야기다.

동아연맹에는 적지 않은 조선청년이 참가하고 있다. 재일에 한해서도 조영주曺寧柱, 오야마 마스다쓰大山倍達 등의 이름이 알려지게 된다. 조는 이전에 이사하라에게 "(조선이) 왜 독립이 아니고 자치정부인가"「이시하라 간지의 전부」라고 물었다고 한다. 이시하라는 '제약의 의무'라는 말을 끌어내어, "민족의 방자함이 통하는 세상이 아니다"라고 말했다. 일본만은 용서할 수 없다. 방자한 이야기다.

지금도 풀리지 않는 수수께끼가 있다. 도쿄국제법정이 만주사변의 방화자 이시하라 간지를 A급 전범으로 지정하지 않았던 일이다.

56. 우가키 가즈시게

조선의 병참기지화를 추진
두 차례의 조선총독, '빵을 적당하게 주자'

우가키 가즈시게宇垣一成, 1868~1956는 군인으로 육군대장, 일본 육군의 거물이자 정치가다. 메이지 원년에 태어나 19세 때 육군사관학교에 입학했다. 8·15 패전 후, 1956년에 88세로 죽기까지의 우가키의 생애는 근대 천황제하의 일본 육군의 기구가운데, 그 생성 발전과 성숙긍정적이든 부정적이든, 그리고 '빛나는 황군'의 패배로 막을 내리기까지, 이른바 전 일본 육군의 공죄를 한 몸에 구현한 인물이다.

우가키 가즈시게는 임시 대리를 포함하여 두 번에 걸쳐 조선총독의 임무를 맡고, 합해서 6년간 조선 민족 위에 군림했다. 우가키의 조선 인식을 보기로 하자.

우가키는 오카야마岡山 현 이와나시磐梨 군 가다세潟瀬 촌 오우치大内에서, 아버지 모쿠에몬杢右衛門, 어머니 다카의 다섯째 아들로 태어났다. 당시는 농민이지만 선조는 전국시대 3만석 정도의 성주였다고 한다. 나중에 가즈시게라고 개명했지만, 어릴 때 이름은 모쿠지杢太였다. 아버지는 그가 태어난 해에 사망했기 때문에, 5명의 아이를 거느린 어머니의 고초는 보통이 아니었다. 어릴 때 조모에게 여러 가지 이야기를 들었는데, 어린 마음에 남은 것은 히요시마루日吉丸, 나중의 태합 도요토미 히데요시의 이야기, 니치렌日蓮, 1222~82

상인上人10)의 이야기, 오시오 헤이하치로大鹽平八郎의 이야기 등이었다고 한다. 마을의 소학교를 졸업 후 모교의 임시 교원이 되고, 교원검정에 합격하여 이웃 마을 소학교의 교장이 된다. 이 시기 우가키는 한학을 배우고, 영학숙에 다녀 맹렬하게 공부를 계속했다.

그의 숙원은 군인이 되는 것이었다. 이윽고 상경하여 메이지 20년1887 육군사관학교에 입학했다. 이에 의해 우가키의 장래는 대장을 목표로 육군대학교, 두 번에 걸친 독일 유학과 화려하다고 할 만한 군 경력이 전개되는데, 이에 관해서는 생략하려 한다. 조선과의 접점은 러일전쟁 때 소좌로 사단참모가 되어 조선에 갔을 때다.

조선은 대륙침략의 군사적 통로

러일전쟁 후 우가키는 「러일전쟁에서 습득할 교훈」이라는 제목의 97항목의 문서를 남겼다. 그 중에서 조선에 대해서는 14항목을 할애하고 있다. ⑬에서 "한국 경영의 첫째 착수는 일본의 권위, 이권을 한국에 부식扶植하는 것에 있다"『우가키 가즈시게 일기』미스즈쇼보, 이하 인용은 같은 책고 한다. 조선에는 군사적 위력을 가지고 대하고, 이권을 획득하라고 말하는데, 이 생각은 모두 우가키의 독창은 아니다. 이미 하세가와 요시미치長谷川好道가 한국주차군사령관으로 한성에 들어가 실천하고 있던 것이다. 당시의 군사지도자와 정치가도 일치된 생각으로 조선에 대해 말하고 있다. 요컨대 우가키도 하세가와도 조선민족에 대해서 철저한 모멸관을 가지고 있었다. ⑭에서 우가키는 조선을 식민지로 해도 "대규모 식민지"가 아니기 때문에 "멀리 이것을 구하면, 아메리카

10) 가마쿠라 시대 불교의 승려. 법화경 계의 여러 종파가 종조로 삼는다.

및 남양제도와 같이 더욱 유망한 것이 된다"고 말한다. 미국을 일본의 식민지로 하고 싶다는 생각은 우가키의 독특한 것이다. ⑮에서 만주 및 우수리 방면을 식민지로 하고 싶지만, 거기에 "한국은 군사상의 교두보와 같이 경영하지 않으면 안 된다"고 한다. 즉 조선은 대륙침략의 군사적 통로라는 것이다. ㉑ 에서 우가키는 "조선 국민만큼 나약하고, 무기력한 인종은 천하에 없을 것이다. … 이러한 인민은 세계의 발달을 방해하는 것이 적지 않고, 금일에 이르기까지 우승열패의 세상에 처하여 이러한 나라의 존재가 있는 것은 실로 불가사의"라고 한다. 침략민족에게 여기까지 말하면 멸시관의 집중적 발로로 그 사상적 근저와 정치적 의도를 문제 삼지 않을 수 없을 것이다.

조선에서의 3·1독립운동은 일본의 지배층을 놀라게 했지만, 이것과 관련하여 우가키는 "금일 조선에서 자치나 독립을 요구하는 것은 소수의 구 관리 양반과 소위 정치꾼 및 데모지사의 일당들이다. 이들 무리의 소리를 진정한 조선 전체의 절규라고 생각하는 것은 매우 잘못이다"라고 말하고, "겁쟁이일수록 과거를 생각하고, 원망을 잊지 못하는 특성을 가지고 있다"고 잘라버린다. 무엇인가 현재의 야스쿠니 문제에서 발단하는 아시아 제 민족의 소리에 욕을 퍼붓는 우익적 정치가, 언론인의 앞잡이를 하고 있는 것이다.

우가키는 조선인의 움직임에서 어떤 교훈도 얻지 못했다. 게다가 "조선의 독립 문제. 군사상에서 말하면, 조선은 일본 국방의 제일선이다. … 일본의 자위상 군사관계에서 이것을 분리시키는 것은 불가능하다"고 단언하는데, 이것은 조선독립의 절대적 부인이다.

또 "조선인은 아일랜드인과 비슷하여 감상적 충동적 인간이다. 또한 조선의 과거 역사는 그다지 추상하고 흠모할 만한 가치가 있는 것이 아니다"라고 말했다. 어떻게 그런 말을 할 수 있나. 조선의 역사에 대한 부정이다. 객관적으로는 자기의 무식을 증명하는 것이지만, 그에게는 그런 의식조차 없다.

어디까지나 조선인을 무시하기 때문이다.

1923년다이쇼12 9월의 간토대지진은 우가키가 육군교육총감부 본부장 때 일어났다. 그는 "9월 1일 이것이 무슨 흉한 일인가"라고 쓰고, '천지가 울리어 진동'하는 가운데 "아카사카赤坂 이궁離宮의 전하의 기분을 살펴"는 것이다. '전하'란 나중의 쇼와천황이다. "피난가는 사람들은 우왕좌왕, 이런 참사의 광경은 3일이나 계속되고, 갈증을 호소하여 굶주림에 괴로워하는 소리, 이르는 곳마다 일어나, 부모를 잃은 아이, 아이와 떨어진 부모, 근친을 찾는 아이, 각소에 넘쳐난다. 비참한 모습을 언어로 표현할 수가 없다. … 이 사이 불령선 인, 불평배가 기회를 노리려는 현 상황에서 특히 그렇다." 이것은 9월 3일 오후에 쓴 것이다. 우가키는 조선인 폭동의 유언을 사실로 생각한 것이다. 명민한 우가키에게는 조선인도 같은 지진에 고생하고 있는 상황은 전혀 보이 지 않은 것이다.

육군중추에서 군의 근대화를 도모하다

우가키는 매우 자부심이 강한 남자다. 그는 글을 부지런히 써서, 군 업무에 바쁜 가운데 「수상록」이라는 방대한 『일기』를 3권이나 남겼다. 이 『일기』 에 의하면 일본국이 반드시 자신을 필요로 할 때가 온다고 믿고 있다. 그는 총리대신이 되어 일본을 어려움에서 구하려고 했다. 즉 우가키는 정치적 군인이다.

우가키는 젊었을 때부터 육군 중추부의 요직을 역임하고, 나중에 5대 내각 에서 육군대신상을 맡았다. 육군대신을 5회 역임한 사람은 우가키가 처음일 것이다. 그는 중좌 시 육군의 근대화를 위해 각 병과 교범 등의 개정에 임하거 나, 대좌 때 육군성 군무국 군사과장으로서, 당시 실현이 어렵다고 간주된 조선상주 2개 사단의 증설에 힘을 쏟았다.

그 외 시베리아 출병 문제, 국가총동원 문제, 군민일치 문제 등에도 관여하는데, 그중에서도 유명한 것은 '우가키 군축'일 것이다. 세계의 군축의 흐름가운데에서 일본도 군축을 하게 되는데, 육군대신 우가키는 4개 사단을 삭감해서 남는 비용을 비행대, 전차대, 화학병기 등에 보충하고, 육군근대화, 기계화에 사용하여 오히려 군의 힘을 중대시켰다.

1927년쇼와2 4월 사이토 마코토 조선총독이 제네바 해군군축회의에, 일본전권대사가 되어 비운사이 우가키가 총독 임시대리로 임명받았다. 우가키는 일기에 "한일병합의 유종의 미는 일본인과 조선인을 혼연 융화시키고 일체가 되게 하는데 있다. …먼저 해결해야 할 것은 상호 차별의 관념, 시기猜忌의 감정을 제거하는 것이 중요하다"고 쓴다. 그리고 "조선인에게는 역사적으로 그들이 깊이 애착을 일으킬 만한 어떤 사람도 없다"고도 쓰는데, 이것은 우가키 총독자신이 근본적으로 '차별 관념'의 소유자라는 것을 증명한 것이기도 하다. 또 다음과 같이 말한다. "조선인은 역사와 환경에 익숙해져 왔기 때문에, 부끄러움을 숨기는 힘은 강해도 반면에 집요하고 음험해서 음모를 좋아하고, 무슨 기회가 있으면 평생의 원한으로 품고, 누가 도와주면 복수하려는 습성을 갖는다. 따라서 금일의 평화는 조선인이 충심에서 기뻐하는데서 오는 평화가 아니다"고 하는 인식이었다.

대륙침략을 위한 '농공병진정책'

조선에 건너간 우가키는 7월 내선간담회원을 향해, 일본인의 예를 들면 청일·러일 전쟁 때의 조선 인식에 대해서 "조선이란 나라는 산은 벗겨지고, 밭은 척박하고, 호랑이는 산과 들에 횡행하고, 일부의 귀족학자는 음모 배제를 일삼고, 대부분의 사람은 하얀 옷을 입고, 곰방대를 물고, 돼지우리 같은 곳에서 한가하게 낮잠을 자고, 좁쌀이나 피를 주식으로 한"다는 것이었는데, 지금은 정당한 이해를 해야 한다고 말하면서, "일본인의 조선을 이해하지 못한 증거는 대지진 당시에 조선인 습격이라는 근거 없이 떠다니는 말에 놀라서, 당황하여 허둥지둥한 한 가지만으로 충분하다"고 덧붙인다. 조선인 폭동의 유언을 믿은 것은 앞에 본 우가키 자신이다.

8월 5일경에 "한일병합은 형식상 훌륭한 양국의 합의에서 성립하고 있다. 그러나 그 이면에는 다소 귀족배의 매국행위와 비슷한 것이나 일본의 강압이 있었을지도 모른다"고 하는데, 이것은 재미있는 사실 폭로다.

10월 사이토 총독에 의해 우가키는 임시 총독을 그만둔다. 우가키가 다시 총독이 되어 조선에 부임하는 것은 1931년쇼와6 7월이다. 우가키는 작별인사를 하기 위해 궁중에 가서 천황에게 조선통치의 방침을 말했다. "첫째는 내지인과 조선인과의 융합, 이른바 내선융화에 관해서 더욱더 크게 나아가도록 노력을 하려고 생각하고 있습니다. … 둘째는 조선인에게 적당한 빵을 주는 것입니다. … 통치에 임해서는 … 이른바 은혜와 위엄의 병행, 관대함과 엄격으로 적당하게 제어하여, 한일병합의 큰 뜻에 부응하고 천황이 주신 임무에 답해드립니다."

조선인에게 적당한 빵을 주는 것은 고마운 분부다. 아사당하는 것은 참을 수 없다. 거기에 '내선융화'를 도모한다고 하는데, 이것은 어느 총독이나 말해온 것이다. 여기에 '한일병합의 큰 계책에 부응'한다고 하는데, 이것은 일본인과 같이 '일시동인'으로 조선인을 천황의 '백성'으로 길러내는 것이다.

우가키 총독의 시정의 핵심은 '농공병진정책'이다. '농'의 문제는 상세히 설명할 여유가 없지만 '농촌진흥운동'이 대대적인 선전으로 추진된다. 또 '공'의 문제는 일반적인 공업진흥과 전력개발, 지하자원의 개발 등이었다.

당시 우가키의 이 정책은 조선통치상 최선의 길이라고 평가를 받았지만, 과연 그런 것일까. 이 문제는 만주 문제와의 관련에서 보면 확실하다. 만주사변이 일어난 다음 날 우가키는 "보호, 독립국가 건설 등의 대연극이 흥행되지 않으면, 이른바 화룡청점을 맺는 것이다"라고 쓰고 있다. 사변은 막 일어나 괴뢰 만주국 건설은 문제도 되지 않는 시기에 그렇게 썼다.

우가키는 오랫동안 육군 중추부에 몸을 두고, 러일전쟁 후의 대륙침략계획의 수립과 추진에 관련된 인물이다. 그러므로 만주사변 소식을 듣자 바로 다음의 전개를 알게 된다.

괴뢰 만주국의 건설, 화북의 분리, 전 중국의 점령 등등이다. 이 전개에서 조선은 어떻게 해야 하는가, '농공병진정책'을 강력하게 추진하고, 모든 점에서 대륙침공을 보완하는 조선의 '병참기지화'를 완성시키는 것이다. 나는 우가키에게 조선농민에 대한 동정심이 전혀 없었다고 말할 작정은 아니다. 그러나 그의 '농공병진정책'이 이른바 선정이 아니라는 것만은 확실하다. 1931년쇼와7 1월 8일 의사 이봉창이 사쿠라다櫻田 문밖에서 천황의 차에 폭탄을 던졌다. "일시동인에 두 나라를 모두 똑같게 대우하는 지존[천황]에 대해서 이러한 천황의 마음을 이해하지 못한 행동이 조선인에게 연출된 것은 참으로 지극히 두려운 것이다."『우가키 가즈시게 일기』 2

정치적 군인 우가키에게 조선인의 마음이 이해되었을 리가 없다.

57. 미나미 지로

조선을 파쇼통치
'내선일체화', '일시동인'을 진행시키다

　미나미 지로南次郎, 1874~1955는 군인이고 정치가다. 육군사관학교 졸업 후 기병소위로 임관, 이후 기병의 실전부대로 러일전쟁에 출진, 대위로 공功4급의 긴시金鵄훈장을 수여받는다. 그런 미나미가 1930년 육군대장이 되고, 다음해 육군대신이 된다. 그리고 우가키 가즈시게의 후임으로서 조선총독에 임명된다. 시기는 1936년 8월부터 1942년 5월 말까지의 6년 동안이다. 이 글에서는 미나미의 6년간에 걸친 총독시대의 조선 통치정책의 요소요소에서 쏟아놓는 이른바 정책적 제언을 중심으로 그의 조선 인식을 좇아가 보고 싶다.

　미나미 지로는 오이타大分 현 니시쿠니사키西國東 군 다카다마치高田町에서 아버지 기헤이喜平, 어머니 후사코房子의 차남으로 태어났다. 집안은 대대로 히지日出 번 기노시타木下 가2만 5천석의 가신으로, 가문은 가로家老에 다음가는 어용인御用人이다. 아버지 기헤이는 구번시대 부교奉行직 등도 맡았는데, 폐번 후 오이타 현 출사, 또 나중의 분고豊後 다카다高田시의 구역의 구장지금의 시장에 임명되었다. 지로는 11세 때 숙부 육군소위 미야자키宮崎義一에게 이끌려 도쿄에 상경한다. 학교는 시바도모에芝鞆繪소학교에 편입, 중학은 도쿄 제1중학에 들어가고, 세이조成城중학으로 전교. 그리고 1890년메이지23 육군중앙유년

학교에 입학, 2년 후 육군사관학교에 들어가고, 3년 후 육사 졸업, 기병소위로 임관한다. 그 후의 군 경력은 생략한다. 그러나 러일전쟁의 공으로 대본영 참모로 승진한 것은 동기의 수재들을 뛰어넘은 것으로 크게 주목된다. 1930년쇼와5 미나미는 육군대장, 다음해 우가키가 추천하여 제2차 와카쓰키若槻내각1931.4.14~12.11에 우가키의 후임으로 육군대신이 된다. 이 미나미의 육군대신 시절에 만주사변이 일어난다. 이때의 대응책임을 물으면 패전 후 도쿄국제법정에서 A급 전범이 된다.

총동원을 위한 민족말살정책

1936년쇼와11 8월 이번에도 우가키의 뒤를 이어 조선총독이 되고, 만 6년간 조선에 군림하게 된다. 전술한 것처럼 미나미 총독의 임기는 6년간인데, 이 시기는 어떠했을까. 일본의 조선식민통치는 무단통치기, 문화정치기, 파쇼통치기의 3시기로 나누어지는데, 미나미는 파쇼통치기의 총독이다. 즉 미나미 총독기는 식민지 초기에 세운 통치 목표가 하나하나 완성되어 간 시기다. 일본의 조선통치의 최대 목표는 조선인의 완전한 일본인화다. '내선일체화' 정책, '일시동인'정책, 이것은 모두 조선인의 일본인화 정책이지만 정치적, 경제적, 문화적 차이 등의 이유에서 이것이 잘 이루어지지 않는다. 이것을 미나미통치기, 정책적으로 거의 이루어낸 것이다.

먼저 미나미 조선총독의 포부를 보기로 하자. "본래 조선통치의 큰 계책은 병합의 성소聖詔, 천황의 말에 따라 큰 줄거리가 일찍 정해져 움직이지 않고, 시정 이래 역대의 통치자가 황헌皇獻을 받들고 다만 책략을 시행하기 25년, 지금 성과가 많이 있어서 구래의 면목이 거의 일변했다"라고 역대총독의 치적을 칭찬하고, 현시점에서의 과제를 든다. "동양 평화의 근본인 일·만

일체의 큰 계획을 완수하고, 양국이 같이 번영하는 열매를 기르는 것은 필수 중요하게 다루어야 할 일로써, 조선이 맡게 될 사명이 점점 커지는 것이라고 생각한다. 즉 인적, 물적 양 요소에 걸쳐 내선일여內鮮一如, 선만상의鮮滿相依의 경지를 통찰하고 자원을 개발하여, 민심을 계발하고 널리 참으로 강한 국민으로 흠잡을 데 없는 생활의 기초에 도달하게 하는 것은 대개 통치 결말의 이상을 드러내는 이유"라고 말하는 것이다.

1937년 10월 '황국신민의 서사' 3조를 만들어 조선인에게 강제적으로 제창시킨다. 1938년 2월 '육군특별지원병령'이 시행된다. 조선청년을 지원이라는 형태로 전쟁터에 동원한 것이다. 같은 해 5월 조선에 '국가총동원법'을 시행한다. 조선의 물적자원, 인적자원을 대륙침략전쟁에 동원하는 법적근거가 이것으로 완성되었다. 1939년 10월 '국민징용령'을 시행했다. 지금까지도 강제연행·강제노동정책은 이루어지고 있었지만, 이것으로 유무를 말하지 않고 조선인을 끌어내는 것이 가능하다. 1940년 2월 '창씨개명' 실시, 조선인은 일본식 이름으로 강제 개명 당한다. 1941년 6월 '국민학교령'이 시행된다. 저학년의 학교교육에서 민족어는 금지되고 일본어를 '국어'로 했다. '창씨개명'과 함께 민족성 말살정책의 근본이다. 1942년 1월 '1천만 섬 증미계획'의 실시요항이 작성된다. 조선은 쌀을 증산하여 일본에 공급한다는 계획이다. 그리고 1942년 5월 드디어 '징병령'이 내각회의에서 결정된다. 이번은 전 조선청년을 이의 없이 총알받이로 삼게 된다. 그러면 다음에 미나미 총독이 각 항목별로 발표한 정책적 제언을 구체적으로 보고 싶다.

악명 높은 '창씨개명'

미나미 지로는 총독으로서 조선에 부임하자 먼저 본 것처럼 통치에 대한 포부를 말하는데, 그 후도 몇 번 조선통치의 핵심을 밝힌다. 1937년의 정월 초하루 그는 「연두사」에서 "제국본래의 사명 달성은 일·만 일체의 이상을 실현하기 위해 우리 조선의 지리적·경제적 특수지위에 비추어, 항상 선만일여의 정신을 가지고 그 지표를 삼을 것"이라고 말한다. 다음해 4월에는 "조선반도의 2300만 민중은 우리 천황폐하의 백성으로서 일시동인의 혜택을 입고 있습니다. 나의 시정상의 근본방침은 이 성지를 받들어 반도민을 충량한 황국신민으로 만들고, 내선일체를 구현화 하는 것에 있습니다"라고 말했다. 「유고·훈시·연술총람」 이상의 인용에서 분명한 것은 조선통치의 목표는 천황의 백성인 조선인을 충성스럽고 선량한 황국신민화 하는 것에 있다. 또 괴뢰 만주국과의 일·만 일체의 실현을 위해 조선의 지리적, 경제적 위치에서 선·만 일여를 달성하는 데 있다고 하는 것이다.

조선인을 황국신민화하기 위한 일환으로 유명한 '황국신민의 서사'가 있다. 아동용과 중등이상의 학생과 일반용의 두 종류가 만들어졌다. 미나미 총독 시대의 1937년 10월의 일이다. 아동용15세 이하, 특히 소학생은 "1, 우리들은 대일본제국의 신민입니다. 2, 우리들은 마음을 합쳐 천황폐하에게 충의를 다합니다(이하 생략)." 이 두 종류 '서사맹세하는 말'의 전문을 미나미는 1938년 5월 일만실업협회에서 선보이고, "내선일체와 일만불가분은 하나로 황도의 선포에 기초한 것으로 이 고매한 이상이 없이 어떻게 지나 4억 민중과 함께 '동양은 동양인의 동양이다'라는 이상으로 나가는 것이 가능할까"라고 말한다. 중국본토의 민중도 '일체화'운동의 시야 안에 있었다.

1937년 7월 중일전쟁이 시작되자 일본은 같은 해 12월 내각회의에서 조선에 지원병제를 실시할 것을 결정하고, 1938년 2월에 칙령(천황의 명령)으로 조선육군지원병령을 공포했다. 이것에는 미나미 총독의 보통이 아닌 힘이 관여하고 있다. 미나미는 1938년 3월의 각도各道 내무부장회의에서

"사변발발 이래 드러나는 반도동포의 애국적 지성은 그 발로하는바 결국 사람, 하늘을 움직여서 지원병제도 창설의 기운을 맞이하기에 이른 것입니다. 요망 운동에 의해 촉구된 것이 아니라 완전히 일시동인의 광대무변한 성택聖澤, 천황의 은혜을 드리운 결과"『유고·훈시·연술총람』라고 큰 소리쳤다. 1938년 봄 국가총동원법이 의회를 통과하고, 5월 이 '법'이 조선에 '칙령'으로 시행발포를 했다. 그리고 1939년 7월에 국민징용령이 공포된다. 이들 '법'에 의해 조선의 인적자원, 물적자원은 '합법'이라는 이름으로 혹사, 약탈을 강화해 가게 된다.

1940년 4월 도지사회의에서 미나미는 침략전쟁의 목적수행을 위한 조선의 '병참기지의 사명'과 관련해서 다음과 같이 요약해 보였다. "반도가 대륙전진 병참기지라는 대사명을 가지고 있는 것은" 잘 알려져 있다. "금후 이 사명을 완수하는 길은 인적자원의 배양육성과 광의의 국방산업의 발달에 있기 때문에, 금년도 본부예산은 인적 방면에서는 국민정신운동기구의 강화, 반도 민중의 교육 및 훈련에 대한 다대한 예산을 나누어 황국신민이 되는 자질을 연성함과 동시에, 물적 방면에서는 생산력의 적극적 증강을 주안으로 편성"『유고·훈시·연술총람』한다고 말한다.

악명 높은 '창씨개명'은 1940년 2월에 실시되는데, 미나미는 지난해 11월 이에 대해서 총독담화를 발표하고 있다. "역사적 고증에 의하면, …야마토 민족과 조선민족은 동조동근"이라고 말하고, '창씨개명'은 "반도인의 진지하고 열렬한 요망에 답하여"『유고·훈시·연술총람』한 것이라고 말한다. 고이즈미小泉 내각의 어느 대신도 같은 취지의 일을 말하고 천하의 웃음을 샀지만, 당시 조선에서는 개명강요에 반대하여 자살하는 사람까지 나오고 있다.

본토의 노동력 부족을 보충하기 위해 동원

당시 조선의 전략적 위치는 괴뢰 만주국 성립 이래 우가키 전 총독이 말한 대륙침략의 병참기지화다. 아시아 침략에 의한 일본 젊은이의 동원은 병력 부족을 초래하고, 필연적으로 일본 노동력의 부족도 가져왔다. 일본은 지세 조건이나 물질적 수탈원으로서 만이 아니라, 천황을 위해 기꺼이 목숨을 던지는 병사와 전시노동력의 공급원으로서, 새삼스럽게 조선에 주목했다. 거기에 사상면에서의 동화, 즉 황민화를 추진하는 내선일체정책을 강화한다. 1939년 5월 도지사회의에서 미나미는 "내선일체의 궁극의 목적은 반도동포로 하여금 충성스럽고 선량한 황국신민이 되게 하는 데 있으며, 내선인 사이에서 일체의 구별을 철폐하는 것으로 본래의 취지로 삼고 또한 종국의 목적으로 한다"고 말했다. 이 '목적'이라는 것에 나타난 미나미의 속셈은 사상수준을 일본인 정도로 끌어올려 황국신민화하는 것을 전제로, 지원병제·징병제를 널리 시행하고 조선인에게 의무를 부여하여 병력 부족을 보충하고, 또 본토의 노동력 부족을 조선인의 대량동원에 의해 해결하려는 것이다. 이를 위한 내선구별 철폐이다. 요컨대 미나미 통치하의 여러 시책은 병합 이후의 목표의 총결산이었다. 패전 후 미나미는 A급 전범으로 재판받고 종신형이 되었지만 죄는 만주침략이었고, 조선통치의 악정이 아니었다.

58. 고이소 구니아키

조선에서 징병령, 학도 동원
도쿄재판의 A급 전범

　고이소 구니아키小磯國昭, 1890~1950는 육군군인, 조선군사령관이기도 한데, 나중에 정치가로서 조선총독이 되고, 도조내각이 무너진 후에 내각총리대신이 된 인물이다. 8·15 패전으로 고이소는 도쿄국제재판에서 A급 전범으로 재판받고 종신형을 선고받는다. 고이소는 옥중 3년간의 회고록이라고 할만한 『갈산홍조葛山鴻爪』라는 제목의 900쪽에 달하는 자서전을 완성했다. 고이소가 보면 도쿄재판은 "실로 난폭한 것으로 피고 측의 진술이나 증거는 일체 받아들여지지 않은"앞의 책, 머리말 지극히 부당한 재판이다. 따라서 이 책은 회고록이긴 하지만 이 재판에 반격하기 위해 스스로 준비한 것이다. 여기에서는 이 책에 나타난 그의 이른바 사회관을 가로축으로, 중요시기에 조선에 관계한 사실을 세로축으로 그의 조선 인식을 살펴보려 한다.

　고이소는 1880년메이지13 아버지 스스무進, 어머니 긴코錦子의 장남으로 아버지경찰서 경부의 근무지 우쓰노미야宇都宮에서 태어났다. 선조는 대대로 지금의 야마가타山形 현의 신조新庄 번의 번사다. 소학교는 아버지의 이동에 따라 옮겨 다니고, 중학교는 야마가타중학교에 들어간다. 그는 중학교 졸업 후 사관후보생 시험에 합격하고, 일등병과 하사관을 거쳐, 1년간 사관학교에 입학하여 육군소위로 임관한다. 즉 그의 군 경력은 보통의 엘리트 사관의 경력과 크게 달랐다. 중위 때 러일전쟁이 일어나고, 그의 부대도 동원되어 1904년 3월 하순 조선의 진남포에 상륙한다. 그가 처음 조선을 방문했을 때의 한 에피소드가 있다. 일본 군부는 이 때 장병에게 「일한회화편」을 건네주고 있는데, 고이소는 조선인에게 "이 지역은 무슨 이름이냐"고 조선어로 묻자, "없어요" 라고 외치면서 모두 도망갔다고 한다. 이 에피소드에는 타국의 영토에 군화로 뛰어든 초청받지 않은 손님과 약탈을 두려워하는 조선 민중의 모습이라는 구도가 꾸미지 않은 붓으로 드러나게 된다. 고이소는 조선 가옥에서 숙박하게 되어 있었지만 "매우 불결하고 특히 악취가 심해서 도저히 들어갈 기분이 나지" 않았다고 한다. 악취 운운은 이 시기 일본인의 문화적, 민족적 우월성의 표현이기도 하다. 이때의 사단참모에 우가키 가즈시게가 있었다.

1935년쇼와10 12월 조선군사령관에 임명된다. 육군중장이다. 당시의 조선 총독은 우가키 가즈시게다. 고이소는 각 부대 시찰을 위해 조선 각지를 돌고 있었다. 멀리 히데요시 군대의 조선침략과 관련해서는 명장 이순신의 고향에서 "당시 한국의 수군이 강했던 것은 남한 일대, 특히 해안지방의 조선인으로 하여금 긍지를 갖게 하고, 자연히 오늘날 일본의 시정에 대해서도 일종의 적개심을 가지고 있다고 말하고 있었다"고 쓰고 있다. 적개심은 이순신의 고향만 한정된 것은 아니었을 것이다. 다음해 8월 우가키가 총독의 자리를 떠나, 후임은 미나미 지로였다. 미나미는 고이소의 사관학생 시절의 교관이었다. 매우 가까운 사이다.

미나미가 부임한 밤, 두 사람은 총독관저에서 식사를 했다. 미나미가 "자네, 조선통치의 근본을 어디에 두어야 하는"가 질문했다. "그것은 말할 것도 없이 내선일여다"라고 고이소는 답한다. '그렇다'는 미나미. 1937년 7월 중일전쟁이 시작된다. 11월 고이소는 육군대장이 된다. 다음해 7월 조선군사령관을 그만두게 된다. 그 후 그는 히라누마平沼 내각1939.1.5-8.28과 다음의 요나

이米內 내각1940.1.16.~7.16에 척무拓務대신으로 입각하고 있다. 그리고 1942년 5월 조선총독에 임명된다. 당시의 총리대신은 도조 히데키다. 총독취임 때, 그의 조선 인식은 "대중 가운데에는 반일독립의 사상을 품고 있는 자도 적지 않았고, 선만 국경에 빈발하는 비적 폭동도 항상 조선독립이라는 색채를 띠고 있었다." 또 "원래 민족의 근원이 어떠하더라도 수천백년 사이, 어찌되었든지 독립해서 온 조선을 병합했다는 것 그 자체가 과연 현명한 처치였는가 아닌가라는 것이 문제가 되는 것이다. 그러나 그 가부는 잠시 두고 메이지 43년 한일병합이 이루어져 이미 30여년, … 다시 독립시켜도 과연 현재까지보다 나은 문화생활을 유지향상 할 수 있는지 어떤지 마음이 쓰이고, 자연취해야 할 최선의 방책은 조선인으로 하여금 명실 모두 진정한 일본인이 되게하는 것에 있다"고 하는 것이다.

고이소는 부임 후 조선인 관리의 등용, 조선인 기업의 추진, 차별취급 제규정 철폐, 조선인 정치관여 실현 등에 뜻을 두었다고 한다. 실제로 행한 것은 한 둘의 친일파를 귀족원 의원에 추천하거나, 조선인 학도동원을 하거나, 1944년 12월 이후 조선인에게 징병령을 적용하거나 한 정도의 것이다. 어느 때 그는 관저에서 조선인 학도를 불러 의견을 들은 적이 있다. 그 자리에서 "이제 와서 조선의 독립을 꿈꾸는 것은 규슈나 홋카이도가 독립을 기도하는 것과 같이 바보 같은 의미 없는 일"이라고 독립론을 일축했다. 그는 취임 후 『고사기』, 『일본서기』에 기초하여 '5대 신칙五大神勅'[11]이라는 광신적인 것을 이용하여, 심심찮게 동조동근론을 말하고 있다. 조선의 독립 문제를 규슈나 홋카이도와 같은 위치에 둔 것에서 그의 조선 인식의 정도를 알 수

11) 천손 강림시 아마테라스오미카미(天照大神)가 손자 니니기노미코도(瓊瓊杵尊)에게 내린 3대 신칙과 신하 아메노고야네노미코도(天兒屋命)·아메노후토다마노미코도(太玉命)에게 내린 2대 신칙을 아울러 말한다.

있다.

그는 도쿄 국제법정에서 그의 풍모에서 '조선의 호랑이'라 불리고 있었다. 국제법정에서는 조선통치에 대해서 문제가 되지는 않았지만, '호랑이'는 조선인에게는 풍모만은 아니었다.

이 시기에 대해서 7언 절구 한 수가 있는데, 그 전구轉句12)와 결구는 "매우 아깝다. 형제사이가 나빠서 대계大計를 상하게 한다. 황량한 팔도에 눈물이 흐른다"고 있다. 해방 후 조선의 황폐한 모양에 눈물을 흘리고 있는데, 형제상쟁의 근원을 만든 38도선을 일본이 만든 것은 잊고 있는 것 같다.

---

12) 한시에서 절구의 셋째 구.

59. 나가이 가후

조선 민족 박해에 대해 몹시 슬프고 분함
위정자와 하나가 된 일본인에게 절망

나가이 가후永井荷風, 1879~1959는 소설가이자 수필가다. 도쿄 고이시가와小石
川에서 아버지 규이치로久一郎, 어머니 쓰네의 장남으로 태어났다. 가후는『아
메리카 이야기』,『프랑스 이야기』등으로 이름을 알리고,『심천深川의 패唄』,
『스미다가와すみだ川』등을 차례차례 발표하여 이미 메이지 말기 문단에 확고
한 지반을 쌓았다. 다이쇼에 들어와서는『솜씨 겨루기 腕くらべ』,『오카메 사
사おかめ笹』등의 대표작을 발표하여, 크게 문명을 높이게 된다. 가후의 조선
인식을 보려고 하는데, 가후의 소설에는 거의 조선에 대한 언급이 없지만,
수필 또는 일기 등에는 언급되어 있기 때문에 작품을 통해 가후의 조선관을
보기로 한다.

아버지 규이치로는 오와리尾張 사람으로 도쿄대의 전신인 대학남교를 거쳐
미국에 유학, 귀국 후 벼슬길에 나가 고급 관료를 역임, 퇴관 후는 경제계에
들어간다. 한시인으로도 알려진 존재였다. 가후는 도쿄의 소학교에서 배우
고 영어 학교와 중학교에 들어가는데, 고교입시에 실패한다. 이때부터 소설
수업을 시작해 히로쓰 류로廣津柳浪의 문을 두드린다. 또 프랑스어를 배우고
졸라에 심취하여, 졸라Zola의 문학, 사상을 소개하게 된다. 아버지 규이치로
는 가후를 실업가로 만들기 위해 미국 유학을 보내지만 그는 문학 수업에

전념하고, 나중에 아버지의 배려로 프랑스로 건너간다.

1908년메이지41 귀국했을 때, 가후는 아버지의 의도에 전혀 반한 "한결 스케일이 큰 신시대의 문학자로서의 견식과 개성의 소유주"『일본근대문학대사전』였다. 가후는 활발한 집필활동을 하고, 게이오대학의 교수도 되었다. 가후의 정치권력 불신과 에도 취미에의 심취함은 세상이 아는 바이지만, 그가 정부권력을 불신하게 된 계기는 고도쿠 슈스이 등의 이른바 대역사건이다. 가후는 고도쿠 등을 태운 죄수마차가 달리는 것을 보았다. 가후는 대역사건을 정부권력에 의한 날조사건이라고 꿰뚫어 보고 있었다. 졸라는 1894년 프랑스에서 드레피스 사건Affaire Dreyfus1)이 일어났을 때, 드레피스 구원에 일어나 이 때문에 금고에 처해지거나, 망명하기도 했다. 그러나 "나는 세상의 문학자와 함께 아무 것도 말하지 않은"것에 "심한 치욕을 느꼈다." 그래서 그는 스스로를 에도말기의 회작자와 같이 어떠한 정치적 대사건이 일어나도 "하층민이 상관이 없다"이상의 인용은 「화화(花火)」라고 한 것처럼, 스스로를 '하민·회작자'의 위치로 떨어뜨린 것이다. 그렇다고 해도 그의 권력비판, 군부비판, 권력·군부에 영합하는 문학자에 대한 비판의 눈이 흐려졌다는 것은 아니다.

그러면 그의 조선관이다. 간토대지진 시의 조선인 학살에 관하여, "이번의 대지진에도 죄 없는 조선인을 죽여 보겠다는 나쁜 생각을 하지 않고"「외담(猥談)」 다이쇼13년(1924) 4월 『고락(苦樂)』 수록라고 쓰고 있다. 그는 조선인 폭동의 유언을 믿지 않았을 뿐 아니라, 학살된 자를 '죄 없는 조선인'이라고 인식하고 있었던 것이다. 가후에게 『단장정일승斷腸亭日乘』이라는 일기가 있다. 쇼와11년1936 4월 13일자에 오사카 어느 부두의 아동보관소에서 일본인 아이가 물건을

---

1) 프랑스의 참모본부에 근무하는 포병대위 드레피스가 독일대사관에 군사정보를 팔았다는 혐의로 체포된 사건.

훔쳤다고 조선인 아이를 묶고, "거꾸로 매달고 때린 후 이불에 싸서, 밟아 죽인 기사가 있고, 아이는 10살도 되지 않았다 … 무섭다, 무섭다, 아아 무서울 뿐이다"라고 적고 있다. 가후는 이 시기 아이들의 의식 속에 조선인이라면 죽여도 좋다는 조선인 멸시관이 깊이 뿌리박힌 것이 무섭다고 느꼈다. 전쟁 중과 전쟁 후에 가후의 아사쿠사淺草 왕래는 유명한데, 다음에 그 한 단면.

"오페라관에 출연하는 배우 중 한모라 불리는 조선인이 있었다. 단체의 여자 무용수 하루노 후사코春野芳子라는 연상의 여자와 사이좋게 되어, 오모리大森의 방을 옮겨서 여자가 사는 아사쿠사 시바사키초柴崎町의 아파트로 옮겨 동거했는데, 경리가 알게 되어 10일간 극장 출연을 금지 당했다고 한다. 조선인은 경찰서의 허가를 얻지 않으면 맘대로 그 거처를 변경할 수가 없었다고 한다. 이 이야기를 들어도 일본인으로 공분을 느끼는 사람은 거의 없었다."

쇼와14년1939 1월 28일자 이 시기 특고特高경찰의 조선인 감시는 더 엄격해져 조선인은 주거를 변경할 경우 반드시 경찰에 신고하도록 되어 있었다. 가후는 이 차별 취급과 불공평에 분노한 것이다. 또 이 이야기를 듣고 '공분'하지 않은 일본인에게 위정자와 등질화한 일반 일본인에게 절망하고 있는 모습이 보인다. 그것도 그는 '조선인'이라고 쓰고 '선인'이라고 쓰지 않는다. "분장실에 이르러 조선의 무용수 단체가 있어, 일본의 유행가를 노래한다. 소리 맵시에 일종의 애수가 있다. 조선어로 조선의 민요를 부르게 하면 필시 좋을 것이라고 생각하여 그 이유를 고하는데, 공개 장소에서 조선어를 사용하고, 또 민요를 노래하는 것은 엄금되어 있다고 답하고, 그다지 분개하는 모습도 없다. 나는 말하기 어려운 비통한 느낌에 부딪치지 않을 수 없었다. 저 나라의 왕은 도쿄에 유폐되고 다시 그 나라에 돌아갈 기회가 없고, 그 국민은 조선 전래의 언어, 가요를 금지 당했다. 슬프기 그지없다."쇼와16년1941 2월 2일자 나는 『단장정일승』에 이 글이 있는 것을 보고, 새삼스럽게 가후에게 대단함을 느끼지 않을 수 없었다. 여기서는 나라를 빼앗긴 망국민으로서의 조선인에 대한 한없는 동정과 비분이 있다. 1941년 단계에서 조선을 일본의 일부로 보는 것이 아니고, 나라로서 보고 있던 것은 놀랍다. 또 언어를 빼앗기고 있는 것에 슬픔을 표하고, 이러한 민족적 박해에 무관심한 일본인에게 분노하고 있다. 나는 이 시기의 이름 높은 수많은 일본인 지식인의 조선 인식에 가후에게 필적할 만한 사람이 있음을 과문하여 알지 못한다.

시정에 있어 권력에 아첨하지 않고, '여론'에 영합하지 않고, 그의 조선관을 왜곡하지 않는 것은 참으로 위대하다고 하기에 충분하다. 가후 산인散人이여!

저자 후기

　이 책은 1999년에 출판한 『일본의 조선침략사상』조선신보사 간행과 2004년 4월 1일부터 2005년 12월까지의 2년간, 『조선신보』지상에 연재한 「인물로 보는 일본의 조선관」을 합하여 한 책으로 만든 것이다.

　본래 나는 조선·일본관계사만을 연구해왔지만, 몇 개의 테마 가운데에서 일본, 조선의 두 민족이 서로 어떻게 인식하고 있었는가의 문제는 오랫동안 나의 관심사였다.

　그러면 이것을 구체화하려고 할 때, 어떠한 양식, 그리고 방법, 시기는 언제부터 해야 하나를 결정할 때 매우 어려웠지만, 시행착오 끝에 그 때 그때 쌍방의 대표적 조선관, 일본관을 가지고 중세 이후, 조선 식민지기까지의 시기를 개관해보려고 생각했다.

　그 첫째 단계가 여러 잡지에 연재한 28명분에 8명분을 더한 『일본의 조선침략사상』이다.

　나의 문제의식 가운데 일본에 의한 조선 식민지화라는 강한 전제가 있기 때문에, 일본의 침략사상과 조선멸시관을 가능한 한 밝혀보려는 생각이 있었다. 나는 『일본의 조선침략사상』의 「후기」에서 다음과 같이 썼다.

　일본인의 조선침략사상·멸시관의 흐름에서 시원적始原的 의의를 가진 것은

『고사기』, 『일본서기』 중의 신공황후의 「삼한정벌」과 임나지배 기술이다.

이 '기·기'의 설화가 일본인 중에 "조선은 일본의 속국이었다"라고 하는 전통적 조선관을 형성시키고, 사상적으로는 그 후의 일본인의 조선관의 척추를 이룬다.

이것이 도요토미 히데요시의 조선침략임진왜란으로, 이제까지의 추상적·관념적인 조선멸시사상에 혈육이 통하는 구체성을 띠고, 확고부동한 것이 된다.

히데요시 군대의 조선침략은 7년간의 오랜 세월에 걸쳐 각 16만의 군대가 두 번에 걸쳐 상륙 감행되었을 뿐 아니라, 히데요시의 본영 히젠 나고야에는 260여 개 가문의 여러 다이묘大名가 모였다. 방대한 수의 가신단만이 아니라, 여기에 조선기술자, 병기제조단, 식량 및 기타 보급물 공급자, 수송업자 등등의 대소 상인들이 포함되었다. 이것은 당시 조선침략에 관계한 일본인이 전국적 규모였다는 것이다. 이 사실은 매우 중요한 의미를 가진다.

그것도 각 번, 특히 서남 여러 번藩은 번조 현창의 뜻을 담아서 조선침략의 기록을 번교 등에서 2백 수십 년간 자제에게 가르치고, 참가한 무사의 집안은 가전으로서 임진왜란에서의 선조의 무용전을 과대하게 말하여 지금에 이르고 있다.

실로 히데요시 군대의 조선침략은 도쿠가와 정권하의 에도 전기를 통하여, 국학의 발흥, 복고신도에 의한 전통적인 조선관과 결합하여, 일본인에게 빼낼 수 없는 조선멸시관을 심어주었다. 그리고 막말의 경제·국방적 계기와 관련한 조선·아시아 침략론에 길을 열고, 메이지 정권 성립이후의 조선침략 정책을 용이하게 만드는 사상적 토양이 되었다.

혹은 에도기 조선통신사의 내일을 가지고, 한·일간의 평화우호관계를 강조하는 경향이 있을지도 모른다. 본래 그것을 부정할 의도는 없고, 오히려 그 면에서 더욱 깊이 있는 연구를 해야 한다고 생각하지만, 이미 3대 쇼군 이에미쓰 때부터, 통신사가 내일하는 것을 전통적 조선관과 연결시켜 조공시하고, 막부의 권위를 높이기 위한 의식적 조작이 이루어져 있었던 것을 간과해서는 안 된다. 아라이 하쿠세키, 나카이 지쿠잔의 예는 우연이 아니다.

이 멸시관은 결국은 조선 등은 문제도 되지 않는 나라로까지 보기에 이른다. 야마카 소코山鹿素行는 『중조사실中朝事實』 가운데에서 중국과 일본의 문명상의 우세를 논하고, "조선은 작아서 취하기에 부족하다"라고 하거나, 원구元寇를 논할 때에는 "물론 고려·신라·백제, 모두 일본의 번신"이라고 써서 문제를 삼지 않고 있다.

라이 산요賴山陽는 에도기 가장 인기가 있었던 문인으로, 그의 사론, 사설은 메이지유신의 원동력이 되었다고 일컬어질 정도다. 그의 『일본외사日本外史』, 『일본외논찬日本外論贊』, 『일본정기日本政記』, 『일본악기日本樂記』 등등에서, 가는 곳마다 천황숭배를 말하고, 원구를 논하여, 히데요시를 칭찬하고 해외침략을 선동했다. 『일본악기』에는 「삼한이 온다」, 「백제를 회복함」, 「야차夜叉가 온다」, 「책봉을 찢다」 등의 조선멸시에서 재료를 뽑은 것도 적지 않다. 그것만이 아니다. 하야시 시헤이林子平는 『해국병담海國兵談』에서 "조선, 류쿠 등의 배는 대체로 지나를 모방하고, 제조방법은 실로 간단하다. 지나보다도 작기 때문에 그만큼 공격하기 쉽다" 등이라고 쓰고, 『삼국통람번설三國通覽藩說』에서는 "이 나라는 태합 정벌 때까지는 예의 풍속이 유약"이라거나 "그 나라의 인물은 모두 일본, 당산唐山, 중국 등의 사람보다 장대하여 체격도 강하다. 식료도 대개 일본의 두 사람 분을 조선의 한 사람에게 할당해야 한다. 그렇지만 그 심기는 어디까지나 둔하다"고 하여, 그 멸시관은 심한 것이 있다.

로주 이타쿠라板倉侯의 유학자 야마다 호고쿠山田方谷도 "내분을 바꾸어 외정外征으로 삼고, 지기志氣를 밖으로 돌리려"고 로주에게 정한征韓을 설명한다.

나중의 기도 다카요시의 정한론이 태어난 메이지 정권의 평안하고 태평을 도모하기 위한 것이었던데 비해서, 야마다 호고쿠의 경우는 도쿠가와 정권을 막부 타도의 기세로부터 보호하기 위한 것이었다. 그 위에 히라노 구니오미平野國臣는 삼한·발해를 세력 하에 두면 좋고, 마키 야스오미眞木保臣는 '조선·만주' 중국을 침략할 것을 주장하고 있다.

막말에서는 존왕가라고 해도 러시아, 영국, 미국을 호랑이와 승냥이같이 두려워하는 자가 있고, 그 대신에 조선이나 만주를 침략하자는 것이지만, 이 논의 대표자는 요시다 쇼인과 하시모토 사나이다. 사나이는 러일동맹론을 주창하고 "일본은 아무리 해도 독립할 수 없다. 독립에 이르기 위해서는 몽골, 만주 지역, 조선국을 합하여" 일본의 독립을 위해 조선 등에 침략하는 것이 필요하다고 하여, "러시아를 형제순치로 삼고, 가까운 나라를 약탈하는 것이 긴요한 첫째라고 생각하고 있다"고 말하는 등 노골적이다.

막말 가쓰 가이슈의 조·청·일의 연대론인 '연합종횡'책이 정한론으로 바뀌는 이유이기도 할 것이다.

조금 긴 인용이 되었지만, 여기에 메이지 이후는 국시가 된 조선영유화 과정이 전 메이지기를 가로지르고, 그리고 36년간에 걸치는 조선식민통치가 계속된 것이다.

일본인의 조선멸시와 침략사상이 깊어가게 되는 것은 당연하다고 말할 수 있다.

그렇지만, 이상은 현재 지금의 일본 사회의 조선멸시관과 침략사상의 근원이 되는 것을 필자 나름대로 정리하여 제시한 것이다.

그렇더라도 중세부터의 긴 역사 중에서, 단지 멸시관이나 침략사상의 유무만을 문제시하는 것은 조금 균형을 잃은 것이 되지 않을까라고 생각한다.

그래서 약간의 지조가 있는 인사를 더했지만, 다시 말하면 선악 이원론만으로는 문제를 해결하지 못한다고 생각한다. 그래서『조선신보』에 게재한「인물로 보는 일본의 조선관」에서 해당 인물의 조선관에 대하여 가능한 한 객관적으로 자료와 사실을 제시하고, 최종적 판단은 독자에게 맡기게 했다.

또, 한편의 조선인의 일본관에 대해서는 이제까지의 논고를 정리하고 그 위에 대폭으로 보충하여,『조선인의 일본관 - 역사인식의 공유는 가능한가』를 2002년에 소와사總和社에서 출판하고 있기 때문에, 조선·일본의 양 민족이 서로를 어떻게 보아왔는가의 문제는, 이『일본인의 조선관』의 간행으로, 오랫동안 얽힌 문제를 내 나름대로 결착을 지은 형태가 되었다.

저자로서는 이 두 책을 아울러 읽어 준다면 양 민족 간의 상호관이 보다 선명하게 될 것이라고 생각하기 때문에, 가능하다면 모두 읽는 것이 바람직하다고 생각한다. 이에 덧붙여 최근의 언론이나 여론의 한국 및 한국인에 대한 민족적 편견의 뿌리 깊음은 어떠한가. 이것은 납치 문제, 핵·미사일 문제가 일어난 것과도 얽힌 문제이기도 하지만, 일부 정치가나 언론인의 도를 넘은 욕설이나 감정적인 모멸관은 그 근저에 이 책에 등장하는 많은 인물들과 완전히 동일요소에서 나오고 있는 것을 눈치 채는 데 그리 시간이 걸리지 않는다.

나는 이 책을 한국·일본 간의 진정한 화해와 우호를 위해서 그 근원이 되는 것의 본질적인 이해에 일조가 되기를 바라며, 천학비재를 알고 상재했다.

독자들의 엄격한 비판을 받으면 다행이다.

2006년 7월

금병동

역자 후기

이 책은 18세기 말 이래 근대 일본의 지식인 57명이 조선을 어떻게 인식했는지 살펴본 글이다. 관료, 정치가, 학자, 문인, 언론인, 군인 등 다양한 분야에서 대표성을 갖는 57인의 조선관을 정리했다.

저자는 이 책의 내용을 크게 일본인의 조선관의 원점이라고 할 수 있는 '신공황후 전설'부터 기술하여, '침략의 꿈', '정한론', '무단통치와 우월의식', '교묘해진 지배'의 4장으로 나누고 있다. 일본 인물에 관한 연구가 거의 없는 우리 학계의 실정에 비추어 볼 때 이 책은 학술적으로도 깊이가 있는 연구 성과라고 할 수 있다. 그리고 본문의 내용 중 원문 사료를 많이 인용한 것은 이 부분을 연구하는 연구자들에게는 상당히 도움이 될 것이라고 생각한다.

저자 금병동 선생은 후기에서 밝히고 있듯이 조선과 일본이 서로 어떻게 인식하고 있는가를 오랫동안 연구해온 재일역사학자다. 선생의 연구업적의 하나는 한국에서 연구자들이 구해보기 어려운 사료를 많이 발굴하여 정리했다는 점이다. 『자료 잡지로 보는 근대일본의 조선인식』5권, 綠陰書房, 1999은 일본에서 간행된 방대한 양의 각종 신문, 잡지에서 조선 인식 관련 내용을 발췌한 자료집이다.

그리고 일본인들에게 끊임없이 한일 간에 역사인식의 공유가 가능한 방법이 무엇인지 묻고 있는 점이다. 예를 들면 1923년에 일어난 간토대지진에 대해서『關東大震災와 조선인』1963,『關東大震災 조선인학살관련 아동증언 사료』1989,『關東大震災 조선인학살관련 관청사료』1991,『조선인학살에 관한 지식인의 반응』2권, 1996을 정리하여 간행했다. 이 사건은 7000 명에 가까운 희생자가 발생했다고 추정되는 사건임에도 불구하고 피해자가 어디 출신인지 언제 어디서 무엇 때문에 죽임을 당했는지 전혀 알 수 없는 사건이 되어버렸다. 일본 정부는 이 사건에 대해 한 번도 사죄하지 않았으며 조사한 일도 없었다. 선생의 연구는 이러한 일본 정부의 양심을 두드리는 외침이기도 하다. 최근에는 일본군 위안부 문제에 집중하여 자료를 발굴하고『고발「종군위안부」』同時代社, 2007를 연구 성과로 내기도 했다.

일본인이 조선에 대해 멸시관을 갖게 되는 것은 에도시대1963~1867의 국학자들에게서 비롯된다. 그들은 한학자들이 중국이나 조선의 학문을 존중하는 것을 비판하고,『고사기』나『일본서기』의 우수성을 강조하여 일본의 조선에 대한 우월한 지위를 강력하게 주장했다. 이와 같은 조선관은 막부 말기부터 일어나는 정한론의 논거가 되었고, 메이지 시대 이후 일본의 한국지배를 합리화하는 유력한 지배이념이 되었던 일선동조론日鮮同祖論을 낳게 했다. 나아가 조선과 일본은 문화적·혈통적으로 공동운명체라는 동문동조론同文同祖論을 형성하게 되었다.

근대 일본의 조선 역사에 대한 관심은 1883년에 광개토왕비문을 조사하면서 일어났다. 그들은 조선이 신화시대부터 일본의 지배를 받아왔다고 주장해 왔다. 이 주장은 근대적 학문방법으로 위장하여 조선사를 더욱 왜곡하는 방향으로 발전했다. 1887년 도쿄제국대학에 사학과가 설치되고 2년 뒤에 국사과가 증설되면서 역사연구 체제가 정비되었다. 이러한 경향은 일본이 청일전쟁에서 승리하여 조선에 대한 지배권을 강화하면서 고조되었다. 그들은 고대 일본의 한반도 진출을 역사적으로 입증함으로써 조선침략의 명분을 얻고자 했다.

일본은 1904년 러일전쟁을 전후하여 사회경제사학 분야에서도 조선에 관심을 갖고 연구하기 시작했다. 일본에는 봉건제가 있어 서양처럼 자본주의 생산양식으로 이행할 수 있었으나 조선은 봉건제도조차 성립되지 않은 단계였다고 보았다. 그러므로 조선은 근대자본주의 사회로 발전할 수 없었다는 식민사관의 하나인 정체성론停滯性論의 원형이 만들어졌다. 일본은 러일전쟁에서 승리하자 만주침략을 목표로 역사연구를 한층 가속화하기 위해서 1908년에 만선滿鮮지리역사조사실을 설치하여 만주와 조선의 지리·역사에 대한 조사 연구에 착수했다. 이로써 일본의 근대 역사학은 대한제국 강점 이전에 이미 침략정책을 뒷받침하는 국수적 황국사관으로 확고하게 자리를 잡게 된 것이다.

이 책은 역자가 일본 유학에서 귀국한 후 학계에 내놓는 다섯 한 번째의 번역물이다. 책을 처음 보는 순간 욕심이 나서 시작했지만 원사료의 인용이 많아 지금껏 했던 번역작업 중에서 가장 어려웠던 책이기도 하다. 이 책과 함께 일본학 시리즈로 간행될 예정인『조선인의 일본관』을 번역할 수 있도록 허락해준 금병동 선생과 어려운 출판 사정에도 불구하고 기꺼이 출판을 맡아준 논형출판사에 감사드린다. 작년 여름방학 가고시마 국제대학의 이노우에 가즈에井上和枝 교수가 서울을 방문했을 때 번역 원고를 들고 모르는 곳을 물었던 기억이 새롭다. 열심히 공부해가며 번역을 했지만 오역이 있을까 걱정이다. 독자의 질정을 바란다. 항상 흔들림없이 한 길을 가도록 큰 힘이 되어주시는 부모님과 소중한 가족에게 그리고 이 책의 존재를 처음 알려준 강효숙 박사께도 감사드린다.

한국과 일본 사이에는 아직도 역사교과서·일본군 위안부 문제를 비롯하여 일본 정치인들의 망언과 야스쿠니신사 참배 문제, 그리고 최근의 독도 문제에 이르기까지 해결의 기미가 보이지 않는 현안들이 남아있다. 이 책이 그러한 문제의 본질을 바라보는 데 조금이라도 도움이 되기를 바란다.

　출간을 앞두고 금병동 선생이 타계하셨다는 소식을 접하게 되었다. 며칠 뒤에 나올 이 책을 못보고 가신 것이 참으로 안타깝다. 한평생 조국을 생각하고 역사를 공부하신 어려운 길이었을 것이다. 이 작은 결과물을 드려 그 노고를 위로 드리고 싶다.

2008년 10월

최혜주